일제강점기 지방의회 회의록 번역·해제집 9

전시체제기 전라·충청·평안 편

동국대학교 대외교류연구원 · 인간과미래연구소 번역해제집 019

일제강점기 지방의회 회의록 번역 · 해제집 9
전시체제기 전라·충청·평안 편

초판 1쇄 발행   2024년 3월 31일

편역자 | 천지명
펴낸이 | 윤관백
펴낸곳 | 선인

등   록 | 제5-77호(1998.11.4)
주   소 | 서울시 양천구 남부순환로 48길 1
전   화 | 02) 718-6252 / 6257
팩   스 | 02) 718-6253
E-mail | sunin72@chol.com

정가   23,000원
ISBN   979-11-6068-804-7   94910
ISBN   979-11-6068-795-8   (세트)

이 저서는 2017년 대한민국 교육부와 한국학중앙연구원(한국학진흥사업단)을
통해 한국학 분야 토대연구지원사업의 지원을 받아 수행된 연구임
(AKS-2017-KFR-1230007).

동국대학교 대외교류연구원
인간과미래연구소 번역해제집 019

일제강점기 지방의회 회의록 번역 · 해제집 9

전시체제기 전라·충청·평안 편

천 지 명 편역

▌발간사 ▌

이 책은 동국대학교 대외교류연구원이 한국학중앙연구원의 지원을 받아 2017년 9월부터 2020년 8월까지 진행한 〈일제강점기 '지방의회 회의록'의 수집·번역·해제·DB화〉 사업의 결과물을 간행한 것이다.

우리나라에서 지방자치제도가 본격적으로 도입된 것은 1948년 대한민국 헌법에서 지방자치를 명시하고, 이듬해인 1949년 최초의 「지방자치법」이 제정되면서부터였다. 그러나 6·25전쟁의 발발로 1952년에 와서 비로소 최초의 지방의회가 구성되었다. 이후 1960년 4·19혁명과 함께 제2공화국이 수립되면서 장면 정부(1960~1961년)는 「지방자치법」을 개정하여 지방자치제를 실시하였으나, 1961년 군사 쿠데타로 집권한 박정희 군사정부는 지방의회를 해산하고 「지방자치에 관한 임시조치법」을 제정하여 「지방자치법」의 효력을 정지시켰다. 1972년 유신헌법은 지방의회의 구성을 조국의 통일 때까지 유예한다는 부칙 규정을 두었고, 1980년 헌법도 지방의회의 구성을 지방 자치 단체의 재정자립도를 감안하여 순차적으로 하되, 그 구성 시기는 법률로 정한다는 부칙조항을 두었다. 그러다 1987년 6월 항쟁으로 개헌이 이루어지면서 1987년 헌법에서야 비로소 지방의회의 구성에 관한 유예 규정이 삭제되었고, 1988년에는 「지방자치법」이 전면 개정되었다. 이에 따라 1991년 상반기 각급 지방의회가 구성되었고, 1995년 광역 및 기초단체장과 광역 및 기초의회 의원선거를 실시하게 되었다.

그러나 우리나라에 지방자치의 전신제도가 싹트기 시작한 것은 1895년 「향회조규」 및 「향약판무규정」이 시행되면서부터라고 할 수 있다. 이 조규와 규정은 지방 공공사무를 처리할 때 주민의 참정권·발언권을 인정한 획기적인 것이었으나, 1910년 이후 모두 소멸되었다.

근대적 의미의 지방자치제도가 불완전하나마 실시된 것은 일제가 식민지정책의 일환으로 1913년 10월에 제령(制令) 제7호로 부에 「부제(府制)」를, 제령 제8호로 재한 일본인의 교육을 위한 「학교조합령」을 제정하고, 1917년에 제령 제1호로서 「면제(面制)」를 공포·시행하면서부터였다. 또한 일제는 1920년 제령 제15호로 「도지방비령(道地方費令)」, 제령 제14호로 「학교비령(學校費令)」을 제정·시행하였는데, 학교조합을 제외하고 의회는 없었고, 자문기관만이 있었으나, 그 심의사항도 극히 제한되었다.

그 후 1931년 「부제」·「읍면제」·「학교비령」의 개정 및 「학교조합령」의 개정이 있었고, 「도제(道制)」 등이 제령 제13호 내지 제15호로 공포되어 「부제」와 「읍면제」는 1931년 4월부터, 「도제」는 1933년 4월부터 시행되었다.

도·부·읍의 조직은 의결기관과 집행기관으로 구분되었는데, 의결기관으로는 도회(道會)·부회(府會)·읍회가 있었고, 그 의장은 각각 도지사·부윤(府尹)·읍장이 맡았다. 의결기관이라고는 하나 자문기관의 지위를 겨우 면한 정도였고, 권한도 도정 전반이 아니라 법령에 열거된 사항에 한정되었다.

식민지 시기에 실시된 '지방의원'의 선거는 일정액 이상의 세금을 납부한 자에 대해서만 투표권을 부여하였기에 그 요건을 충족하는 부유층, 일본인, 지역 유지만 참가할 수 있는 불공평한 선거였다. 그나마 식민지 시기의 종식과 함께 일제 강점기의 지방의회제도는 역사에서 삭제되었고, 국민으로부터도 외면당하였다. 일제에 의하여 도입·시행된 지방의회제도에 어떤 식으로든 참여하였다는 것은 일제 통치에 '협력'하였음을 의미할 수 있으므로, 드러낼 수 없는 수치스러운 과거로 인식되었기 때문이다. 이로 인하여 상당 기간 이 분야의 연구는 진척되지 못하였고, 역사의 공백기로 방치되어 있었다.

그러나 식민지기 '지방의회' 연구는 다음과 같은 이유로 볼 때 학문적 가치가 높다 할 것이다. 첫째, 일제 강점기 지방의회에 참여한 '지역 엘리트'는 해방 후에도 지방의회에 참여하여 일제 시대의 지방의회 제도를 상당 부분 계승하였기에, 일제 강점기 지방의회 제도의 연구는 해방 전후 지역사를 탐색하기 위한 필수적인 작업이 될 수밖에 없다. 둘째, 일제 시대의 '지방의회'는 '식민지적 근대'가 집약되고 농축되어 있는 대표적 영역 중의 하나다. 전근대부터 형성된 사회관계의 동태적인 지속과, 근대의 불균등성 및 모순과 대립이 고스란히 '지방의회'를 둘러싼 지방 정치에 녹아있기 때문이다. 셋째, 회의록에 담긴 내용은 그 시기 그 지역 주민들의 삶을 고스란히 보여주고 있다는 점에서 일제 강점기 '민초'들의 일상을 엿볼 수 있는 귀중한 자료가 된다.

특히 지방의회 회의록은 지방행정 실태와 지역 권력 구조의 실상을 밝히는 데 필수적 자료라고 할 수 있다. 지방의회는 그 지역의 산업·경제, 문화, 환경, 관습, 제도, 지역민의 욕구, 취향 등 지역민의 생활과 직결된 다양한 영역이 총체적으로 동원된 네트워크였다. 지방의회는 그 지역의 역사적 고유성과 차별성이 빚어낸 집단적 사고방식, 생활습관 등에 따라 매우 다양하게 운영되었는데, 지역의 역동성을 가장 실체적으로 드러내는 자료는 지방의회 회의록이다. 그럼에도 불구하고 그동안 이 귀중한 문헌이 제대로 활용되지 못한 이유는, 회의록이 국가기록원의 방대한 자료 속에 산재해있어 접근이 용이하지 못했기 때문이다.

본 연구팀은 이에 착안하여 국가기록원 문서군에 흩어져있는 지방
의회 회의록 약 5천 건을 추출하여 연도별, 지역별, 행정단위별 등 여
러 범주에 따라 분류 가능하도록 체계화하였다. 그리고 회의에서 다
룬 의안과 회의 참석 의원, 결석 의원, 참여직원, 서명자, 키워드 등을
DB화하였다. 또한 회의록 중 지역사회에 파장을 가져오거나 이슈가
되었던 사안과, 그 지역의 장소성을 잘 보여주는 회의록, 일제의 지방
정책의 특성이 잘 나타나는 회의록 등을 선별하여 번역·해제하였다.
이로써 기존 연구에서 부분적으로 활용되던 지방의회 회의록을 종합
하여, 지역의 정치·경제·문화·사회운동·일상 등 모든 분야에 걸친 식
민지 사회 연구의 토대 조성에 일조하고자 하였다.

연구대상의 시기는 일제 통치방식의 변화가 지방의회에 미친 영향을
고려하여 1920년대(1기), 1930~1937년 중일전쟁 이전까지(2기), 1937~
1945년 해방까지(3기)의 기간으로 구분하였다. 1시기는 1920년 부제와
면제시행규칙 등 지방제도가 개정된 후 도평의회가 설치되고 부협의회
와 면협의회 선거를 실시하기 시작한 시기이다. 2시기는 1930년 개정된
지방제도로 도평의회가 도회로 개정되고 부회와 읍회가 자문기관이 아
닌 의결기관이 된 시기이다. 3시기는 중일전쟁 이후 사회 각 전반에서
통제정책이 시행되고 지역 사회의 공론장이 위축되며 지방 참정권이
극도로 제한된 시기를 포괄한다. 총 9권으로 이루어진 이 총서의 1~3권
은 1시기에 해당하며, 4~6권은 2시기, 7~9권은 3시기에 해당한다.

이 총서는 연구팀이 수행한 번역과 해제를 선별하여 경기·함경, 강
원·경상·황해, 전라·충청·평안 등 지역별로 나누어 각 권을 배치하였
다. 물론 방대한 회의록 중 이 총서가 포괄하는 분량은 매우 적다 할
수 있다. 그러나 가능한 도·부·읍·면 등 행정단위와 지리적·산업적 특
성, 민족적·계층별 분포에 따라 다양한 범주를 설정하여 회의록의 선

택과 집중에 힘썼기에, 각 도와 도 사이의 비교나 도의 하위에 포괄되는 여러 행정단위의 공통점과 차이점을 간파하는 데 도움이 될 것으로 기대한다. 특히 지역의 다층적 구조 속에서 '근대적'이고 '식민주의적'인 요소가 동시대에 어떻게 병존하는지, 그 관계성의 양상이 지역의 역사지리적 특성에 따라 어떻게 다르게 전승되는지를 파악하는 데 도움이 될 것이라 생각한다. 총서뿐 아니라 지방의회 회의록을 체계적으로 분류하고 집대성한 성과는 앞으로 식민지시기에 대해 보다 폭넓고 심도깊은 연구를 추동할 수 있으리라 믿는다.

이 총서가 간행되기까지 많은 분들이 도움을 주셨다. 먼저 지방의회 회의록 번역과 해제 작업이 전면적으로 이루어질 수 있도록 연구비를 지원해준 한국학중앙연구원과, 연구팀을 항상 격려해주신 동국대학교 전 대외교류연구원 고재석 원장님과 현 박명호 원장님께 감사드린다. 연구팀의 출발이 가능하도록 지원해주신 하원호 부원장님께 특히 감사의 마음을 전하고 싶다. 그리고 연구의 방향성 설정과 자료의 선택에 아낌없는 자문을 해주신 국민대학교 김동명 교수님, 동아대학교 전성현 교수님, 공주교육대학교 최병택 교수님께 감사드린다. 또한 연구팀의 원활한 운영을 위해 최선을 다해주신 국사편찬위원회 박광명 박사님과 독립운동사연구소 김항기 박사님, 그리고 동북아역사재단 박정애 박사님께도 감사드린다. 시장성이 적음에도 흔쾌히 출판에 응해주신 선인출판사 여러분께도 감사드리고 싶다. 끝으로 지리한 작업을 묵묵히 진행한 총서 간행위원회에 몸담은 모든 연구자 여러분께 우정의 마음을 전한다.

2024년 3월
연구책임자 동국대학교 조성혜

▌ 머리말 ▌

　일제강점기 지방의회 회의록 번역·해제집 시리즈(1~9권)은 한국학 중앙연구원의 2017년도 한국학분야 토대연구지원사업의 일환으로 진 행된 「일제강점기 '지방의회 회의록'의 수집·번역·해제·DB화」사업의 결과물을 단행본으로 발간한 것이다. 이 책에는 위 사업의 3년차 작업 물의 일부로 전시체제기 전라도·충청도·평안도 지역의 지방의회 회의 록 중 그 시기 지방의회의 특징을 잘 보여주는 회의록들을 선별하여 수록하였다. 도회 4건, 부회 11건, 읍회 5건으로 총 20건의 지방의회 회의록을 수록하였다.

　이 시기는 특별히 지방제도의 개정이라고 할 만한 제도적인 변화는 없었다. 다만 전시체제의 비상상황이었고, 지방의회는 그 체제하에서 예산을 결정하는 역할을 하고 있었으므로 이 시기 지방의회 회의록을 살펴보는 것을 통해 일제의 전시 지방정책을 확인할 수 있다. 특히 지 방의회 회의록의 지방 예산을 중심으로 한 회의 내용은 당시 지방관 련 주요 정책 사업을 이해할 수 있는 자료로써도 큰 의미를 갖는다. 그간 일제의 정책을 이해하는데 있어서 조선총독부에서 발간한 자료 와 신문, 잡지 등만으로 실체에 접근하기에는 무리가 있었고, 이 시기 지방의 상황을 면밀하게 확인할 수 있는 자료가 필요한 상황에서 현 장 살림을 다루는 예산을 논의한 회의록은 어떠한 자료보다도 주목할 만한 가치가 있는 것으로 보인다. 해당 시기 일제가 사회, 경제 전반

에 강력한 통제정책을 취하면서, 지방행정기관의 이를 주도하는 역할
이 더욱 커지게 되고 지방의회에서 이를 운영하게 되면서 이 시기 지
방의회의 회의 내용을 보면, 거의 모든 회의가 상당히 많은 수의 의안
을 처리하게 된다. 세금 관련 조례, 주요 지방 사업에 대한 의안, 각종
수수료 관련 규정, 조례의 설정, 부영주택, 공익질옥 같은 각종 직영
사업에 대한 기채, 사업 보고 등 하루에 처리하는 의안만 십 수건에
이르렀다. 1930년대 지방제도 개정으로 읍·면에 이르기까지 요구되는
전시체제기 지방의회의 역할과 관련, 일제가 전시체제에 필요로 하는
각종 사업 재원을 마련하고 그것을 의도에 맞게 운용하는 등의 그들
의 역할이 있었을 것이다. 일제의 정책적 사업에 호응하고, 지역 사업
에 대한 발언권을 갖으면서 어떠한 측면에서는 지방에서 인심을 얻고,
어떠한 측면에서는 또 일제의 의도에 맞게 지방 여론을 선도해 나갈
수 있는 부분이 충분히 지방의회에 주어져 있었던 것으로 보인다.

이에 본서에는 특히 일제의 전시 통제정책하 그와 관련된 지방 사
업 정책이 잘 엿보이는 회의록들을 선별, 수록하고자 하였다. 식민지
재정의 중심을 담당하고 있는 도회에서는 이 시기 거의 모든 자료들
에서 도세의 증징이 논의되고 있다. 그 중 도세부과규칙과 관련하여
각종 부과 세금에 대해 상세히 논의하고 있는 (전라북도회) 회의록초
(제8일, 1939년 2월 20일), 제11회 전라남도회 회의록 초본(제11일,
1939년 2월 28일)는 이 시기 과세에 대한 이해를 돕는 자료로써 의미
가 있다. 도세(道稅)의 내용과 운영 및 도세를 중심으로 한 도재정을
이해하는데 크게 도움이 되는 자료이다.

당시 익찬(翼贊) 부회라고까지 불리웠던 부회는 사실상 일제의 정
책에 상당히 적극적으로 호응하고, 증세나 관련 사업, 기부 등에 호의
적인 면모를 보였다. 전라, 충청, 평안도만의 상황일 수도 있겠으나,

이전 시기와 달리 이 시기에는 이전에 그래도 간혹 야기되었던 민족
적인 갈등도 거의 확인되지 않는다. 또 한편 이 시기 일제는 증세를
통해 사업을 하고자 하였으나, 그것만으로는 충분하지 않았기 때문에
수많은 기채를 일으켰고, 당시 이러한 경제 상황은 인플레이션을 일
으키면서 지방의회들에서 직원들의 증급 문제도 많이 논의되고 있다.
모든 회의록들이 그렇지만 특히 제61회 군산부회 회의록(제1일, 1940년
3월 23일) 자료는 당시의 물가와 재정 상황 등을 확인할 수 있는 자료
로써 주목된다. 제61회 군산부회 회의록(제1일, 1940년 3월 23일)은 이
시기 경제정책의 큰 틀인 통제정책과 관련하여서도, 임은통제, 조흥세
등 유흥 관련 세금의 확대, 물가통제와 관련된 논의 등이 확인되어 상
당히 유의미한 자료라 생각된다. 특히 통제경제하 조흥세 부과의 의
미를 상당히 상세히 다르고 있고, 관련 조례를 설정하면서 내용도 상
세하여 당시 세금 제정 과정을 이해하는 데에도 도움이 된다.

　지방의회가 지방의 살림을 다루다 보니 많이 논의되는 것 중의 하
나가 오물소제이다. 이는 전 시기까지는 조선인과 일본인 구역의 차
별과 관련해서 많이 논의되었던 부분이기도 하다. 1936년 6월 조선오
물소제령[1]이 발포되어 부(府)의 오물의 소제에 관해서는 오물소제법
에 의해서 처리해야 했다. 또 1937년 9월 조선오물소제령시행세칙[2]이
정해져서 부는 이에 따른 오물 소제를 해야 했고, 이러한 양상이 잘 확
인되는 회의록이 있어 수록하였다. 제13회 대전부회 회의록(1937년 11월
30일)에서는 조선오물소제령 발포에 따라 분뇨와 쓰레기 반출과 운반
에 관한 수수료 등 실시 방안, 쓰레기장의 위치, 쓰레기 관련 인부 등

[1] 「朝鮮汚物掃除令(제령제8호)」, 『조선총독부 관보』 제2817호, 1936.6.5.
[2] 「朝鮮汚物掃除令施行細則左ノ通定ム」, 『조선총독부 관보』 제3218호, 1937.9.8.

에 대한 논의를 확인할 수 있다.

한편 이 시기에는 전면적인 지방제도의 개정은 없었지만, 국민총력 운동 등에 하급 행정기관을 적극 활용하고자 하였다.[3] 이에 1940년대 에는 1917년 지방제도 개정 당시 동리장을 폐하고 설치한 '구장(區長)' 의 역할이 더욱 부각되었다. 1941년 구회(區會)가 실시되면서 구(區) 를 지방 행정의 말단기구로 활용하고, 그 대표인 구장을 전시체제의 말단 행정을 실현하는 세력으로 편입하고자 하였던 것이다. 명예직인 구장들이 지역 사회에서 하는 잡다한 일들이 많았기 때문에 그 전 시 기에도 그 사무와 관련하여 대우가 종종 논의 되었었는데, 이 시기 지 방의회에서는 특히 이러한 상황적인 이유를 더하여 이 구장에 대한 대우 문제도 많이 거론되었다. 전시체제 하 지역에서 이들의 역할이 커지면서 일정 대우를 하지 않을 수 없었고, 그 대안으로 제정된 것이 '읍면특별호세규칙'이었다.[4] 위와 관련하여 구장(區長)의 대우 및 특 별호세 개정 방향에 대하여 논의하고 있는 이리읍회 회의록(1942년 6월 18일)은 이러한 전시체제기 말단행정기구의 운영상을 확인할 수 있는 자료로써 주목할 만하다.

---

3) 1944년 정회(町會)의 실시는 그 정점에 있었던 것이라 할 수 있다.
「町會에 관한 건(조선총독부령 제343호)」, 『조선총독부관보』 호외, 1944.10.15.
4) 「區長에 賞與金 邑面特別戶稅規則制定」, 『매일신보』 1942.4.2.

▌ 목차 ▌

Ⅲ. 읍회 회의록

I
도회 회의록

1) (전라북도회) 회의록초(제8일)

항　목	내　용
문　서　제　목	會議錄抄(第8日)
회　의　일	19390220
의　장	孫永穆(도지사)
출　석　의　원	28명: 金昌鎬(8번), 金英武(15번), 全承洙(16번), 片桐和三(21번), 久永麟一(29번) 등
결　석　의　원	陳萬秀(4번), 姜完善(28번)
참　여　직　원	林(지방과장), 信原(내무부장), 泉川(보안과장), 關嘉(산림과장)
회　의　서　기	
회 의 서 명 자 (　검　수　자　)	
의　안	제1호 의안 제2, 3회 독회, 제6호 의안 중소하천개수공사비 기채의 건, 제7호 의안 치산사업비 기채의 건, 제8호 의안 도로교량개수비기채의 건, 제9호 의안 중소하천개수비채상환비 등 기채의 건, 제10호 의안 자작농지 설정유지자금 기채의 건, 제11호 의안 전라북도 도세부과규칙 중 개정의 건, 제12호 의안 도비지방사업에 대한 부역부과의 건, 제13호 의안 전라북도공립학교수업료징수규정 중 개정의 건, 제14호 의안 전라북도 공립학교입학시험료징수규정 중 개정의 건, 제15호 의안 전라북도 목탄검사수수료징수규정제정의 건, 제16호 의안 전라북도 마약류중독자치료소 재산설치 및 관리규정제정의 건, 제17호 의안 1938년도 전라북도세입출 추가경정 예산의 건
문서번호(ID)	CJA0003474
철　명	소화14년도기채철
건　명	소화14년도중소하천개수공사비및치산사업비기채의건-전라북도(회의록첨부)
면　수	20
회의록시작페이지	920
회의록끝페이지	939
설　명　문	국가기록원소장 '소화14년도기채철'의 '소화14년도중소하천개수공사비및치산사업비기채의건-전라북도(회의록첨부)'에 수록된 1939년 2월 20일 개회 (전라북도회) 회의록초(제8일)

해 제

본 회의록(총 20면)은 국가기록원소장 '소화14년도기채철'의 '소화14년
도중소하천개수공사비및치산사업비기채의건-전라북도(회의록첨부)'에
수록된 회의록이다.[1] 도의 기채, 지방사업, 수업료, 시험료, 검사수수
료 등 규정의 개정 등 다양한 의안을 상정, 논의 사실이 확인되는 회
의이나, 주로 논의되고 있는 사안은 도세의 개정에 대한 내용이다. 도
재정은 병탄 이후 부, 읍면, 학교비, 학교조합으로 구성되어 지방재정
의 중추 역할을 하였고, 도세입 규모는 조선총독부-중앙 재정 세입의
18%에 해당되었는데, 1920년대 중반까지 지방재정 세입의 1/3, 1933년
60%로 급증하였다.[2] 즉 도세는 지방재정뿐만 아니라 식민지 재정의
중심이었다고 할 수 있다. 도재정은 중앙재정에서 받은 국고 보조금
의 일부를 하부 지방단체에 도보조금으로 지급하여 식민통치를 위한
중앙-도-부읍면으로 연결되는 수직적 종속체제의 매개체로서 지방통
제의 기능을 가졌다는 측면에서 중요성을 갖고, 그러한 측면에서 도
세로 대표되는 도 재정에 대한 분석은 중요성을 갖는다. 또 도세의 각
조항은 지역민의 이해관계와 밀접하게 관련을 갖는 만큼, 그 과세정
책상의 방향성도 중요하다고 할 수 있는데, 본 회의록에서는 이 도세
에 대한 도의 입장과 도회 의원들의 견해차를 살펴볼 수 있어 그 방향
성을 확인하는데 일조한다 할 수 있겠다. 중소하천개수공사비, 치산사
업비, 도로교량개수비, 중소하천개수비채 상환비, 자작농지설정 유지

---

[1] CJA0003475 291~310, 775~794면, CJA0003476 700~719면, CJA0003477 349~368면에 중
복 수록되어 있다.
[2] 정연태, 「도세입-도세의 구성 추이를 통해 본 식민지 도재정의 성격」, 『한국사학보』
15, 2003, 192쪽.

자금 등의 도의 기채 관련 건들을 상정하고 있어 당시 도의 주요 사업
도 확인할 수 있다.

내 용

제8일 (2월 20일) 오후 1시 5분 개의

의장(孫 지사) : 지금부터 전일에 계속하여 제1호 의안의 제2독회 및
　　제3독회를 상정하겠습니다. 또 시간의 형편상 가능하다면 제2호 의
　　안 이하에 일부 심의를 하고자 합니다. 서기가 출결 의원의 보고를
　　하겠습니다. (중략-편자)

의장 : 다음은 기채 관계입니다.

　　제6호 의안 중소하천개수공사비 기채의 건

　　제7호 의안 치산사업비 기채의 건

　　제8호 의안 도로교량개수비기채의 건

　　제9호 의안 중소하천개수비채상환비 등 기채의 건

　　제10호 의안 자작농지설정 유지자금 기채의 건

　　이상 5건을 상정하겠습니다. 이것도 독회를 생략하고자 하는데……

('이의 없다'라 하는 자 있음)

의장(孫 지사) : 이의가 없다면 원안대로 가결, 확정하겠습니다.

의장(孫 지사) : 다음은 제11호 의안 전라북도 도세부과규칙 중 개정
　　의 건, 이 1건을 상정하겠습니다. 독회는 생략하겠습니다.

번외(林 지방과장) : 이 제11호 의안의 설명에 대신하여 그 이유서를
　　낭독합니다.

　1. 제1조 중의 개정은 우가의 등귀에 수반하여 도수 격감의 경향으
　　　로 도축세의 수입을 확보함과 그 축우 증식의 산업 보호 정책을

관철하고자 함에 연유함.

2. 제15조 중 개정은 이름을 종중(宗中) 또는 문중(門中)의 재산으로 호별세의 합법적 포탈을 도모하는 것이 있음으로 그것을 방지할 목적을 달성하고자 하는 것에 연유함.

3. 제20조 중 개정은 담세력(擔稅力) 박약으로 징수상 기다의 경비와 수수료를 필요로 하는 계급의 호별세를 면제하고자 함에 연유함.

4. 제25조 중의 개정은 호별세 징수상의 편의에 연유함.

5. 제29조 및 제36조 중의 개정은 도내 전부 평수에 의하여 과세하는 것으로 한 결과 개정의 요함에 연유함.

6. 제37조 중의 개정은 가옥세 징수상의 편의에 연유함.

7. 제58조 중의 개정은 문묘 제사의 사용에 제공하는 도살우(屠殺牛)에 대한 도축세를 면세하고자 함에 연유함.

8. 제71조 중의 개정은 차량세의 월할(月割) 징수를 인정하고자 함에 연유함.

9. 제72조 중의 개정은 제71조의 개정에 의해 필요로 함에 연유함.

10. 제78조 중의 개정은 차량 감찰 양식 개정이 있을 때는 축감찰(蓄鑑札)을 무효로 해야 할 필요가 있음에 연유함.

11. 제1표의 개정은 면소재의 조선건(朝鮮建) 가옥(家屋)을 평수에 의해 과세한 결과, 부담의 급격한 증가를 완화하기 위해 개정을 요함에 연유함.

11호 제4표 중의 개정은 승용자동차 중 16인승 이상의 것에 대해 일부 증징하고 각 차량 간의 부담의 균형을 도모하고자 함에 연유함. 이상입니다.

(발언을 구하는 자 많음)

29번(久永麟一) : 제11호 의안에 대해서는 조금 생각을 해야 할 것입 니다. 제15조의 개정인데 제15조는 극히 적절한 개정이라 생각하는 데, 이익을 향유하는 자라 하는 자의 이익의 표준은 누차 문제가 되 는 것이라 생각되므로 실제 문제가 되는 것, 가령 이익이라 하는 경 우, 이것이 재산의 의미인가 또는 정신적 이익인가, 그 점에 의심이 생기는 것으로 요컨대 여기서는 재산적 이익을 생각하는 쪽인데 그 러한 것입니까?

번외(林 지방과장) : 도세는 일반적으로 모두 관념이므로 도세에 있어 서 이익이라 하는 경우에는 단순히 재산적 이익을 발생하는 것으로 그 외에는 포함하지 않습니다.

8번(金昌鎬) : 제4표의 자동차의 차량세라는 것인데, 이 표에 의하면 20인승 이하와 21인승 이상과의 차는 2천 원의 차가 있는데 실제는 21인승 이상이라 하는 것도 21인승이 많아서 그 이상은 본도에는 그다지 없다라 생각하므로 15인승 이하와 16인승 이상으로 하는 것 으로 구분하는 것이 오히려 합리적이라고 생각하는데 의견이 어떻 습니까?

번외(林 지방과장) : 지금 21인승 이상의 자동차는 별로 없다라고 하 는 의견인데 대체의 조사에 의하면 약 15대가 본도에 있습니다.

8번(金昌鎬군) : 그 의미가 아니라 21인승의 것이 조사에 의하면 15대 로 되어 있는데 그 거의 전부가 21인승이라는 것입니다.

번외(林 지방과장) : 만약 그것이 말씀하신 대로 15인승 이하와 그 이 상으로 구분하면 단계가 2개가 되는데, 3단계로 하는 것이 소위 본 부의 준칙에도 있고, 또 각도(各道)의 예에 의해도 대체 그러한 단계 가 3개여서 이를 만약 15인승 이하와 16인승 이상으로 구분한다면, 종래의 세워진 방식과 그다지 다르지 않으므로 세(稅)의 균형상 옳지 않다고 생각되므로 원안대로 좋다고 생각합니다.

8번(金昌鎬군) : 종래의 세액을 보면, 9인 이상이라 하는 것으로 되어 있는 것이 있었는데, 결국 지금의 제안대로 개정하는 것이라 하면 1대에 대해 40원이 늘어나는 것입니다.

이는 다소 급격한 부담이 되는 것이 아닌가라 생각합니다. 어떠합니까?

번외(林 지방과장) : 이는 오히려 종래가 다소 부담이 가벼웠던 것이므로 이번 개정에 의해서 전의 세금을 부과하게 되는 것입니다. 결코 과중하다고 인정되지 않습니다.

8번(金昌鎬군) : 아울러 종래라 해도 작년의 부과인데 현재의 담세자인 자동차의 상태에서 보거나 혹은 도로에 대한 부과, 기타 여러 부담을 하고 있는 금일이므로 이는 자동차업자로써는 다소 과중한 부담이지 않은가라 생각하고 있습니다.

이 급격한 증세를 늦춰서 1단계 삭제하여 16인승 이상에 대해서는 약 20원 정도의 증세의 정도로 그치는 것이 어떤가라 생각합니다.

번외(林 지방과장) : 참고로 다른 도의 예를 말씀드리겠습니다. 지금 제출의 개정안과 같은 도(道)가 5개 도 있습니다. 경남과 같은 것은 상당 그것을 세분하고 있어서 최고는 210원을 부담시키고 있습니다. 인접 도에 비교하여 결코 과중하다고는 인정되지 않습니다.

8번(金昌鎬군) : 그러나 다른 도는 이미 실시하고 있는 것이지만 우리 도는 본년 비로소 세율을 올려 개정하려고 하는 것이므로 그 담세자의 상태를 잘 관찰하여서 세율을 다소 무리하지 않도록 올리는 것이 온당하지 않은가라 생각합니다.

반드시 다른 도를 추종하여 행하지 않으면 안 된다라 하는 것은 아닌 것입니다. 이전 개정하였던 때에도 그 점 충분이 고려하여서 이율은 결정하고 있는 것이므로 전임자의 기분도 잘 참작하여서 다소 급격한 증세는 하지 않기를 바랍니다.

15번(金英武) : 제11호 의안에 대해서 생각하여 또 의견을 서술하고자 하는 것이 있습니다. 이 개정안의 제27조 제2항 중 이는 가옥세의 것인데, 이를 종래 50전 이하인 것을 1원 이하로 개정하여 한편 호별세는 제25조 제1항 중 1원 이하를 50전 이하로 개정하고 있습니다. 이는 호별세의 1원 이하를 40전으로 개정함은 찬성인데, 그와 마찬가지 가옥세의 쪽도 종전대로 50전 이하로 하여 오히려 개정하지 않는 쪽이 마땅하다라 생각합니다. 그 이유는 호별세의 쪽이 1원 이하의 것은 1기(期)에 징수한다라 하는 것입니다. 이 점은 가령 세액이 1원 10전이라면, 2기로 나누어서 징수하는 쪽이 좋다고 생각합니다. 그래서 가령 1원 미만의 것을 일시에 징수하기 위해서 1원 이상의 세액을 부담하는 것보다 부담된다라 생각되므로 논의됐으면 합니다. 따라서 이 1원을 50전 이하로 고치는 것은 극히 찬성합니다.

이에 가옥세 그것도 최하급의 세액을 표준으로 하는 것으로 하여 가령 1원 10전의 자가 이를 2기로 나누어 55전씩을 납부하고, 1원 이하는 일시에 99전을 납부한다라 하는 것으로 하고 있는데 역시 최하급을 표준으로 하는 취지에서 보면 그 취지와 같은 것은 그다지 가옥세의 최하급의 자도 역시 호별세 그것과 취지가 마찬가지라 생각하므로 종전대로 50전 이하로 그대로 두고서 개정할 필요가 없다라 생각합니다.

다음은 가옥세의 등급 및 1평당 부과액인데 1939년도의 예산안에 의해서 고려하면 평수가 상당 증가를 초래하고 있는 것입니다. 그 이유는 번외의 답변에도 있었던 것 같이 종래의 조선 가옥을 간(間)

으로써 부과했던 것이 지금은 조사, 정리했던 결과 전부를 평수로 바꿔 부과하기 위해 평수를 대부분 넘겼던 것입니다. 그런데 그것은 종래 평으로 계산한 것이 곤란한 조선 건물은 이는 적어도 9등 이하에 속했던 것으로 8등 이상의 것은 지금까지도 평수로 계산하였던 것이라 생각합니다. 그렇다면 이 과세율을 9등 이하에서는 이 세율을 인하할 필요가 있는 것인데, 8등 이상만 줄여 1평당 지가 2원 이상은 부과율을 인하할 필요는 없다라 생각하고 있습니다. 그러나 이는 지금 갑자기 이와 같이 표를 만든 이상 이를 개정하는 것은 곤란할 것 같은데, 장래의 개정을 위해서 그렇게 했던 것입니다. 8등 이상은 그대로 두어 이전대로의 세율로써 두고서 오히려 9등 이하의 세율을 인하할 필요가 있다고 생각합니다.

다음은 제4표의 자동차의 것인데 앞서 8번 의원으로부터 대략 실제의 내용에 대해 실제 경험되어진 바의 입장에서 이야기되었던 것으로 본원도 8번 의원의 설에는 동감합니다.

즉 종래는 9인승 이상만으로 하는 것이 이번은 20인승 이하로 되어 있고, 이 앞서 번외의 설명에 의해서 잘 양지하였지만, 인접 도 또는 다른 도의 표준도 없는데 단지 승용자동차에만 이 등급을 나누어서 1대 40원으로 증액을 하고 있다라 하는 것은 승용차 및 트럭 업자에 대한 과세 공평을 기약하는 상에서 저는 상당 고려를 필요로 하는 것이라 생각하고 있습니다. 이 트럭의 쪽은 저는 세율의 것만을 말씀드리는 것이 아니라, 일반의 의견을 말씀드리는 것이 좋으나 트럭은 본도 내에서 전부 통제되어서 하나의 회사가 전권을 잡고 있습니다. 그러나 트럭에 적재하는 화물에 대한 임금은 실제상에서 통제되어지는 이전보다 현재에 상당의 임은(賃銀)을 인상하고 있는 현상입니다. 그런데 본도의 트럭의 통제되어진 취지는 일

반 화물 운반 또는 하주(荷主)에 대해서 만반의 편의를 도모하여 간
다라 하는 것 같은 취지인데 실제에는 임은을 인상하고 있는 것은
대저 가끔 불편을 느끼는 상태입니다. 또 이는 차량세의 부과의 근
거인 것은 그 영업에 의해서 이익을 거둘 뿐만 아니라 그 반면에는
도로를 손상하는 것이 많다라 하는 취지에서 도로의 손상 및 수익,
이 두 가지의 근거로써 부과하는 것입니다. 그런데 실제 노면을 손
상하는 것은 승용차보다 트럭 쪽이 많은 것입니다.

고로 저는 승용차만 일시로 증액하는 것은 심히 이는 고려를 요하
는 문제라 생각합니다. 이에 트럭도 그에 상당하도록 세율을 인상
할 필요가 있다고 생각하고 있는 것입니다.

그리고 각도의 트럭에 대한 과세 세율을 알고자 하므로 답변을 부
탁드립니다.

현재 트럭 쪽은 여기에 적혀 있는데 3천 톤 이상의 것은 본도에는 1대
도 없는 것입니다. 지금 본도 내의 트럭의 톤수를 보면 모두 2천 톤
미만, 3천 톤 미만의 것으로 3천 톤 이상의 트럭을 사용하고자 하나
본도 내의 도로, 교량, 공작물 등의 상황을 보면 본도 내에서는 3천
톤 이상의 트럭을 운전하는 것이 불가능합니다. 요컨대 3천 톤 미
만의 것밖에 운전이 가능하지 않은 것입니다. 답변을 부탁드립니다.

번외(信原 내무부장) : 지금 말씀은 호별세를 50전 이하로 하는 것은
찬성인데, 그 다음의 가옥세를 1원으로 인상하는 것은 비정상적인
것 같다라는 말씀인 것 같습니다. 이 점에 대해서 설명하겠습니다.
호별세의 쪽은 부읍면의 부과세와 아울러 일시에 징수하는 것으로
1원이라도 일시의 징수액은 4원 73전입니다. 이는 부담이 지나치다
하여 50전 이하에 대해서 일시 징수액을 2원 70전 정도로 그치고자
하는 것입니다. 한편 가옥세의 쪽은 50전을 1원으로 올려도 부가세

와 합해서 1원 40전밖에 안되므로 이 정도면 균형상 마땅하다라 하는 것입니다. 대체 징세상의 편의에서 말하자면 비상하게 영세한 징수를 다수 하려면 징수비를 절감하는 상에서 말하였으나 또 면사무소의 수수(手數)의 점에서 말해도 어느 정도 참작을 더하여 갈 필요가 있으므로 그 점에서 말하여 호별세 50전과 가옥세 1원은 오히려 가옥세의 1원은 아직 저렴하므로 징수에도 절감이 가능하여 그 정도의 것이라면 마땅하다라 하는 것이므로 원안에 찬성을 부탁드렸던 것입니다.

그러므로 차량세에 대해서는 앞서 8번 분이 말씀하셨고 또 지금 15번 의원으로부터는 오히려 트럭이 쪽을 연구하여 승용차의 쪽은 증징이 지나치지 않은가라 하는 것 같은 의견이 있었는데, 앞서부터 설명드렸던 대로 대체 각도의 실례를 참작하여 현재 운행되고 있는 차체의 대소의 정도를 보아서, 각각 이는 당무자에게도 조사 연구를 거듭하고 있으므로 원안대로 찬성을 해주셨으면 합니다.

15번(金英武군) : 트럭에 대한 각도의 표준을 알고자 하는데 제시하여 주십시오.

번외(信原 내무부장) : 그럼 다른 참여원이 알려드리겠습니다.

번외(林 지방과장) : 가옥세에 대해 지금 질문이 있었는데 지금 이와 대략 동일한 질문이 있었으므로 이 가옥세는 작년 전면적으로 평수로 개정하였던 관계상 평수가 약 배가 되어서 만약 이를 본부의 제한으로 하면 1평 10전으로 가지고 간다면 가옥세가 배가되는 것이므로 비상하게 담세는 고통입니다.

따라서 이는 장래의 소위 도의 재정의 탄력성으로 보류하였던 것으로 15번 분의 의견의 대로, 종래 소위 부읍에서 부담시킨 바의 중등 이상의 도시에서는 가능한 그대로 하고 있습니다. 오직 부읍이라

해도 읍과 면은 서로 접속하는 것 같은 경우에는 실질적으로는 읍에서도 면에서도 변화가 없는 것입니다.

이러한 것은 종래 부담이 가중하였던 것으로 이번은 일부 경감시켜서 균일을 도모하고자 합니다. 따라서 가옥세의 이번의 개정은 비상하게 이상적인 것으로 군에서는 약 1할 내지 1할 5푼(分) 정도로 증가하고 있습니다. 부읍은 원칙대로 2년 전 대로입니다. 다만 하급에서 행해지면 1, 2할 정도의 감소이므로 이상적입니다.

다음으로 차량세에 대해서는 화물의 쪽은 작년도 개정하였던 것입니다. 실은 작년에 있어서 승용차도 함께 개정하려고 고구하였지만 일시에 양쪽 모두 개정하는 것은 다소 영향하는 바가 크다고 생각하여 작년은 염려하여 이 트럭만을 개정하고, 올해 승용차의 개정을 하여 여기에 비로서 양쪽 모두 4등분하여 서로 균형이 맞추려고 했던 것입니다. 어쨌든 이상적인 것이므로 모쪼록 찬성하여 주시길 바랍니다.

15번(金英武군) : 화물자동차의 인접 도인 전남, 경남의 예는 어떠합니까?

번외(林 지방과장) : 그것은 후일 조사하여 알려드리겠습니다.

번외(泉川 보안과장) : 지금 15번 분으로부터 트럭 통제의 운임이 비상하게 고율이다라 하는 것 같은 질문이 있었는데 본건에 대해서 일단 답변드리고자 합니다. 트럭의 통제에 이르렀던 경과에 대해서는 비상하게 긴 것이므로 취급 운임 문제에 대해서만 답변드리고자 생각합니다.

본도의 트럭 운임은 대체 1리당 1톤 반에 대해서 1931년부터 1936년까지는 1원이었습니다. 1937년, 1938년까지는 1원 20전, 이후 1원 30전의 임금을 인가하고 있었던 것입니다. 현재 행해지고 있는 운임은

1톤 반 1리가 1원 30전으로 되어 있는 것입니다. 이 점에 대해서는 회사의 쪽으로써도 비상하게 엄중하게 감독도 하고 또 이러한 운임에 의해 모두 행하고 있는 것처럼 생각하고 있습니다. 왜 운임이 높아지는가라 하는 것을 말하고자 하면 재래에 있어서는 1톤 반의 화물에 대해서 혹 1톤 반 이상 2톤에 가까운 바, 화물을 운반하고 있었습니다. 2톤 반에 대해서 3톤 가까운 하물을 운반하거나 하는 업자가 다수 있었으므로 갑과 을이라든가 경쟁하여 1원 30전에서 좋은 것은 1원 20전 혹은 1원으로 행한다라 하는 관계로 치하(値下)를 하였던 것도 있었습니다. 그 반면에 화물이 비상하게 높은 때에는 1원 60전, 1원 70전도 받았던 것 같은 때도 있었던 것입니다.

그러나 현재에 있어서 이 당국의 인가 운임보다 이상으로 받는다라 하는 것은 전연 없는 것처럼 생각되고 있습니다. 인접 도의 운임을 조사하여 보면 충북에서는 1리 1원 60전, 경남에서는 1원 80전, 경북도 이번 개정하여 이상의 임은을 받고 있는 것입니다.

생각해보면 현재는 타이어 튜브, 가솔린도 가격이 등귀한 현재의 상황에서 연유하면 임금은 더 조금 치상(値上)하지 않으면 안 되는 형상에 있는 것이므로 회사의 쪽에 대해서 애써 도가 다소의 힘을 들여왔던 회사가 있으므로 민간의 모두에 대해서 가능한 기대에 부응하도록 하여 치상에 대해서 참아가고 있었던 것입니다.

이 운임이 높게 되었다라 하는 것은 전연 아닌 것으로 우리는 생각하고 있는데, 어느 지방에서 지방 영업자 혹은 운전수 간에 어떠한 일이 있었는지 알 수 없지만 현재에 있어서 우리가 조사한 결과에 의하면 그러한 것은 없는 것 같습니다. 다만 단지 말씀드리고자 하는 것은 이 트럭 통제가 작년의 10월이었는데 결행함에 그 당시 회사에 양도되기 전에 각 영업자에게 이때 자신은 어느 정도나 임금을 받은 것인가라 하는 것으로 치하(値下)하였던 것도 2, 3 있었습니다. 현재에 있어서는 지금 15번 분이 말씀하는 것 같은 것은 없다고 저는 생각하고 있습니다. 또 구체적 사례가 있다면 듣고서 장래참고로써 행하고자 생각합니다.

번외(林 지방과장) : 15번 분의 요망에 의해서 인접 도의 운임을 말씀드립니다. 인접 도 즉 충남, 전남의 예를 채택하면, 2천 톤 미만이 본도는 60원, 40원인데, 충남, 전남 모두 660원, 40원입니다.

2천 톤 미만이 본도는 90원, 60원, 이것도 모두 충남, 전남은 90원, 60원으로 되어 있습니다. 또 3천 톤 미만의 것은 본도에서 120원, 90원입니다. 이것도 양쪽 모두 120원, 80원으로 되어 있습니다. 또 3천톤을 넘는 것이 본도는 150원, 10원인데, 이것 또한 양쪽 공동하고 있습니다. 이상 본도의 앞서 개정했던 것은 충남, 전남과 보조를 하나로 하고 있습니다. 또 외의 도 경남, 경북, 경기도도 대체 대략 동일한 보조입니다.

16번(全承洙군) : 이 제1조의 개정인데, 1평당 지가(地價)가 쓰여 있습니다. 지가라 하는 것은 토지 대장의 지가입니까? 또는 현재 매매되고 있는 지가입니까? 만약 토지대장의 지가라면 현재 농산촌의 쪽은 토지 대장의 지가와 실제 매매하는 가격이 차이가 없지만 토지대장의 지가보다도 수배 혹은 수십 배가 되는 것 같은 현상이 있는것은 어느 쪽입니까? 만약 매매하고 있는 지가라면 그 사정에 비상하게 고심을 수반하였던 것이라 생각하는데 어떻습니까?

번외(林 지방과장) : 이 지가는 물론 공정 지가입니다. 지금 16번 분이 말씀하신 대로 도시와 농촌은 증가율이 바뀌고 있지만 그 지가의 외에 또 부지 등급에 의해서 감안되어지고 또 누진율로써 과세하였으므로 도시는 농촌에 비해서 상당의 격증을 초래하였고, 그들에 의해 자연 완화하고 있습니다.

15번(金英武군) : 가옥세인데 지금 번외의 답변에 의해서 잘 알게 되었지만 16번 의견으로 저는 동감하여서 거듭 말씀드리는 것은 사족일 것이나 이 토지대장의 지가라 하면 지금 최하등의 15등, 16등 이는 실제에서 매매 가격과 토지대장과 그다지 다르지 않은 것인데 전년도의 세율과 비교하면 1등 지가 15원 이상 이는 전년도의 세율과 바뀌지 않은 것으로, 2등 이하는 전부 세율이 내린 것입니다. 이 15원 이상 1등지는 최고의 등급이므로 세율을 인하하지 않아도 좋습니다. 그러나 1, 2등급 이하는 인하해야 한다고 생각하고 있는지 알 수 없으나 저는 적어도 8등 이상은 인하하지 않아도 좋습니다. 그 대신 9등 이하는 이보다 이상 현재의 세액을 인하할 필요가 크다고 생각합니다. 지금 전체 세율을 비교하면 2등 이하는 전부 인하하고 있는데, 저는 2등, 3등, 4등, 5등을 전부 인하할 필요가 어디에 있는가라 생각합니다. 도회지 및 산간 벽지의 농촌과 대조하여 보면 이는 적어도 8등 이상의 것은 인하할 필요가 있습니다. 8등 이상 인하할 여유가 있다면 9등 이하는 그 이상 인하할 필요가 있다가 생각하고 있는데 당국의 의지는 어떻습니까?

번외(林 지방과장) : 반복하여 말씀드리는데 그 취지는 도도 그대로 존중하고 있습니다. 다만 종래는 부와 읍은 평수에 의해서 과세하여 왔지만 1939년도부터는 면의 쪽도 새롭게 평수로 과세하게 되었으므로 세율을 결정하는 때에 다소의 변경은 있습니다. 그렇지만 종래 부읍에 부담했던 것보다 저하하지 않는다라 하는 정신은 15번 분과 완전 동감으로 다만 일부는 과세 기술상 어쩔 수 없는 것입니다. 그 점 양지하여 주십시오. (중략-편자)

의장(孫 지사) : 의견이 없다면 원안대로 가결, 확정하겠습니다.

의장(孫 지사) : 다음은 제12호 의안 도비소방사업에 대한 부역 부과의 건을 상정하겠습니다. 이것도 간단하므로 독회를 생략하고자 생각하는데…

('이의 없다'라 하는 자 있음)

의장(孫 지사) : 이의가 없다면 원안대로 가결 확정하겠습니다. (중략 편자)

의장(孫 지사) : 다음은 제15호 의안 전라북도 목탄검사수수료징수규정(木炭檢査手數料徵收規程) 제정의 건을 상정하겠습니다. 이것도 독회를 생략합니다.

16번(全承洙군) : 검사수수료는 목당 1표(俵)에 대해 2전으로 하고 있는데, 1표의 중량은 어느 정도입니까? 현재 행해지고 있는 것은 5관입(貫入)이라든가 10관입이라 하는 것이 있습니까? 여기에 명기되어 있지 않은데…

번외(關 산림과장) : 이것은 규격에 의해서 20㎏으로 하고 있습니다. 20관에 대해 2전을 징수하는 것입니다.

15번(金英武군) : 목탄검사가 지금 우리 도의 목탁 수급 관계를 면 우리 도 내의 생산으로써는 상당히 부족하여 도외에서 20만 톤 이상이나 목탄을 우리 도내로 저입해 와서 수요에 응하는 상태입니다. 당연히 목탄의 품질 개량, 기타 고려를 도모하는 의미에서 검사규정을 제정하는 데에는 이의가 없지만 첫해에 게다가 우리 도내에 생산이 부족하여 다른 도에서 들여오고 있는 현상에 있는데 여기에 수수료는 적은 돈이지만 장려의 의미에서 검사수수료를 1표에 대해 2전을 징수하는 것은 현재의 우리 도의 증산을 도모하는 의미에서 어떠한 것이라 생각합니다.

또 목탄 1표에 대해 2전이라 쓰여 있는데 앞서 16번 의원의 질문에 대한 번외의 답변에 의해 1표의 중량 20kg이라 하였습니다. 그렇다면 이 규정에 20kg이라 하는 중량 숫자를 명시하여 둘 필요가 있지 않은가라 생각합니다. 1표 20kg 표준이다라 하는데 이는 목탄검사 규칙안을 전부 읽어 보겠지만 중량의 것은 쓰여 있지 않습니다. 그러므로 종래는 16번 의원의 말씀대로 각각이었던 현상입니다. 따라서 이 규정을 설치한 이상은 중량도 여기에 명기하여 둘 필요가 있는 것이라 생각합니다.

번외(林 지방과장) : 지금 제1조에 의하면 전라북도 목탄검사에 의한 달 하는 것을 규칙에 명시하고 있어서 안을 첨부하였습니다. 그 규칙에 규격을 명시하였으므로 20kg라 하는 것은 당연 드러나므로 본문에 넣을 필요는 없는 것입니다.

15번(金英武군) : 목탄규칙안이라 하는 것입니다. 여기에 써야 하지 않겠습니까?

번외(林 지방과장) : 그 규격에 중량 20kg이라 쓰여 있습니다.

15번(金英武군) : 그것이 쓰여 있다면 이해가 갈 것입니다.

번외(林 지방과장) : 그것은 규격에 들어가서…

15번(金英武군) : 규격은 규격인데, 만연 규격이라고만 하고, 20kg라 하는 것은 쓰여 있지 않습니다. 이면 규격을 별도로 제정합니까?

번외(林 지방과장) : 그렇습니다.

번외(關嘉 산림과장) : 규격은 별도로 정합니다.

('이의 없다'라 하는 자 있음)

의장(孫 지사) : 이의 없습니까?

('이의 없다'라 하는 자 있음)

의장(孫 지사) : 이의가 없다면 원안대로 가결, 확정하겠습니다.

의장(孫 지사) : 다음은 제16호 의안 전라북도 마약류 중독자 치료소

재산설치 및 관리규정 제정의 건, 이를 상정하겠습니다. 독회를 생략하고자 합니다.

('이의 없다'라 하는 자 있음)

의장(孫 지사) : 이의 없습니까?

('이의 없다'라 하는 자 있음)

의장(孫 지사) : 이의가 없다면 원안대로 가결, 확정하겠습니다.

의장(孫 지사) : 다음은 제17호 의안 전라북도 1938년도 전라북도 세입출 추가경정 예산의 건을 상정하겠습니다. 이것도 독회를 생략합니다.

의장(孫 지사) : 이의 없습니까?

('이의 없다'라 하는 자 있음)

의장(孫 지사) : 이의가 없다면 원안대로 가결, 확정하겠습니다.

의장(孫 지사) : 다음은 제18호 의안 전라북도 중소 하천개수공사비 계속 연기(年期) 및 지출 방법 변경의 건을 상정하겠습니다. 독회를 생략합니다. 이의 없습니까?

의장(孫 지사) : 이의가 없다면 원안대로 가결, 확정하겠습니다.

의장(孫 지사) : 다음은 제19호 의안 기본재산 처분에 관한 건을 상정합니다. 독회를 생략합니다.

번외(林 지방과장) : 이는 일단 설명을 드리고자 하는데, 도의 재산에는 모두 아시는 대로 기본재산과 잡종재산으로 나뉘어져 있어서 기본재산은 수익을 목적으로 하는 재산입니다. 그런데 본도에는 수익을 목적으로 하지 않는 여러 재산이 있는데 그것을 기본재산에 편입시켜 두었습니다. 표면상 이를 잡종재산으로 바꾸는 쪽이 좋은 상태라 생각하여 이렇게 계상하여 잡종재산으로 편입하고자 합니다.

의장(孫 지사) : 이의 없습니까?

15번(金英武군) : 기본재산은 알겠는데 잡종재산에 편입시킨다 하는 잡종재산관리규정은 결국 도회에 부의하는 것이 없습니다.

번외(林 지방과장) : 잡종재산의 쪽은 도회에는 부의하지 않습니다. 다만 이를 처분하고자 할 때에는 총독의 인가를 받아야 하는 것입니다. 즉 총독의 감독의 하에서 도지사가 관리하고 있는 것입니다.

의장(孫 지사) : 이의 없습니까?

('이의 없다'라 하는 자 있음)

의장(孫 지사) : 이의가 없다면 원안대로 가결, 확정하겠습니다.

의장(孫 지사) : 이상으로 제2호 의안 이하 제19호 의안까지 전부 가결 확정하겠습니다.

2) 제16회 전라북도회 회의록

항 목	내 용
문 서 제 목	第16回 全羅北道會 會議錄
회 의 일	19421010
의 장	金村泰男(도지사)
출 석 의 원	朴明奎(1번), 松本海東(2번), 柳東彦(3번), 脇田春次(4번), 金田英武(5번), 有蘇鎭文(6번), 林承和(7번), 松本福市(8번), 久永麟一(9번), 樋口虎三(10번), 吉田長榮(11번), 平文忠勇(13번), 梅村東器(14번), 朴潤昌(15번), 桝富太郎(16번), 東川光秀(17번), 鄭世煥(18번), 細野元助(19번), 德山昇烈(20번), 寺井政次郎(21번), 吳宮在根(22번), 三木元雋(23번), 松山淸(24번), 竹山一郎(25번), 片桐和三(26번), 三宅勝秀(27번), 山田演植(28번), 乾山元求(29번), 安東淸(30번)
결 석 의 원	靑山義上(12번)
참 여 직 원	淺原貞紀(도사무관), 平井相曦(도참여관 겸 도사무관), 川崎延壽(도사무관), 金子時明(도이사관), 出口茂志(도이사관), 一瀨義雄(도이사관), 村上村龜(도이사관), 中村總七郎(도기사), 原田兵作(도기사), 古賀明(도기사), 今村新(도기사), 古賀芳俊(도기사), 寺坂正男(도경시), 神島新吉(도경시), 杉岩雄(도시학관), 富山政雄(도소작관), 德田忠男(산업주사), 下村淸松(도속), 村島茂壽(도속), 佐武修(도속), 生駒駿一(도경부), 弦間仁藏(도경부)
회 의 서 기	西山正男(도속), 濱田松勇(도속), 伴谷保(도속), 小山幸之助(도속), 山本松治郎(도속)
회 의 서 명 자 (검 수 자)	
의 안	제1호 의안 1942년도 전라북도 세입출 추가경정 예산, 제2호 의안 1942년도 전라북도 이재구조기금 특별회계 세입출 추가경정 예산, 제3호 의안 전라북도 중소하천 개수공사비 계속연기 및 지출방법 변경의 건, 제4호 의안 전라북도 수산진흥시설자금 적립금 설치 및 관리규칙제정의 건, 제5호 의안 1941년도 전라북도 일반회계 특별회계 세입출 결산보고의 건, 보고 제1호 1941년도 전라북도 세입출 추가경정 예산, 도회 제안 제1호 도회의 권한위임의 건
문 서 번 호 (I D)	CJA0003717
철 명	도기채계속비의무부담부역부과에관한철

건 명	전라북도중소하천개수공사비계속비변경의건-전라북도(제16회 전라북도회회의록)
면 수	43
회의록시작페이지	189
회의록끝페이지	231
설 명 문	국가기록원소장 '도기채계속비의무부담부역부과에관한철'의 '전라북도중소하천개수공사비계속비변경의건-전라북도(제16회 전라북도회회의록)'에 수록된 1942년 10월 10일 개회 제16회 전라북도회 회의록

해 제

본 회의록(총 43면)은 국가기록원소장 '도기채계속비의무부담부역부과에관한철'의 '전라북도중소하천개수공사비계속비변경의건-전라북도(제16회전라북도회회의록)'에 수록된 회의록이다. 본 회의는 도(道)의 한해(旱害), 수해(水害)에 대한 긴급 대책을 위해 마련된 임시 도회의 성격이나, 당시 도의 긴급을 요하는 사업들에 대해서도 상세하게 논의되어 당시 도의 사업과 전반 상황을 알 수 있다. 특히 도회 회의록의 경우 출석의원이나 참여원, 의안까지도 명확하지 않은 회의록이 다반수인데 본 회의록은 각 의안의 이유서까지 첨부하여 설명하고 있어 도의 사업에 대한 이해도를 높일 수 있는 중요한 자료라 할 수 있다.

본 회의록에 따르면 전라북도회에서는 한해, 수해의 구제책으로 토지개량사업과 부업장려사업을 우선적으로 하고 있음을 확인할 수 있다. 먼저 재해대책으로써 당연히 토지개량, 사방, 토목사업의 시행을 계획하고 있으나, 이 사업을 내용적인 측면에서 살펴보면 단순히 한해, 수해에 대한 시설적인 측면에서의 사업이 아니라 이 사업에 노동력을 동원하는 것이 핵심적인 내용임을 알 수 있다. 재해복구 사업에 민을 동원하고, 부업 장려를 통해 이들이 지역에서 적극적으로 활동할 수 있게 하는 것이 이들의 목표로, 즉 명목상 재해복구사업이라 하고 있으나 단순히 한해, 재해의 복구사업에 그치는 것이 아니라 지역의 기반 사업 복구를 민의 노동력 동원을 통해 하고, 또 이를 통해 지역 사회를 안정시키겠다라고 하고 있는 것인데, 결국 값싼 노임으로 지역의 중요 인프라와 관련된 사업들을 추진하겠다는 것의 다름 아니었다.

내 용

(상략-편자)

오후 2시 개회

(金村 지사) : 지금부터 제16회 전라북도회를 개회합니다. (중략-편자)

의장(金村 지사) : 다음은 새 의원을 소개합니다.

　원천일섭(原川日燮) 군은 불행히 1942년 7월 10일 사망하였으므로 그 후임으로써 1942년 9월 25일 보궐선거의 결과, 건산원구(乾山元求) 씨가 당선되었습니다. 소개합니다.

29번(乾山元求군) : 장래 잘 부탁드립니다. (중략-편자)

의장(金村 지사) : 다음은 의사일정을 보고합니다.

　오늘의 의사일정은 별지의 배부하였습니다. 인쇄물에 의해서 양지하여 주시길 바랍니다.

　일단 낭독하겠습니다.

서기(西山 속) : 의사일정을 낭독하겠습니다.

　제16회 전라북도회 회의 일정

1. 도지사의 연술
2. 내무부장 의안 설명
3. 제1호 의안 1942년도 전라북도 세입출 추가경정 예산
4. 제2호 의안 1942년도 전라북도 이재구조기금 특별회계 세입출 추가경정 예산
5. 제3호 의안 전라북도 중소하천 개수공사비 계속연기 및 지출방법 변경의 건
6. 제4호 의안 전라북도 수산진흥시설자금 적립금 설치 및 관리규칙제정의 건
7. 제5호 의안 1941년도 전라북도 일반회계 특별회계 세입출 결산보고의 건
8. 보고 제1호 1941년도 전라북도 세입출 추가경정 예산(중략-편자)

의장(金村 지사) : 다음은 의안을 상정합니다.

의사 일정에 따라 제1호 의안부터 제5호 의안까지 일괄 상정합니다. 독회를 생략하고 이에 심의를 하고자 합니다. 의안의 각 내용에 대해서 설명해주십시오.

번외(淺原 내무부장) : 명에 따라서 지금 제안되어진 각 의안에 대해서 간단하게 설명드려 심의에 제공하고자 합니다. 제1호 의안 1942년도 전라북도 세입출 추가경정 예산인데, 올해는 주로 이번 여름의 한해(旱害)에 의한 극복대책 아울러 계속하여 본도를 엄습한 수해(水害)에 의한 시설 기타 이 기회에 당면 시급을 요하는 사항에 대해서 일반 회계 예산의 추가경정을 하려고 하는 것입니다.

그 내용에 관해서는 각 관항(款項)은 바로 옆에 배부한 의안의 말미에 이유서가 붙어 있으므로 대저 그것으로 이해하여 주시기를 바라며 그 내용의 주요한 것은 이하 설명드리겠습니다.

1. 이재대책시설비

본도는 불행히 올해 한해와 수해를 전후하여 2중의 재해를 입음에 따라서 이에 수반하는 피해는 실로 광범위 하여 또 심각한 것이었던 것인데 도에서는 바로 면밀주도한 계획의 하에 실정 조사를 마치고서 본부에 자료를 제출하고 국고보조의 교부 방편을 신청하였던 바, 이번 다액의 국고보조금을 교부받을 예정이므로 본부의 지시에 기초하여서 적절한 방도를 강구하게 되었던 것입니다. 그리고 도에서는 재해의 상황에 비추어 한수해 이재민을 아울러 구제하는 것으로 하였던 것입니다.

이 구제계획에 대해서는 일본 및 도외(道外)에로의 노동 알선 및 개척민의 송출의 외 도내에서는 토지개량사업 아울러 부업장려를 새롭게 계획하고 또 기정 계획에 의해서 실시 중의 각종 사업을 재해대책공사로 대체 시행하는 것으로 하고, 이들 대책 사업의 종합적 실시에 의해서 이재자에 노은(勞銀)을 살포함으로써 어디까지나 노동에 의한 자력갱생을 도모하고자 했던 것입니다. 아울러 한편 이들 대책사업의 완성을 보는 효시에는 장래의 재해를 방치하는 것과 상성하여 실로 1석 2조의 대책이라 말할 수 있는 것입니다.

즉 이들 사업에 요하는 총 경비는

① 토지개량사업　　　　　　　　　40만 99원

② 부업장려사업　　　　　　　　　3만 7,600원

및 이 외 도비 기정 사업 또는 나라의 직할 사업으로써 재해 대책공사에 대체 시행의 부분은 토지개량, 사방(砂防), 토목 기타의 사업에서 약 155만 500원으로, 합계 199만 8,200원의 거액에 달하는 것입니다. 또 노은 살포사업의 외에

① 종곡대부 및 대용작종자 급여　　3만 1,272원

② 수해에 의한 도로재해 응급 공사   13만 8,400원

③ 동 하천재해 응급 공사   7,500원

을 더하면 실로 244만 4,300원여에 달하는 것입니다. 그러나 이 중에는 지원(地元) 부담을 포함하고 있으므로 이번 도비로써 예산 면에 계상하였던 재해대책비의 내역은

토지개량사업비	30만 2,344원
부업장려비	3만 6,000원
종곡대부 및 대용작종자 급여비	9만 3,512원
도로하천재해응급비	14만 5,900원
이재구조기금 특별 이월	9,123원

계 58만 6,879원

이 되었던 것입니다.

다음으로 이들 사업의 실시 방법으로써는 토지개량사업에 있어서는 저수지 신설 및 준설사업은 수리조합 및 관계 면으로써 시행시키고 도비(道費)에서 사업비의 6할을 보조하고, 우물 굴착사업에 대해서는 계 또는 지주에게 이를 시행시키고 이에 대해 사업비의 8할을 보조하는 것으로 합니다.

부업장려사업에 대해서는 가마니 짜기 및 제탄(製炭) 장려를 하고 가마니 짜기에 대해서는 원료 짚을 알선하여 이에 대해 8할을, 제탄에 있어서는 축요비(築窯費), 간이창고의 건설 및 이 지도독려비에 대해 약 8할을 보조하는 것입니다.

다음으로 종곡대부사업은 이재농가에 대해서 종자씨를 무이식으로 대부하고 다음 연도 수확기에 회수하고자 하는 것으로 이재 농가의 영농에 만전을 기하고자 하는 것입니다. 이는 사업의 성질에 비추어서 군농회로써 이를 담당시켜 이 취급에 필요로 하는 경비를 상

당액 도에서 보조하는 것입니다.

한해(旱害)에 의한 식부(植付) 불능지에 대해서는 기회를 잃지 않고 각종 대용작물의 장려에 힘쓰는 것인데, 자력 또는 인보상조(隣保相助)에 의해서도 대용작 종자의 조달하기 어려운 농가에 대해서는 밤, 메밀 등의 종자를 급여하고 휴한지가 전혀 없도록 기약했던 것입니다. 그리고 이에 대해 군농회를 통해 종자 대금으로 농후한 보조를 하고자 하는 것으로 모두 이재 농가의 안정에 최선의 유의를 하였던 것입니다.

다음으로 수해에 의한 도로, 교량 및 하천의 재해 응급비에 대해서는 아시는 대로 가장 비참한 수해를 입었던 일부 산간 지방은 눈 깜박할 사이로 도로, 교량을 유식하고 무수의 제방이 무너진 것을 보았던 것입니다. 그리고 일시는 교통 두절하여 이대로 방치하는 것은 시국 하 허락하지 않는 것이므로, 즉각 응급 대책을 강구하여 일단 불편한 교통에 지장이 없도록 시설을 하는 것과 함께 조속 이 근본적 복구 대책과 관련하여서 현재 국고 보조 요청 중인데 제종의 관계상 아직 결정에 이르지 않았던 것입니다. 그러나 이를 또 천연한 것은 도저 허락하지 않은 정세에 있으므로 일단 도지사의 책임에서 국고보조를 예상하여 계상하였던 것입니다. 이상 이야기했던 것은 지금 다음의 재해에 의한 대책 경비 관계입니다.

2. 기타에 의한 추가경정

다음은 본 연도 당초 예산 성립 후 국고 보조의 변경에 수반한 것 또는 기부금을 재원으로 하는 시설의 추가 혹은 또 전년도의 계속 사업 기타 어쩔 수 없는 사업의 추가경정인데 주요한 것으로 예산의 과목항에 의해 설명드립니다.

세출경상부 권업비로 1,275원을 추가한 것은 제4호 의안에 있는 수산진흥시설자금적립금에서 발생한 본 연도의 이자로 수산시험장의 연습생 연성비에 충당하는 것 외 사방시설 관리비로 지정 기부금을 할당한 것입니다. 다음으로 위생비의 추가인데, 그것을 주로 시국 하 만일에 대비하여 구호용 약품을 확보하는 것을 요하는 것으로 전년도 계상의 중 본 연도에 이월한 것을 계상했던 외 국민 보건상 위생사상 보급 철저의 중요함에 비추어 그 선전비를 추가하였던 것입니다.

방공비에 대해서 3,530원을 추가했던 것은 각하 방공 감시의 충실은 가장 중요 또 시급을 필요로 하는 것으로 이에 순수한 도비(道費)로 소요 경비를 추가하고 밤낮으로 힘쓰길 원하고 있어 감시초(監視哨)의 설비를 충실하게 함으로써 날로 방공진(防空陣)의 완벽을 기하고자 했던 것입니다.

사회사업에서 6,648원을 추가하였던 것은 은사기념구료시설비로 전년도 잉여금을 이월했던 것입니다.

잡지출에서 9,123원을 추가함은 이번의 수해에 의해서 이재구조 기본 특별회계는 기정 예산에 다액의 부족을 발생시켰으므로 본부에서 기금에서 보조를 도비 일반회계에서의 지출에 의해 이재자에 대해 충분한 구제를 하였던 것입니다.

다음으로 세출 임시부인데 신영비에서 10만 6,076원을 추가했던 것은 독지가로부터 수산진흥시설비로써 다액의 기부가 있었던 것으로 이 중 반액으로 새로 수산강습소를 설비하고 이에 견실한 전도 유위의 어촌 청소년을 수용하여 어법(漁法) 및 농민정신을 충분 고취시켜 연성하여 이를 제1선에 보내 본도 수산업의 약진을 기약하였던 것입니다. 이 외 국민도장에 기부금의 추가로 당초 계획을 더

확충하여 설비의 완벽을 도모하고 또는 불용 토지의 처분에 의한
재원으로써 숙사용지를 매수하는 등의 경비를 계상했던 것입니다.
토목비에서 1만 8,667원을 추가하였던 것은 임시 긴급도로 교량개
수비에서 수익자로부터 기부 신청이 있었던 것으로 이를 지정비용
으로 충용하였던 외, 기타 비목에서 사업 이월의 계수(計數)를 시정
하였던 것입니다.

중소하천 개수비 본 연도 지출액에서 70만 250원을 감액하였던 것
은 옆에 배부한 제3호 의안 중소하천 개수공사비 계속연기(繼續年
期) 및 지출 방법 변경의 건과 관련하는 것으로 본 사업은 본 연도
로써 완료할 예정이었던 것이 국고 보조 등의 관계상 이를 2년 순
연 시행하는 것으로 하였던 것으로 이에 수반하여 감액을 하였던
것입니다. 또 이 재원이었던 바의 기채는 세입 도채(道債)에서 감액
하였으므로 아울러 양지 바랍니다.

다음으로 교육비에서 1만 2,436원을 추가하였던 것은 본 연도부터
전주농업학교에 농업토목과를 설치하게 되었으므로 필요 경비를
당초 예산에 계상하였던 것인데 또 그 충실을 도모하는 소요액을
추가 기부했던 것으로 이를 설비비에 계상 하였던 외, 기타 학교경
비로써 전년도의 이월금을 각각 추가 계상하였던 것입니다.

시국대책비에서 약간 감액 경정을 보았던 것은 주로 국고 보조의
감액에 수반하여 어쩔 수 없이 즉응하였던 것입니다.

다음은 보조비인데, 이 중 재해대책시설비에 속하는 분은 앞서 일괄
하여 설명하였던 대로이므로 이 이외의 분에 대해서 설명드립니다.
권업비 보조에서는 주로 답리작맥(畓裏作麥)의 신규 작부 및 불급
작물의 전환 조성비 및 채종답 경영비 등에 증액 보조가 있었던 것
으로 이를 계상했던 것입니다.

다음으로 수산비 보조에서는 본도 잠사업(蠶絲業)의 개량 발달을 위해 장려비 재원으로써 조선잠사통제주식회사로부터 5만 2,868원의 지정기부 신청이 있었던 것으로 이를 추가하였던 외 시국대책비 보조에서 국고에서 뉘 장기 보관에 요하는 보관료 및 금리 및 야적 보관비로써 새로 보조가 있었던 것, 부읍면시설비 보조의 증액을 포함하여 37만 5,670원을 추가 계상했던 것입니다.

지방단체 재정 조정 보급금으로 2만 3,276원을 추가한 것은 특수사정에 의한 면재정 조정 보급금의 교부가 있었던 것으로 이를 해당 면에 교부하려고 추가했던 것입니다.

다음은 도채비(道債費)로 2만 564원을 감액 경정하였던 것은 우선 설명드렸던 대로 중소하천 개수공사비의 변경에 수반하여 자연 기채액이 감소하고 또 금리에서 예상보다 저리인 자금을 차입하게 되었던 것으로 그것만으로 절감을 하였던 것입니다.

적립금에서 5만 원을 추가하였던 소이는 이 또한 앞서 설명드렸던 수산진흥시설비 기부금의 중 그 반액으로 적립금을 설치했던 것입니다.

최후로 잡지출에서 14만 6,372원을 추가했던 것은 국고보조금 예산의 결과 국고에 반납해야 하는 것이었던 것으로 이를 계상했던 것입니다.

이상으로 이번 심의를 바라는 총 추가액은 154만 9,263원인데 그 재원 내역을 말씀드리면

국고보조 및 보급금	108만 6,497원
기부금	20만 103원
재산매각대	2만 7,206원
보조금의 반납 및 기타 수입	2,979원
경비의 정리 절감	1만 6,777원

　　차인(差引)　　　　　　　　21만 5,791원

인데 이 중에서

　사업 이월 및 보조금 반납 재원 지불의 것 17만 3,956원

을 차인하여, 결국 4만 1,835원을 일반 재원에서 지불할 계획으로

하였습니다. 아울러 한편 또 세입에 있어서도 한, 수해에 의해 필연

적으로 지세부가세 기타에서 상당한 감수(減收)가 된 것은 당연하

므로 본도 재정으로써 이에 대처하여 장래 이의 불안이 없도록 가

능한 충분히 고려하여 재해 발생과 동시에 기회를 잃지 않고 재정

전반에 재검토를 하여 비교적 불급이라 인정되는 사업의 축소 혹은

순연 또는 소모적인 경비를 극력 절감하는 등 적절한 방도를 강구

하여 본도 본래의 건전 재정에 미동이 없도록 힘써야 할 것입니다.

이 점에 대해서는 모쪼록 안심하여 주십시오.

이상으로 제1호 의안의 설명을 마칩니다.

또 이에 부가하여 말씀드려 두는데 수해에 의한 복구대책에 대해서

는 주로 도로, 교량, 하천 등으로써 도로에 대해서는 220만 원, 하천

에 대해서는 60만 원의 복구비를 예상하여서 현재 본부에서 국고

보조를 요청 중인데, 여러 가지의 사정에 의해 아직 결정에 이르지

않았던 것입니다. 그리고 위의 요청에 대해서 본부에서 어떠한 정

도로 용인할 것인가 현재로써는 예상할 수 없으므로 이후 극력 노

력하여서 재해복구에 전력을 다하려고 합니다. 이 경우에 총 도비

부담에 속하는 분을 일시에 지불하는 것은 도저히 어려운 상황이므

로 이에 충당하기 위해 기채를 할 필요가 발생했던 것입니다. 또 기

타 한해에 의한 대책 사업 중 도내 공공 단체에서 직영했던 것에 대

한 자금의 전대 등도 장래 필요하게 되었던 것입니다. 이들의 경우

에 그때마다 각위의 회동을 바라는 것은 사실상 지극히 어려우므로

이를 지사의 전결로 위임한 후 속히 본 사업의 시설 운용이 가능하기를 바랍니다. 후에 별도 의장 제의에 의해 협찬을 바라고자 하므로 그때는 위 포함의 후 전결을 부탁드려 둡니다.

다음은 제2호 의안 전라북도 이재구조기금 특별회계 세입출 추가경정 예산

지금 다음의 수해는 아시는 것과 같이 국부적 비참을 극히 하여 순식간에 물적 제 시설에 막대한 피해를 주었을 뿐만 아니라 마침내 다수의 희생자까지도 내었던 상황으로 따라서 이들 이재민의 구제에는 가장 기민, 간절하게 유감없음을 기약했던 것입니다. 그리고 이번의 수행에 의한 지출액은 소옥괘비(小屋掛費)를 비롯하여 매장료(埋葬料), 기타에서 실로 4만 3,120여 원의 다액을 요하는 것입니다. 이 다액의 지출은 도저 기정 예산으로는 가능하지 않아서 본부의 은사이재구조금에서 1만 3,683원의 보조를 받고, 또 부족분은 도비 일반회계에서 9,123원을 특별 편입시켰던 것입니다. 기타는 이월금의 추가 등으로써 극히 간단한 것이므로 이로써 양지하여 주시길 바랍니다.

다음은 제3호 의안 전라북도 중소하천 개수공사비 계속연기 및 지출방법 변경의 건

본건 공사는 본 연도로써 완료 예정이었던 것이지만 자재(資材) 및 국고 보조 등의 관계상 1943, 1944년도로 이를 연장하였던 것입니다. 곧 계속연기 및 지출 방법을 변경하고자 하는 것으로 따라서 총공사비에는 이동은 없는 것입니다. 다만 본년도 지출액이 감소하여서 후 2개년으로 연장 분할하였던 것입니다.

다음은 제4호 의안 전라북도 수산진흥시설자금 적립금 설치 및 관리규칙제정의 건

본건은 전에 부안군(扶安郡) 줄포면(茁浦面) 고(故) 중광세원(重光世源)[3] 씨의 미망인으로부터 고인의 유지에 의해서 금 20만 원을 도에 기부할 방편에 대한 신청이 있었습니다. 그 중 10만 원은 국민총력운동의 완성 활발한 활동을 기대하기 위해 도에서 국민도장을 건설 이에 지도자를 수, 연성을 하고자 계획하였던 바, 그 자금으로써 기부되어진 나머지 10만 원은 본도 수산진흥시설비자금으로써 기부 신청이 있었던 것으로 도에서는 이를 바로 채납 각각 그 독지에 부합하도록 고려했던 것입니다. 그리고 수산진흥시설비에 대한 실시방법으로써는 우선 예산액 5만 원으로서 수산강습소를 설치하고 이에 진실로 장래 어촌의 중견인물로 삼고자 하는 청소년을 수용, 일정 기간 극히 연성하여 이를 제1선으로 보내서 본도 수산업의 진흥 발전을 기약하고자 했던 것입니다. 또 나머지 5만 원은 이를 별도 적립하여 두고 매년도 여기서 발생하는 수입은 일반 회계로 편입시켜 앞서 이야기한 경비의 일부로 충당하고자 하는 것입니다. 또 장래 이러한 종류의 기부가 있을 경우는 본 적립금으로 적립하여 가능한 영구로 원본을 적립하여 두고 어디까지나 기부자의 아름다운 정신을 유지하여 가려고 합니다.

중광세원 씨의 돈독한 행위와 불타오르는 향토애에 대해 거듭 이 기회에 심심한 감사를 표하는 것입니다. 이에 본건은 이 적립금 설치 및 관리 방법을 정하고자 하였던 것입니다.

다음은 제5호 의안 1941년도 전라북도 일반회계 특별회계 세입출 결산보고의 건

본건은 1941년도의 결산보고로써 별도로 설명의 필요는 없는 것이

---

3) 辛世源. 茁浦運輸(株) 이사 등 역임. 『朝鮮銀行會社組合要錄』(1927~1935).

라 생각하므로 생각하고자 합니다.

이상으로 간단하게 설명을 마칩니다.

의장(金村 지사) : 지금 설명의 대로인데 불심(不審)의 점이 있다면 기탄없이 질문하여 주십시오.

23번(三木元雋) : 이번 임시 도회는 주로 한해(旱害), 수해(水害)에 의한 구제 관계에서 예산이 추가되어진 것으로 앞서 지사 각하의 연술과 내무부장의 설명을 상세하게 들었는데 도(道)로써 비상하게 관심을 가져서 상세하게 조사에 의해 적확한 예산을 편성한 것이라 생각합니다. 예산 전체에 대해서 질문할 것은 없지만 한 가지 걱정되는 것은 모든 공사를 시행함에 시기의 문제입니다. 시기와 노력의 문제로 그것을 급속하게 실시하지 않으면 본 연도도 지금부터 동기(冬期)에 들어가 확실히 내년도 봄이 되어야 그것을 전부 소화하게 되어 시기 혹은 기술, 노력의 관계에서 좋게 그 완전하게 소화되어질 것인지 걱정되어 이에 대해서는 하루라도 빨리 실시하여 모든 수속을 급속하게 진행해야 할 것이라 생각합니다.

번외(淺原 내무부장) : 지금 말씀하셨던 대로 본 연도의 재해대책공사는 1939년도의 재해의 경험도 있으므로 가능한 한 속히 착수하려고 생각하고 있습니다. 이는 여담이지만 본년의 재해의 공사에 대해서는 1939년의 예를 참고하여서 본 연도 중에 완성하지 않는다면 국고보조도 끊길 것이라 하고 있습니다. 아무래도 본 연도 내에 완성하지 않으면 안 되는 것입니다. 이에 대해서는 겨울의 결빙기의 일도 생각하여 가능한 한 빨리 공사에 착수하지 않으면 안 됩니다. 이 중 토지개량사업에 대해서는 각각 군에 그 선정을 바라고 있어서 이는 지연되어도 본월 중순경부터 착수 가능하도록 수배하고 있습니다.

수해공사에 대해서는 앞서 말씀드렸던 대로 본부에서 이 구체적 계획이 아직 결정되어 있지 않습니다.

도로써는 빨리 착수하고자 생각하고 있는데 이후도 본부와 절충하여서 가능한 한 빨리 결정하고자 생각합니다. 또 이 중 응급공사에 대해서는 공사를 완정했던 것이 있는데 이후의 복구공사에 대해서도 가능한 한 조급하게 하려고 합니다. 또 이에 대해서 앞서 지사 각하가 말씀하였던 것처럼 도에 재해극복위원회, 군읍면에 재해극복지도위원회를 설치하여 아래로부터 맹렬히 오르는 총력운동의 일익(一翼)으로써 재해극복운동을 근본적으로 전개하여 가고자 생각하고 있습니다. 나중에 간담의 석상 이야기가 나올 것이라 생각하는데 도의 이 결의를 양지하여 주시길 바라면 심의를 부탁드립니다.

19번(細野元助군) : 제안된 제1호 의안에서 제5호 의안까지 거의 의론의 여지가 없다고 생각합니다. 도 당국의 다대의 노력에 대해서 우리 이에 심심의 감사를 표하여 이로써 본 의안은 가결 확정하고자 합니다.

5번(金田英武군) : 오늘 제안되어진 각 의안의 내용에 대해서는 당국의 고심의 정도를 살펴 심히 감사의 뜻을 표합니다. 지금 19번 의원으로부터 동의는 저도 이의 없이 찬성하는데 조금 장래를 위해 희망 의견을 서술하고자 합니다. 지금 제안의 각안의 내용을 보면 당장 응급 대책의 방편은 부족하지만 앞서 내무부장의 의안 설명이 있었던 것 같이 응급 대책은 당장 필요하므로 근본적 문제는 항구적 복구대책이 무엇보다 필요합니다. 그러므로 또 항구시설 대책에 대해서는 본부 등의 보조 관계, 기타에 대해서 또 구체적으로 나아가지 않으면 안 되는데 이 의장 제안의 제1호 도회의 권한 위임의 건, 이 의안에 관련하여 신중히 항구적인 대책을 근본적으로 숙고하여 장래 다시 이러한 재해를 반복하지 않도록 본부와 특단 절충의 후 항구적 대책을 수립하기를 바라는 것입니다. 물론 근본적 복구대책 그것은 도비 자체만으로는 아무래도 방책이 없을 것이라는 것은 우리도 대체 알고 있습니다. 요는 본도가 필요로 하는 항구대책에 대해서는 본부의 특별한 원조, 국고의 적극적 보조가 없다면 항구적 완전 대책은 세울 수 없을 것이라 믿는 것입니다. 무언가 이후 본부와 적극적으로 절충하여 주셔서 이 항구적 대책의 완전을 기하기를 절실히 요망합니다.

하천 개수의 일은 이전부터 계획되어 착착 효과를 거두고 있는데 이 중소하천 개수에 대해서는 이것도 과거의 예를 보면 현상의 대로 하천을 개수하여 후일 다시 대홍수가 일어나면 또 피해를 받을 것이라는 실제 상황에 비추어 기술 방면에서도 아울러 고려하여 후일 다시 재해를 조우할 수 있는 것을 이때 적극적으로 생각해서 하천을 바꾸어 놓을 필요도 있는 것이라고 저는 생각합니다. (중략-편자)

의장(金村 지사) : 5번 의원의 의견은 희망하시는 것이 당연하지만 이는 나중에 간담의 시간도 있으므로 그때 제가 도의 의견을 발표하려고 생각합니다. 지금 남선 수전의 공사 속진은 여러 차례 기회가 있을 때마다 그 당국에 속히 진척하도록 편달을 바란다라 하는 것을 끊임없이 바라고 있습니다. 이후에도 쉬지 않고 매진하고자 생각하므로 양해하여 주시길 바랍니다.

지금 19번 의원의 상정된 제1호 의안부터 제5호 의안까지 당국에서 중대한 관심을 가지고 게다가 세심한 주의를 기울여서 작제했던 안이므로 이를 원안대로 찬성하고자 한다라 하는 동의가 있고, 이에 대해서 5번 의원의 찬성도 있으므로 제1호 의안부터 제5호 의안까지 천성하시는 분은 기립하여 주십시오.

(전원 기립)

전원 찬성하였으므로 모두 원안의 대로 가결 확정하겠습니다. 그럼 10분간 휴식하겠습니다.

(오후 3시 30분) (중략·편자)

의장(金村 지사) : 이상의 대로입니다.

다음은 보고 제1호 의안을 상정합니다.

보고 제1호 1941년도 전라북도 세입출 추가경정 예산에 관해 참여원으로서 설명드리겠습니다.

번외(一瀨 지방과장) : 지금 상정한 1941년도 전라북도 세입출 추가경정 예산은 1942년 3월 28일 도제(道制) 제26조의 규정에 의해서 도지사가 전결 처분하였던 사항으로 도제 제27조의 규정에 의해 이에 보고드리는 것입니다. 또 본건은 1941년도에 속하는 것으로 이미 결산이 끝났습니다. 따라서 이 추가경정에 대해서는 의안 말미에 있습니다. 이유에 의해서 양해바랍니다. 간단하지만 이상 설명드리겠습니다.

의장(金村 지사) : 보고는 이상의 대로입니다. 다음은 도회 제안 제1호를 상정합니다. 이것도 앞의 예에 의해서 독회를 생략하고 결의하고자 합니다.

서기로써 낭독하겠습니다.

서기(西山 속) : 도회의 권한위임의 건

1942년도의 한해 및 수해에 수반한 재해 응급 시설 및 복구대책 시설으로 도제 제29조의 규정에 의해 도회의 권한에 속하는 다음의 사건을 도지사의 전결 처분에 위임함. 단 도회 개회 중은 이 제한에 있지 않음.

1. 국고보조액 또는 보조방법의 변경에 수반한 예산의 추가경정 및 도채(道債) 변경

2. 도내 공공단체 등에 전대(轉貸) 하기로 한 기채 및 이에 수반한 예산의 추가

3. 전 각항의 외 재해대책 시설상 필요한 예산의 추가경정 및 도채의 결정 및 변경

이유

본 연도 본도는 한해에 이어 아울러 수해를 입고 그 피해 심대한 바, 이 응급 및 복구 시설에 대해서는 그 경비의 대부분을 국고보조를 받아야 하나 제반의 수속상 바로 확정하기에 이르지 않는 것으로써 위 국고보조 및 기타의 계책의 확정을 바라여 이에 즉응하는 시설을 하고 대책상 유감없음을 기약하고자 하는데 연유함.

의장(金村 지사) : 지금 낭독한 대로입니다.

불심한 점은 기탄 없이 질의하여 주십시오.

('이의 없다'라 하는 자 있음)

모두 의견 없습니까?

('이의 없다'라 하는 자 있음)

그럼 원안대로 가결 확정하겠습니다. (하략-편자)

3) 제11회 전라남도회 회의록 초본(제11일)

항 목	내 용
문 서 제 목	第11回 全羅南道會 會議錄 抄本(第11日)
회 의 일	19390228
의 장	新具肇(도지사)
출 석 의 원	金命契(1번), 木尾良淸(2번), 大村隆行(3번), 高在涓(4번), 曹秉洙(5번), 內山重夫(6번), 金錫柱(7번), 車鍾彩(8번), 村上九平(9번), 千篤根(10번), 金善洪(11번), 池正宣(12번), 李化汝(13번), 趙千爕(14번), 崔鍌澔(15번), 崔榮哲(16번), 康性益(17번), 金哲鎭(18번), 鞠淇鉉(19번), 金後生(20번), 金根耆(21번), 吳建基(22번), 丁基哲(23번), 成禎洙(24번), 金信錫(25번), 田中秀(26번), 徐廷祿(27번), 松井邑次郞(28번), 李忍(29번), 池洞來(30번), 金鍾弼(31번), 松井鶴松(32번), 金子暹(34번), 藤田林平(36번), 金容安(37번), 政吉信(38번), 閔泳旭(40번), 金俸實(41번), 車南鎭(42번), 金鉉鐵(43번)
결 석 의 원	兵頭一雄(33번), 坂口喜助(35번), , 李又憲(39번)
참 여 직 원	田原實(지방과장) 등
회 의 서 기	山根保作(도속) 등
회 의 서 명 자 (검 수 자)	
의 안	의안 제2호 1939년도 전라남도 은급 특별회계 세입출 예산, 의안 제3호 1939년도 전라남도 아동장학자금 특별회계 세입출 예산, 의안 제4호 1939년도 전라남도 간보자금 전대금 특별회계 세입출 예산의 건, 의안 제5호 1939년도 전라남도 이재구조기금 특별회계 세입출 예산, 제6호 목포항 매축비 계속비 설정의 건, 의안 제7호 중소하천 개수비 계속비 변경의 건, 의안 제8호 목탄검사수수료 신설의 건, 의안 제9호 1939년도 전라남도 도비 기채의 건, 의제10호 1939년도 전라남도 간보자금 전대금 기채의 건, 의안 제11호 전라남도 도세부과규칙 중 개정의 건, 의안 제12호 전라남도립의원 유지자금 관리규정 중 개정의 건, 의안 제13호 1937년도 전라남도 세입출 결산보고의 건, 의안 제14호 1937년도 전라남도 은급특별회계 세입출 결산보고의 건, 의안 제15호 1937년도 전라남도 아동장학자금 특별회계 세입출 결산보고의 건, 보고 제1호 1937년도 전라남도 세입출 추가경정 예산 전결처분의 건, 보고 제2호 1938년도 전라

	남도 세입출 추가경정 예산 전결 처분의 건(3건), 보고 제4호 전라남도 기본재산인 임야 기부의 건
문서번호(ID)	CJA0003474
철 명	소화14년도기채철
건 명	목포항매축사업비기채의건-전라남도(회의록첨부)
면 수	9
회의록시작페이지	1207
회의록끝페이지	1215
설 명 문	국가기록원소장 '소화14년도기채철'의 '목포항매축사업비기채의건-전라남도(회의록첨부)'에 수록된 1939년 2월 28일 개회 제11회 전라남도회 회의록 초본(제11일)

해 제

본 회의록(총 9면)은 국가기록원소장 '소화14년도기채철'의 '목포항매축사업비기채의건-전라남도(회의록첨부)'에 수록된 회의록이다.[4] 1930년대 중반 이후 목포의 중요 사업인 목포항 매축에 대한 사업 경과, 도세의 증액 징수 등이 확인된다. 목포항 매축 사업의 필요성과 사업 내용, 사업비 등과 관련된 내용을 확인할 수 있다.

한편 본 회의록에서는 도의 재정과 관련하여 수수료 신설 및 도세 부과규칙 중 개정상을 확인할 수 있다. 수수료 신설과 관련하여서는 목탄검사규칙을 신설하고 목탄검사수수료를 설치하고자 한 사실이 확인된다. 일제시기 연료로써 중요한 의미를 가졌던 목탄에 대해 1933년 6월 이후 경기도,[5] 평안북도,[6] 함경북도,[7] 함경남도,[8] 경상남도,[9] 강

---

[4] CJA0003475 324~332면, CJA0003476 42~50, 356~364면, CJA0003479 524~532면에 중복 수록되어 있다.

[5] 「京畿道木炭檢査手數料徵收規程左ノ通定ム」, 『朝鮮總督府官報』 제1921호, 1933.6.7.

원도,10) 평안남도,11) 경상북도,12) 황해도13) 등은 목탄검사규칙을 제정
하여 일정 규정에 따라 검사를 마치지 않은 목탄이 시장에 통용되는
것을 막고 있었다. 이는 통제경제의 일환이기도 하였는데, 전라남도의
경우 다른 지역에 비해 다소 늦게 목탄검사규칙 및 검사수수료에 대
한 규정을 마련하고 있었음을 확인할 수 있다. 해당 내용이 본격적으
로 논의된 것은 아니나 일제가 목탄검사규칙을 설정하려고 했던 이유,
파급 효과 등의 내용을 확인하는 데에는 크게 도움이 되는 자료라 할
수 있다. 전라남도는 본 논의를 거쳐 1939년 8월 목탄검사규칙을 제정
하였다.14) 이에 따라 검사를 받지 않은 목탄은 유통이나 도외 반출이
불가하게 되었고, 일정의 검사 수수료를 징수하여 예산에 충당하였다.
한편 전시체제기 지방재정의 특징 중의 하나가 부가세, 사용료, 수수
료 등의 징수를 통해 지방재정을 확충하는 한편, 각종 지방 세금의 증
징을 통해 사업 예산을 확보해나가는 것이었는데, 본 회의록에는 도
세와 관련된 증징 내용이 잘 확인되어 당시 지방재정을 이해하는 자
료로써 도움이 된다고 할 수 있겠다.

또한 본 회의록에는 전라남도 각 지역의 이해관계가 확인되는 의견
서가 소개되어 있어 도의 경제, 정치, 사회에 걸친 제반 상황을 이해
하는데 도움을 준다. 다만 건명만 확인되고 있어, 상세한 사업 내용을

6) 「平安北道木炭檢查規則左ノ通定ム」, 『朝鮮總督府官報』 제2520호, 1935.6.8.
7) 「咸鏡北道木炭檢查規則左ノ通リ定ム」, 『朝鮮總督府官報』 제2633호, 1935.10.22.
8) 「咸鏡南道木炭檢查規則中左ノ通改正ス」, 『朝鮮總督府官報』 제2840호, 1936.7.2.
9) 「慶尙南道木炭檢查規則左ノ通定ム」, 『朝鮮總督府官報』 제2882호, 1936.8.20.
10) 「江原道木炭檢查規則左ノ通定ム」, 『朝鮮總督府官報』 제2945호, 1936.11.6.
11) 「平安南道木炭檢查規則左ノ通定ム」, 『朝鮮總督府官報』 제3105호, 1937.5.25.
12) 「慶尙北道木炭檢查規則左ノ通定ム」, 『朝鮮總督府官報』 제3159호, 1937.7.27.
13) 「黃海道木炭檢查規則左ノ通定ム」, 『朝鮮總督府官報』 제3524호, 1938.10.4.
14) 「全羅南道木炭檢查規則左ノ通定ム」, 『朝鮮總督府官報』 제3762호, 1939.8.4.

이해하는 데에는 어려움이 있지만, 지역의 중요 현안이 열거되어 있
고 시국과 관련된 내용도 확인되어 흥미로운 자료라 할 수 있다.

내 용

① 개폐(開閉)의 시간

　　오후 1시 개의(開議)

　　오후 1시 25분[15] 산회(散會)

② 의사일정

　　(1) 의안 제2호 내지 제16호 제1, 2, 3독회, 보고 제1호 내지 제4호

　　(2) 도의 공익에 관한 의견서 8건

③ 출석의원

　　출석 38인

　　결석 5인

제11일(2월 28일) 오후 1시 개의(중략-편자)

의장(新具 도지사) : 서기 보고의 대로 출석 의원은 정족수에 달하였
　　으므로 지금부터 개의합니다.

　　오늘의 의사 일정은 어제 보고의 대로인데, 기념을 위해 서기가 보
　　고하겠습니다.

야마네(山根) 서기 : 오늘의 의사 일정을 보고드립니다.

　　① 의안 제2호 내지 제15호 제1, 2, 3독회

　　② 보고 제1호 내지 제4호

---

15) 회의 마지막 시간 기재에까지 동일 시간으로 기록되어 있으나, 회의 내용, 길이
　　등으로 볼 때 시간 기재는 오기로 추정됨.

③ 도의 공익에 관한 의견서안 8건

이상입니다.

의장(新具 도지사) : 의사일정에 의해서 먼저 일정 제1의 의안 제2호 내지 제15호를 의제로 합니다.

먼저 참여원으로써 제안 이유를 설명드리겠습니다. 또 본 안건은 대체 제1호 의안과 관련이 있고, 또 내용은 모두 간단한 사항이므로, 편의상 독회를 생략하려고 생각하는데 이의 없습니까?

('이의 없다'라 하는 자 있음)

의장(新具 도지사) : 그럼 독회를 생략합니다.

참여원(田原 지방과장) : 명령에 의해서 오늘의 의안에 대해 상세하게 말씀드립니다. 의안은 제2호 내지 제15호인데, 그 중 제6호, 제8호 및 제11호를 제외한 나머지 의안은 항례적인 것이거나 또는 극히 간단한 것이므로, 이들에 대해서는 질문이 있으면 답하고자 한고 의안 제6, 제8호 및 제11호에 대해 간단하게 설명드리겠습니다.

먼저 제6호 의안 목포항 매축비 계속비 설정의 건입니다. 본건에 대해서는 제1호 의안 심의의 때에 대체의 윤곽을 설명 드렸으므로, 이미 알고 계시겠지만, 그 개요를 말씀드리면 본 사업은 목포항이 장래 조선의 대지무역촉진상 중요한 사명을 띠고 있음을 느끼고 속히 선차(船車) 연락설비를 완성함으로써 동항 정비의 토대를 조성하려고 하는 것입니다. 즉 목포역 앞 호남정 근처 간석지(干潟地) 7만 9,220평을 정리하여서, 일부는 공공용지로, 대부분은 민간에 분양하려는 것인데, 그 공사비 총액은 140만 원으로 1939년도부터 1942년까지 4개년의 계속사업이 될 것입니다. 이 공사비 재원은 전액을 매립지의 매각 예납금으로 완성할 계획인데, 초년도에는 예납금의 수입액을 이후의 연도분과 마찬가지로 예정하는 것은 무리인 것으로 생각되므로 공사자금의 만전을 기하기 위해서 10만 원의 도채(道債)를 일으켜 1942년까지 거치하고 1943년도에 매립지 매각대금 중에서 이것을 상환하려는 계획입니다. 앞서 말씀드린 이유에 의해서입니다. 올해는 계속비의 설정을 필요로 하므로 도제(道制) 제12조 제1항 제6호의 규정에 의해 부의하고자 하는 것입니다.

다음으로 제8호 의안 목탄검사수수료 신설의 건입니다. 이에 목탄검사규칙을 설치하려고 하는 이유는 의안에도 설명하고 있는 대로 규칙으로 통제하여서 본도 생산 목탄의 품질의 향상을 도모하고 아울러 물가조정, 취급상의 편리를 얻고자 하는 것입니다. 검사규칙의 요체를 말씀드리면 먼저 본도 생산의 목탄은 검사를 받지 않으면 이를 유통하거나 도외로 반출하는 것이 가능하지 않다라 하는 것. 검사를 받고자 할 때는 전라남도 수입증지로써 1표(俵)에 대해 2전의 수수료를 납부하고, 일정 양식의 목탄검사신청서를 소할 부윤, 군수, 도사(島司)에게 제출할 것. 검사방법은 원칙으로써 상품의 소재지로 가서 하는 바의 출장검사란 것 및 본 규칙위반자에 대한 벌칙규정 등인데 요는 본 규칙의 원활한 반영을 기약하기 위해서는 검사의 신속, 적정을 도모하여 수검자의 불리, 불편을 가능한 한 제거하도록 힘쓰는 것이 더욱 요구되는 것이 아닌가라 사료되는 것입니다. 앞서 협찬되었던 1939년도 본 예산에서는 목탄검사를 위해 지방산업기수 3인을 증원하여서, 목탄의 주요 산출군에 배치하고, 본 규칙 운영의 만전을 기하고자 하는 것으로 하였습니다.

다음으로 전라남도 도세부과규칙 중 개정의 건입니다. 먼저 제1조에 있는 호별세 1호당 5전 5리의 증가 징수인데, 이는 중등학교 확충 계획 및 중소하천 개수비, 사방사업비에 대한 1939년도분 순수 도비(道費) 부담 재원으로서 본부(本府)의 지시에 기초하여 호별세의 제한 보유액, 이 제한액은 1호 평균 1원 20전인 바, 현재 1원 5전 부과했던 것으로 차이 보유액은 15전이 됩니다. 이 보유액 중 5전 5리 를 증징하여, 세율을 1원 10전 5리로 개정하고자 하는 것입니다. 이 증징액의 할당은 교육비에 1만 4,914원, 도비(道費)의 중소하천 및 사방사업비에 1만 624원, 이들 징수비로써 555원으로 되어 있습니다. 또 동조(同條) 중 도축세(屠畜稅)의 증징은 다른 도에 비교하여서 종래 이 세율이 낮을 뿐만 아니라 현재 도육(屠肉)의 수급 및 가격 등의 관계상, 다른 도세(道稅)와 권형(權衡)을 결여할 우려가 있으 므로, 도우(屠牛) 1두에 대해 5전의 증징을 하여서 과세의 공평을 기약하고자 하는 것입니다.

다음으로 동조(同條)에 수난어선(水難漁船)이라 하는 1항을 추가했 던 것은 먼저 제1호 의안의 심의 때 산업부장으로부터 상세한 설명 이 있었던 대로 1939년도부터 본부에서는 수난어선의 항구적 구제 대책을 수립하여 1956년까지 매년 구제기금의 축적을 하려고 하는 것인데, 이것의 재원은 어업자의 부담과 국고 및 도비에서의 보조 금 등으로 하고자 하는 것으로 본 도비의 연 할당액은 1953년도까 지 매년 일정액의 1만 2,793원입니다. 이는 도비로서는 비상하게 무 거운 부담이므로 본부는 이것의 일부 재원으로 어업비의 2할 이내 에서 특별 증징을 인정했던 것입니다. 따라서 이에 관한 조항을 제1 조에 추가했던 것입니다.

제10장 중 도장세(屠場稅)를 삭제했던 것은, 도장세를 부과하는 도 장이 그 운영을 전부 읍면으로 이관 완료하고, 또 장래 읍면 이외의 경영은 새로 허가하지 않을 방침이므로, 이에 관한 조항을 삭제했 던 것입니다.

다음으로 제37조 제2항의 50전을 1원으로 개정하였던 것은 가옥세의 소액 납세자에 대해 1기(期)에 연액을 일시로 징수하던 것을 다른 도세(道稅), 예를 들면 호별세(戶別稅), 임야세(林野稅), 차륜세(車輪稅) 등과 균형을 맞추고자 한다는 취지에서 나왔던 것입니다. 제75조 제1항의 개정은 차량세의 탈세 방지를 위해, 차륜 감찰(監札) 검사의 조항을 일부 추가했던 것입니다.

또 어업세의 부과표준 및 부과액에서 약간의 개정을 가했던 것인데 이는 수산의 기술 방면에서도 충분 타협을 검토한 것으로 어업세 중 기선(機船) 어업에 대해 다른 세율과 심히 권형이 맞지 않는 부분에 대해 일부 개정을 필요로 하는 것을 인정했던 것입니다.

간단하지만, 이상 대체를 말씀드렸습니다. 모쪼록 심의의 후 협찬을 부탁드리고자 합니다.

의장(新貝 도지사) : 의견이 없는 것 같으므로, 바로 확정 심의로 들어가고자 생각하는데 이의 있습니까?

('이의 없다'라고 말하는 자 있음)

의장(新貝 도지사) : 그럼 이의가 없는 것 같으므로, 의안 제2호 내지 제15의 채결을 하겠습니다. 원안에 찬성하시는 분은 기립하여 주십시오.

(찬성자 기립)

의장(新貝 도지사) : 만장일치 찬성에 의해서, 의안 제2호 내지 제15호는 원안의 대로 가결, 확정하겠습니다.

그럼 서기로써 의결 보고를 낭독하겠습니다.

야마네(山根) 서기로써 의결 보고를 낭독하겠습니다.

야마네(山根) 서기 : 의결 보고서를 낭독하겠습니다.

의결보고서

1939년 2월 28일

전라남도회 의장　신구 하지메(新具肇)

전라남도지사 신구 하지메(新具肇)　귀하

1939년도 2월 28일 본회의 의결에 부쳐진 좌기 의안에 대해 별지의 대로 의결함

위 보고함(중략-편자)

의장(新具 도지사) : 다음으로 도의 공익에 관한 의견서안 8건을 부의합니다. 제안 이유는 의견서에 상세하게 부기하고 있는 것 같으므로 서기의 낭독으로 그치고자 생각하는데 이의 있습니까?

('이의 없다'라고 말하는 자 있음)

의장(新具 도지사) : 그럼 서기로써 낭독하겠습니다. (중략-편자)

4번(高在涓군) : 의사 진행에 대해, 이유는 생략하고 건명(件名)만으로 좋다고 생각합니다.

의장(新具 도지사) : 의견서안(意見書案)이 또 1건 제출이 되었으므로 추가하여 부의하겠습니다. 그럼 건명만을 낭독해주십시오.

야마네(山根) 서기 : 그럼 건명만을 낭독하겠습니다.

1. 국비보조에 의한 서시천(西施川) 개수 방법의 건
   제안자 도회의원 고재연(高在涓), 찬성 의원 김신석(金信錫) 외 11인
2. 조선방송협회지방방송국을 광주에 설치해야 할 것을 그 당국에 요망의 건
   제안자 도회의원 김신석 동 사카구치 키스케(坂口喜助), 찬성 의원 다나카 슈지(田中秀) 외 35인
3. 조선지방선거취체규칙 중 '호별 방문의 금시(禁示)'조항의 추가를 그 당국에 요망의 건
   제안자 도회의원 후지타 림페이(藤田林平), 동 사카구치 키스케, 찬성 의원 김종필(金鍾弼) 외 25인

4. 산촌부업조합(山村副業組合) 조직에 관한 건
   제안자 도회의원 김석주(金錫柱), 찬성 의원 우찌야마 시게오(內山重夫) 외 24인

5. 간이학교를 소학교 또는 그 분교로 변경하고자 하는 것을 희망함
   제안자 도회의원 오건기(吳建基), 찬성 의원 정기철(丁基哲) 외 33인

6. 4년제도의 심상소학교를 모두 6년제로 통일할 것을 희망함
   제안자 도회의원 오건기, 찬성의원 정기철 외 31인

7. 조선에 아동의무교육제도를 속히 실시한 것을 내각총리대신, 척무대신, 조선총독부에로 전라남도 도회로써 의견서 제출의 건
   제안자 도회 의원 최형호(崔鎣澔), 찬성 의원 도회의원 최영철(崔榮哲) 외 4인

8. 면화의 매매기준 가격을 결정할 위원회에 생산자인 농민측의 위원도 추가하여 임명할 건
   제안자 도회의원 천독근(千篤根), 동 김철진(金哲鎭), 동 국기현(鞠淇鉉), 동 지정선(池正宣), 동 김석주, 동 김후생(金後生), 동 오건기, 동 김선홍(金善洪), 동 서정록(徐廷祿). 동 최영철(崔榮哲), 동 조천섭(趙千燮), 동 김명계(金命契)
   찬성 의원 사카구치 키스케 외 20인

9. 초등교육 확충 계획에 의한 교실 증축공사는 학급증가 전년도까지로 이를 행할 건
   제안자 도회의원 최영철, 찬성 의원 김명계 외 10인

이상 9건입니다.

의장(新貝 도지사) : 의견서에 대해서는 이의 있습니까?

('이의 없다'라고 말하는 자 있음)

2번(木尾良淸) : 모두 훌륭한 제안으로, 그 중 제2의 방송국 설치의 건

입니다. 이는 참으로 시의에 적절한 건의로 지극 찬성하는 바입니다. 이웃 도 전북에는 이미 이리(裡里)에 설치하여 비상한 바의 효과를 거두고 있습니다. 웅도(雄道) 본도로써 오히려 그에 비추어 이를 설치하는 것이 늦어진 감이 있는 것입니다. 이번 건의되어서 진실로 경축으로 견딜 수 없는 바입니다.

우리 지방에 있어서는 이 도청 소재이므로 여러 가지 행사가 있습니다. 이후 도의 각 간부 및 각 명사의 강연 등 충분 전하는 것이 가능하고, 또 여러 행사로서는 혹 광주신사(光州神社)의 앞에서 하는 의식 혹은 언제라도 배견(拜見)했던 해군비행기의 헌납식의 상황, 혹은 분열식(分列式)의 행사를 이 지방에서도 청취하는 것이 가능하여 비상하게 편리할 것이라 믿습니다.

또 이 시국 관계에 있어서도 특히 방공(防空) 관계에 있어서는 실제 배견하면, 이 감시대 본부의 우편국 등도 범위가 넓어져서 크게 다사다난해져 있습니다. 요즘 10분, 5분을 다투는 것이 있는 것입니다. 고로 가능한 모두에게 빠른 쪽이 좋은 것이라 듣고 있습니다. 따라서 전화 이외로써 이 '라디오'에 의해서 빨리 들을 수 있는 상황이 되므로, 본도로써는 어쨌든 이를 이러한 관계상에서도 중요하다라 믿고 있습니다.

꼭 도당국에서는 극력 진췌하여 머지않아 실현하였으면 하여 찬성의 뜻을 표하는 것입니다.

의장(新貝 도지사) : 채결하고자 생각하는데, 이의 있습니까?

('이의 없다'라고 말하는 자 있음)

의장(新貝 도지사) : 그럼 찬성하는 쪽은 기립하여 주시길 바랍니다.

(찬성자 기립)

의장(新貝 도지사) : 만장일치로 찬성함으로써 가결 확정합니다.

오늘은 이로써 산회하고자 하는데 서기로써 내일의 일정을 보고하
겠습니다.

야마네(山根) 서기 : 내일의 의사 일정을 보고드립니다.

1.도지사 폐회의 사(辭)

이상입니다.

또 개의(開議) 후의 출석의원을 보고하겠습니다.

1시 3분 37번 김용안(金容安), 8번 차종채(車鍾彩) 씨가 출석하였으
므로 오늘의 출석의원은 40인입니다.

또 제주도의 읍회 의원 일동으로부터 도회 의장 앞으로 전보가 왔
습니다. 전문(電文)

(생략-원문)

이상입니다. (중략-편자)

오후 1시 25분 산회

4) 제9회 충청남도회 회의록 발췌(제10일)

항 목	내 용
문 서 제 목	第9回 忠淸南道會 會議錄 拔萃(第10日)
회 의 일	19380312
의 장	鄭僑源(도지사)
출 석 의 원	21명 : 林昌洙(3번), 宮本喜吉(4번), 村尾伊勢松(6번) 등
결 석 의 원	
참 여 직 원	宮澤完三郎(지방과장), 田中保太郎(내무부장), 渡邊俊雄(학무과장)
회 의 서 기	
회 의 서 명 자 (검 수 자)	
의 안	제1호 의안, 제2호 의안~제21호 의안, 제26호 의안~제28호 의안, (추가의안) 제29호 의안~제33호 의안 제1~3독회(제11호 의안 제79조 제1항 '조선광업회에서 결정한 광업권의 취득자 또 조선어업회에서 규정한 어업권의 취득자' 관련 추가 설정 논의, 제13호 의안 입학시험료, 제14호 의안 충청남도공립학교 수업료 징수규정 중 개정의 건, 제26호 의안 1936년도세입출결산보고)
문서번호(ID)	CJA0003318
철 명	도사용료수수료관계철
건 명	도립학교수업료신설의건-충청남도(제9회도회회의록)
면 수	11
회의록시작페이지	105
회의록끝페이지	115
설 명 문	국가기록원소장 '도사용료수수료관계철'의 '도립학교수업료신설의건-충청남도(제9회도회회의록)'에 수록된 1938년 3월 12일 개회 제9회 도회 회의록 발췌(제10일)

해 제

본 회의록(총 11면)은 국가기록원소장 '도사용료수수료관계철'의 '도립학교수업료신설의건-충청남도(제9회도회회의록)'에 수록된 제9회 충청남도회 제10일의 발췌 회의록이다.[16)]

출석의원, 참여직원 등을 명시하지 않았다. 각 의안도 명시되어 있지 않아 질문 내용 등 회의 내용상 확인되는 의안을 기재하였다.

지방의회 회의록은 주로 지방의 사업 예산과 관련된 내용을 주로 다루고 있는 만큼, 지방단체의 사업 내용을 이해하는 데에도 크게 도움이 되는 자료이지만, 위와 관련된 재정적인 측면을 이해할 수 있다는 측면에서도 크게 중요성이 강조되는 자료라 할 수 있다. 특히 예산과 밀접한 관련을 갖는 지방세 부분에 대해서는 지방의 실질적인 운용상을 확인할 수 있는 가장 직접적인 자료라고도 할 수 있다. 해당 지방의회의 참여 인물에 따라 시행 정책의 행간을 이해하는 데에는 주의를 기울여야 하는 부분이 있기는 하지만, 일제의 지방정책의 기본을 확인할 수 있는 자료로써도 의미가 크다고 할 수 있다. 본 회의록에서는 일제의 지방재정정책과 관련하여 광업권(鑛業權)과 어업권(漁業權)에도 부동산취득세를 부과하게 된 것에 대한 확인이 가능하다. 1926년 지방세제 정리 당시 도세(道稅)에 부동산취득세가 신설되었는데, 당시에는 광업권이나 어업권 같은 권리에는 부동산취득세를 부과대상으로 하지 않았다가 1938년 초부터 매매가격의 1/100을 부과하는 것으로 하였던 것이다.[17)] 이 증징을 통해 확보된 예산은 광산도

16) CJA0003318 126~136면, CJA0003319 963~973면, CJA0003322 726~737면, CJA0003324 90~100면, 545~555면, CJA0003326 644~654면에 중복 수록되어 있다.
17) 「鑛業と漁業權に不動産取得稅賦課-賦課率は賣買價格百分の一」, 『新聞切拔』(平

로개수비(鑛山道路改修費), 광업개발조장비(鑛業開發助長費), 어업장
려비(漁業奬勵費) 등으로 활용하겠다고 밝히고 있는데, 즉 1937년 이
후 전시재정으로 전환, 군수물자의 조달 등도 반영된 지방재정정책의
변화를 확인할 수 있는 내용이라 할 수 있다. 이와 관련 총독부의 정
책에 대한 반발은 확인되지 않고, 실시 내용에 대한 구체적인 내용 확
인 등이 주로 확인된다.

또한 본 회의에서 주로 논의되고 있는 지방세 중 하나는 차량세인
데, 이에 대해서도 그 운용상과 관련된 문제점을 확인할 수 있다. 차
량 영업지가 아닌 차량 영업소의 소재지에 세금을 납부하는 것에 대
한 문제제기와 결국은 그 비용이 도로수선비로만 사용되지도 않고 일
반적으로 사용된다는 당국자의 설명이 확인된다. 사실상 전시체제기
에는 세금 증징을 통해 지방 예산을 운영하고 있었던 만큼 이와 관련
된 더 다양한 논의가 이루어져야 할 것이나, 앞서 설명한 바와 같이
지방 의원의 성향에 따라 국한적인 내용만이 논의되고 확인되는 것은
당시 지방의회의 한계 상황이자 자료적 한계라 할 수 있겠다.

내 용

제10일(3월 12일 토요일)
의장(도지사 鄭僑源군) : 오늘의 출석 의원수는 지금 서기가 보고한
　　대로 21명이고 정족수에 이르렀으므로 의사(議事)에 들어가겠습니
　　다. 또 본일의 일정은 어제 말씀드렸던 제2호 의안 내지 제21호 의
　　안 및 제26호 의안 내지 제33호 의안의 제1, 제2, 제3독회를 속행하

每, 1938.1.8.)

고 아울러 보고 제1호 내지 보고 제3호를 보고 드리고 함께 제안사
건을 아울러서 상정합니다.

또 위 의안 아울러 제안은 모두 그 내용이 간단한 것이므로 독회를
생략하고 바로 확정 의사로 들어가려고 하는데 이의 없습니까?

('이의 없다, 이의 없다'라 하는 자 많음)

의장(도지사 鄭僑源군) : 전원 이의 없는 것 같으므로 지금 상정하였
던 안건에 대해서는 독회를 생략하고 확정 논의로 들어가는 것으로
하겠습니다. 또 제2호 의안 내지 제21호 의안 내지 제28호 의안의
설명에 대해서는 첫날 참여원이 설명을 드렸으므로 생략하고 추가
의안에 대해 간단하게 참여원이 설명하겠습니다.

3번 의원(林昌洙군) : 오늘 제안되어진 각 의안에 대해서는 제1호 의
안의 제1독회를 장시간을 소비했던 관계에서 시간의 여유가 없으므
로 간단하게 중요한 안건 만에 대해 질문을 하는 것으로 의견을 말
씀드립니다.

제가 질문을 하지 않은 다른 안건에 대해서는 당연 원안에 찬성하
고 또 의견이 없는 것이므로 질문하고자 생각하는 것만을 말씀드립
니다.

제11호 의안 제79조 제1항의 중에 '조선광업령에 규정하는 광업권의
취득자 또 조선어업령에 규정하는 어업권의 취득자'를 더한 것은 진
실로 훌륭합니다.

통상의회의 때 부동산 취득세 부과규칙을 설정할 것이라 생각했는
데 그때에도 나는 부동산 취득세는 부동산의 취득자만이 아니라 광
업권 등의 권리취득자에게도 부과하는 것이 당연한 것이므로 나는
별도 의견은 없지 않지만 내가 듣고자 하는 것은 취득의 시기에 대
해서입니다. 즉 취득 시기는 광업권을 등록한 때인지 혹은 그 권리

를 행사한 시기인지에 대해 의문입니다.

다음은 제13호 의안의 입학시험료로 어느 학교는 2원, 어느 학교는 1원 50전이라 하여 차이가 있는데 그것은 학교의 성질에서 볼 때 당연하다라 생각합니다. 그러나 이 시험료는 소액에 불과한 것은 아니지 않습니까? 또 제14호 의안의 수업료의 개정규칙에도 수업료가 학교에 의해 3원, 2원 50전, 혹 1원 50전 등 차이가 있어서 시험료와 같이 학교의 성질에 의해서 정한 것이라 생각하는데 이 금액은 과연 상당합니까?

다음으로 제26호 의안은 1936년도 세입출 결산보고인데, 그것을 보면 도세(道稅)의 세입이 증가하고 있는 중에 3, 4개는 감소하고 있는데, 지세 부가세와 같은 것은 1936년의 수해의 영향이 있었던 것 같습니다. 기타는 대체 증가하고 있습니다. 예산보다도 증가했던 것입니다. 이 이유는 어디에 있습니까? 예산은 예산이므로 반드시 아주 정확한 것은 아니더라도 예산 편성의 기술상 가능한 결산에 가까운 것이 좋은 예산이라고 생각합니다. 이 증수(增收) 되어진 이유를 알고자 합니다. 실은 결산에 대해서는 검토의 시간이 부족하므로 중요한 것만 묻고자 합니다.

결산의 1목(目)을 보면 경상부의 세입에서 10만 6천 원 정도의 증가이고, 세출에서 4만여 원이 감소하였던 것에 대해서는 감사합니다. 그렇지만 그 이유를 묻고자 합니다. (중략-편자)

참여원(지방과장 宮澤完三郎군) : 3번 의원으로부터 부동산 취득세의 중 광업권의 취득 시기에 대한 질문이 있었는데, 조선광업령에는 광업권을 하나의 물권으로 토지에 관한 규정을 준용하는 것으로 되어 있으므로 토지 물건과 마찬가지로 취득세를 부과하는 것이 지당하다라 생각합니다. (중략-편자)

참여원(내무부장 田中保太郎군) : 지명이 있었으므로 3번 의원의 1937년
도 결산에 대한 질문에 말씀드립니다.

1936년도의 결산에 의한 세수입이 당초의 예산에 비추어 현저하게
증가 징수했던 이유를 듣고자 하였는데 물론 예산대로 결산이 가능
하다면 이상적입니다. 그러나 예산은 예산으로 정확한 전망은 용이
하지 않습니다. 세수입의 중에는 다소 감소한 것도 있습니다. 지세
부가세라든가 임야세 등은 감액 징수되었습니다. (중략-편자)

다음으로 토지매각 대금이 감소한 것은 장항(長項)의 토지인데 이
토지는 1934년도에 매립하였던 극소한 매립지를 처분하려고 예산에
그 수입을 계상하였던 것을 여러 가지 사정으로 매각하지 않았습니
다. 그러나 1937년도에는 상당 매각이 가능하였으므로 1937년도의
결산서는 상당액의 토지 매각대금이 올라갈 예정입니다.

국고보조금이 감소한 것은 지금 다른 번외가 답변한 대로입니다.
(중략-편자)

참여원(학무과장 渡邊俊雄군) : 입학시험료가 차등으로 설치되어진 것
은 수업 연한의 장단에 의한 것입니다. 물론 장래 증가할 경우가 없
는 것은 아닙니다. 그러나 현재는 적당한 액수라고 생각합니다. 그
이유로서는 전 조선의 예를 들면 5년제의 중등학교는 2원, 3년제의
즉 을종(乙種)의 학교는 갑종(甲種) 학교에 비해서 50전 또는 1원이
적은 것으로 본 도(道)도 보조를 함께 했던 것입니다. (중략-편자)

3번 의원(林昌洙군) : 지금 한 가지 듣고자 하는 것은 제6호 의안의 제
2조, 제2호, 제3호인데 이 지정보조금과 지정기부금은 어떠한 것입
니까? 또 제3조에는 제1호부터 제10호까지 열거하고 있는데 이 열
거 주의가 엄중하게 지켜진 것인지에 대해서입니다. 이 열거한 사
항 이외의 구조를 필요로 하는 사업이 있는 경우는 어떻게 합니까?

만약 구조할 필요가 있다면 열거 사항 이외에 제11호로써 무엇인가 부기할 필요는 없겠습니까? (중략-편자)

참여원(내무부장 田中保太郎군) : 장항의 토지매각에 대해서 거듭 질문이 있었는데 겨우 1만 평의 토지매각에 대해서 뜻이 맞지 않은 이상 장래의 큰 매축지의 처분에 대해서 확신이 있을지 걱정이 앞섭니다. 게다가 토지의 매각은 그때그때의 경제 상황에 따라서 차이가 있으므로 때에 따라서는 예산 이상으로 처분이 가능하지 않을 수 있습니다. 1936년도에는 예산대로 매각하였는데 1937년도에는 대략 예산을 늘려서 매각이 가능했습니다. 이후도 장항의 번영책을 강구하여 상환 재원에 부족을 발생하는 일이 없도록 노력하고자 합니다. 장항의 지원(地元)은 물론이고 도내 관민이 모두 이해와 노력을 하여서 소기의 목적을 달성함에 원조할 것을 바랍니다. (중략-편자)

4번 의원(宮本喜吉군) : 다만 한 가지 질문하고자 합니다. (중략-편자) 1936년도의 결산서 제3항의 도세의 중에는 차량세 결산액이 올려져 있습니다. 이에 대해 수입의 다과는 이야기되지 않는데, 제1호 의안 심의의 때 제가 차량세에 대해 질문하였던 바 지방과장이 차량세 수입의 대부분은 도로수선비로 충당하는 것으로 심히 감사하였지만, 다만 한 가지 묻고자 하는 것은 내년도의 예산에도 차량세는 6만 7,307원 계상되어 있습니다. 아시는 대로 이는 부가세인 것으로 영업자로부터 납세하는 액은 배가 되는 것이므로 약 13만 원의 수입이 되는 것입니다. 그것을 도로의 비용에 사용한다면 충북, 전북 등에 비해서 열악한 충남의 도로도 좋아질 것이라 생각합니다.

또 이러한 부가세는 영업자는 영업소의 소재지인 부읍면에 납입하는데 제가 경영하는 자동차 노선은 75Km(粁)입니다. 그래서 영업소는 공주에 가지고 있어서 부가세는 모두 공주읍에 납부합니다. 그런데 75Km의 내 공주 읍내의 부분은 겨우 1Km가 안됩니다. 이 1Km 밖에 가지지 않은 공주읍에 세금을 납부하여 반대로 74Km의 장거리는 세금 미납지구를 달리는 셈인데 예산의 운용상에서 부가세를 공주읍에 납부하지 않고서 다르게 충당하는 것은 가능하지 않습니까? 즉 운영하는 노선의 소재면에 분배하여 납부하는 것은 가능하지 않습니까? 만약 이것이 가능하지 않다면 공주읍이 각 면에 대해서 기부의 형식으로 평등하게 사용하는 것은 가능하지 않습니까? 이 점 질문드립니다.

참여원(내무부장 田中保太郎군) : 4번 의원으로부터 차량세 부가세에 대한 질문이 있었는데 일단 세금이라 하는 것은 특별한 사람을 위해서 징수하는 것은 희박한 것으로 일반의 사람으로부터 징수하여 일반의 비용에 충당하는 것이 원칙입니다. 이 차량세는 특별세의 색채는 농후하지만 수입액 전부를 도로의 비용으로만 쓰는 것은 본질상 가능하지 않고 세금의 본 뜻에도 반하는 것입니다.

또 차량세 부가세는 영업세를 갖는 읍면에 납부하는데 납부하는 읍면에는 노선이 짧고 세금을 납부하지 않는 읍면이 길므로 어떻게 할 것인지 이양할 방법은 없는 것이냐는 것인데 그렇게 할 수도 있겠지만 그러나 제도상 처리는 곤란할 것이라 생각합니다. (하략-편자)

Ⅱ
부회 회의록

1) 제57회 군산부회 회의록(제1일)

항 목	내 용
문 서 제 목	第57回 群山府會 會議錄(第1日)
회 의 일	19390607
의 장	池田淸義(부윤)
출 석 의 원	桑原時元(1번), 赤松繁夫(2번), 淸水喜作(3번), 金敬聲(4번), 福山慶男(5번), 金白龍(6번), 山本壽治(7번), 檜垣孫三郎(8번), 鎌田方(9번), 盧玄愚(10번), 全義鎔(11번), 鄭燦弘(12번), 氏家重吉(13번), 泉作二(15번), 光富嘉八(16번), 徐鴻善(17번), 九田一(18번), 趙南冕(19번), 辛日善(20번), 上田朴(21번), 金永熙(22번), 山口吸一(23번), 脇田春次(25번), 沈學允(26번), 中山辰彌(27번)
결 석 의 원	佐川宇一(14번), 樋口虎三(24번)
참 여 직 원	上條新一郎(부속 : 내무과장), 淸水千義穗(부속 : 서무과장), 太田烑(부속 : 재무과장), 鄭海亨(부속), 酒井義次(부속), 李東昱(부속), 笹田歲一(부서기), 姬野惣十郎(부서기), 船田義臣(부서기), 朴永基(부서기), 內村精二(부서기), 方壽元(부서기), 金柄斗(부서기), 有本泰藏(부서기), 石井福太郎(부서기), 藤田文市(부서기), 柳熙哲(부서기), 江口治(부기사), 山浦勘利(부기사), 橋本榮 (부기수), 岩田德(부기수), 金應泰(촉탁), 村山勝利(촉탁), 溝口淸二(촉탁), 金性圭(부고원), 有馬敏雄(부고원)
회 의 서 기	內田敏郎(부속), 德永榮太郎(부회서기)
회 의 서 명 자 (검 수 자)	
의 안	의제18호 군산부 조흥세조례 설정의 건, 의제19호 군산부 오물소제 수수료조례 개정의 건, 의제20호 1939년도 군산부 세입출 예산 추가의 건, 보고 제1호 1939년도 군산부 세입출 추가예산의 건
문서번호(ID)	CJA0003438
철 명	대전군산부일반경제관계철
건 명	조흥세조례설정에관한건(회의록)
면 수	32
회의록시작페이지	752
회의록끝페이지	783

설 명 문	국가기록원소장 '대전군산부일반경제관계철'의 '조흥세조례설정에관한건(회의록)'에 수록된 1939년 6월 7일 개회 제57회 군산부회 회의록(제1일)

해 제

본 회의록(총 32면)은 국가기록원소장 '대전군산부일반경제관계철'의 '조흥세조례설정에관한건(회의록)'에 수록된 회의록이다. 본 의안 논의에 앞서 부회의 부회장, 사무·출납 검사위원 선정에 대한 논의 사실이 확인된다. 전시체제기 조선의 재정은 특히 비상 시국이라 하여 적극 재정으로 편성되었고 각종 세금과 수수료 등을 창설하여 재정의 팽창을 도모하였다. 조선의 재정은 병탄 초기부터 '특별회계'로 독립재정을 목표로 하였고, 재정 충당을 위한 세입은 커질 수밖에 없는 구조였다.

부회에서 논의되는 것도 주로 신설 세금의 조례, 규칙 등을 제정하는 것과 예산 운영에 대한 부분이 많은데 위와 관련된 사무·출납의 검사도 부의 행정, 재정 운영상 중요한 부분이라 할 수 있다. 위 제57회 군산부회의 사무출납검사위원 선정 관련 논의 내용을 보면, 이를 사무출납검사위원 선정에 대한 명확한 관련 규정은 없었던 것으로 보인다. 일단 부측에서는 이전 일반 회계의원으로 선정하여 일본인은 1부 즉 제1교육부회(일본인), 조선인은 2부 즉 제2교육부회(조선인)를 담당하게 하고, 비율을 정해 제1교육부회(일본인)와 제2교육부회(조선인)의 위원을 5대 3의 비율로 선정하고자 하였으며, 특히 각 부회에서 투표를 실시하고자 한 것에 대해, 의원 측은 1부와 2부를 따로 나눠서 뽑을 필요가 없다는 의견, 검사위원을 따로 선정하여 1, 2부를 모두 맡게 해야 한다는 의견, 별도의 선거는 필요하지 않다는 의견 등이 제시되었다. 결론적으로는 각부의 별도 선거 없이 1부와 2부 5대 3의 비율로 선정하였다. 아직 지방 예산에 대한 회계 등의 부분에 대한 연구가 없는 만큼 위와 같이 사무출납검사 위원이 어떻게 구성되었는지 아는 것도 그 기본적인 이해를 돕는 부분이라 할 수 있겠다.

내 용

(상략-편자)

1) 회의사건 다음과 같음

① 의원의 석차 결정의 건

② 부의장 선거의 건

③ 사무 아울러 출납검사위원 선거의 건

④ 의제18호 군산부 조흥세조례 설정의 건

⑤ 의제19호 군산부 오물소제 수수료조례 개정의 건

⑥ 의제20호 1939년도 군산부 세입출 예산 추가의 건

⑦ 보고 제1호 1939년도 군산부 세입출 추가예산의 건

⑧ 제24회 부사무 및 출납검사 보고의 건 (중략-편자)

의장(부윤) : 먼저 각 의원의 의석의 추첨을 행합니다.

(추첨을 행함)

의장(부윤) : 추첨을 마쳤으므로 일단 의석 및 의원의 소개를 위해 서기로써 보고드리겠습니다. (중략-편자)

의장(부윤) : 그럼 지금부터 부의장의 선거를 행하겠는데, 여러 중요한 안건이 산적하여 있는 바, 군산의 실정을 잘 아셔서 장래 군산의 총 친화, 총노력이라 하는 것에서 생각하시여 우리 부회 부회장의

선임은 만장일치로써 하는 결정을 희망합니다. 이에 대해서 이의나 의견은 없습니까? (중략-편자)

15번(泉) : 의장은 앞서 부의장 선거를 행할 뜻을 선고하였는데 그 다음은 무엇을 상정합니까?

의장(부윤) : 사무 및 출납 검사위원 선거입니다.

15번(泉) : 이러한 일정이 있으면 이상 미리 통하여 주십시오. 저는 초집장(招集狀)에 있는 의안을 심의하므로 부의장의 선거를 하는 것인가 생각했습니다.

번외(上條) : 부의장 및 출납검사원의 선거는 부례(府例) 제14조에 기초하여 집행되어지는 바의 부회의 권한에 속하는 사항이므로 부윤에게는 제안권은 없는 것입니다. 따라서 초집장에는 기재하지 않았던 것입니다.

15번(泉) : 회의사항을 의결한 이상 일정으로 하지 않으면 안 됩니다. 일정이라 하는 것은 무엇을 위해서 만들어진 것입니까? 개선 후의 초회의인 이러한 경우에 이전에 고지하여 주시는 것이 마땅하다고 생각합니다. 이전의 초회에서는 어떻게 부의장 선거와 검사위원의 서거를 고지하였던 것인지 이사자로서 미리 고지하여 주시는 것이 정당하다고 생각합니다.

번외(上條) : 부회가 법령에 의해서 주어진 바의 권한을 행사하고 있는 이상 초집의 고지에는 기재할 수 없는 것입니다.

15번(泉) : 부윤에게 제안권이 있고 또 의장으로써 의사를 진행, 통재하는 이상은 부윤으로서나 회의를 열 때에는 전례를 알아 주기를 희망하는 것입니다.

6번(金白龍) : 저도 15번 의원의 의견에 동의합니다. 부의장과 검사위원의 선거는 의원 간에 먼저 논의되어야 하는 것으로써 의안에 제시하지 않는 것은 우리 의원으로써 의결하는 일이 가능하지 않습니다. 제안을 기다려 비로소 의결이 가능합니다.

22번(金永熙) : 이에 관련하여 이외의 일을 묻고자 합니다. 이전은 1부, 2부의 회의는 일제(一製)로 함께 하고 있었는데, 이번은 무슨 이유인지 2일에 걸쳐서 하는 것입니까?

번외(上條) : 이는 초부회이고 또 의안도 상당하므로 시간의 형편상 어떤가라 생각하여서 2일에 걸쳐서 개회하는 것으로 하였던 것입니다.

6번(金白龍) : 일정 변경을 지금 제안하여 의사 진행을 도모하면 어떤가라 생각합니다.

　2부의 통지에는 부제 제58조에 기초하여 제14조의 권한을 행사하고자 한다고 쓰여져 있고, 부윤으로써는 당연 초집장에 쓰여져 있는 대로 하지 않으면 안된다고 생각합니다.

19번(趙南冕) : 지금까지 여러 의원 간에 의견이 있었는데 부윤으로서는 제안할 수 있는 것이 없다고 한 번외의 말에 본원은 동감합니다.

('진행'이라 하는 자 많음)

의장 : 특별히 의견이 없는 것 같으므로 진행하겠고 선거의 방식은 어떻게 할까요?

11번(全義鎔) : 15번, 6번 의원이 말했던 선거의 제안은 어떠한가라 하는 것인데, 15번, 6번 의원의 말을 인정한 제안입니까?

의장(부윤) : 앞서 부의장의 선거를 지금부터 한다고 말했던 것은 의장으로써 제안하였던 것이라 양해바랍니다.

11번(全義鎔) : 그럼 15번 의원의 말과 같이 일정에 넣는 것이 가능하다라 인정되었으므로 의장이 선언했던 것입니까?

의장(부윤) : 부의장의 선거는 부회에서 해야 하는 것이므로 순리로써 말하는 것이고 부윤에게는 제안권이 없는데 의사진행상에서 보면 미리 이 일을 통지하는 것이 지당하다고 생각합니다.

종래에 해왔던 것도 있어서 미리 통리하여 두지 않았던 것은 심히 유감으로 하는 것입니다. (중략-편자)

의장(부윤) : 그럼 회의를 속행하겠습니다.

(오후 3시 20분)

23번(山口) : 각원의 여러 의론이 있었는데 15번 의원의 말했던 것도 장래의 선처를 촉구해야 하지 않은가라 생각합니다. 일단 부회가 성립한 이상 부제에 의해서 부의장의 선거를 벽두 집행되어지는 것이 좋지 않은가라 생각합니다.

11번(全義鎔) : 회의규칙에 의하면 선거는 투표에 의하지 않으면 안되는데 의장이 각 의원에게 자문하여 투표에 의하지 않고 만장일치로써 추천할 것을 희망합니다.

25번(脇田) : 방금 11번 의원으로부터 제안되었던 것 같이 만장일치, 추천을 본원은 희망합니다.

의장(부윤) : 방금 부의장의 선거는 만장일치 추천의 형식으로 하고자 하는 의견이 있었는데 어떻습니까?

('이의 없다', '찬성'이라 하는 자 많음)

의장(부윤) : 그럼 투표에 의하지 않고 만장일치 추천에 의해 부의장을 정하기로 하겠습니다.

2번(赤松) : 방금 의장이 만장일치 추천을 선언하였는데 저는 부의장으로 히쿠찌 토라조(樋口虎三) 씨를 추천합니다. 씨는 부(府) 진전상의 공적은 지금 제가 다시 말할 것도 없는 것으로 부로써는 그 진전 도상의 부침의 중대 기로에 직면하여 5만 부민의 지지의 하에 선출되어진 우리 책무 또 중대함에 이르러 본 부회 부의장의 요직은 감히 실례지만 씨외에 적당한 자가 없다고 확신하여 추천합니다.

21번(上田) : 의원 간담회에서도 2번 의원이 말했던 것 같이 만장일치
　로써 히쿠찌(樋口) 씨를 부의장으로 추천하고자 하였습니다.

의장(부윤) : 방금 2번 및 21번 양 의원으로부터 부의장에 히쿠찌 토라
　조(樋口虎三) 의원이 최적임이라 추천되었으므로 히구찌 씨를 만장
　일치로 추천하는 것에 이의 없습니까? 이의 없다면 기립하여 주십
　시오.

(전원 기립)

의장(부윤) : 만장일치의 의사 표시를 따라서 우리 부회의 부회장은
　히쿠찌 토라조(樋口虎三) 씨로 결정합니다.

11번((全義鎔) : 히구찌 의원은 여행 부재중이므로 소재를 파악해서
　결정의 뜻을 타전하였으면 합니다.

의장(부윤) : 알겠습니다. 다음은 사무 아울러 출납검사위원의 선거를
　행하고자 합니다.

22번(金永熙) : 2부의 쪽은 부의장은 조금 간담을 필요로 하므로 이
　전부터 종종 간담을 하였는데 신사참배의 사정으로 또 속행하고자
　하므로 잠시 별실에서 간담을 하고자 하므로 잠시 휴식하면 어떻습
　니까?

　그 후 부의장에 당선한 자는 위원을 사퇴하는 것으로 진행하고자
　합니다.

('찬성'이라 하는 자 많음)

의장(부윤) : 다만 지금 행해진 바의 선거에 기초해서 당선되어진 검
　사위원이 1, 2부의 부의장에 당선된다면 검사위원을 사퇴하고 차점
　자를 올린다는 제안은 타당하다고 생각하는데 이에 대한 의견은 어
　떻습니까?

17번(徐鴻善) : 이전에는 이 선거에 의해서 당선되었던 위원은 내지인

은 1부 위원으로, 조선인은 2부의 위원으로 추천하는 것을 예로 하고 있습니다. 또 신문지에 의하면 신의주에서는 이 선거에 대해서 1부는 1부로써 2부는 2부로써 일반과는 별개로 선거하는 것으로 판단됩니다. 1부와 2부의 위원은 일반의 위원이 겸하는 것이 이상적인 것인데, 감히 그 필요를 인정하지 않고 일반경제와 1부와 2부는 별개로 위원의 선거를 하고자 합니다. 신의주가 이러하였다고 해서 이를 흉내 내고자 하는 것은 아닌가. 전속 검사위원을 선거하여 검사를 하는 것이 이상적인 것이 아닌가라 생각합니다.

21번(上田) : 17번 의원의 의견도 이론(理論)으로써는 그러한데 저는 또 다른 의견을 가지고 있습니다. 무언가 전례를 고집할 필요는 없습니다. 위원을 추천 선거하여서 1부, 2부로 나누어서 처리하여 행하는 것이 실제의 경우 위원 간에 있어서 다망한 용무라든가 무엇으로 실제로 검사에 종사하는 사람은 적어 진실로 격화소양(隔靴搔痒)[18]의 염려도 있으므로 자연 부출납 사무검사의 지연을 초래할 것입니다. 이 체험에 반대하여 저는 의원 전원이 사무 아울러 출납의 검사를 행하고 또 그 일부분을 할애하여서 1부, 2부의 검사를 집행시키는 쪽이 좋지 않은가 생각합니다.

의장(부윤) : 다만 지금의 선거는 일반경제의 사무 아울러 출납검사위원만을 두는 것인데 그것을 개정하여 각 부회의 검사위원의 선거에 대해서는 각 부회마다 결정하고자 하는데 어떻습니까?

('동감'이라 하는 자 많음)

13번(氏家) : 의장이 말하는 것은 알겠지만 그렇다면 아무튼 형편이 좋지 않은 검사규정으로 검사위원의 수를 8인으로 하여 1부 5인,

---

18) 신을 신고 발을 긁는 것과 같이, 성에 차지 아니하여 안타까움.

2부 3인으로 결정하는 것입니다. 이 정원수 8인을 1부와 2부에 적합하도록 일반경제의 위원을 선거하는 것이 타당하다고 생각합니다. 이와 같이 1부와 2부의 검사위원은 그 부회에서 선거하는 것인데 전연 백지를 돌려서 이 선거를 별개로 집행한다라 하면 검사규칙으로 결정한 바의 균형은 의미가 없다고 생각합니다. 또 8인은 비율의 정원을 결정하지 않는 것이 좋지 않습니까?

의장(부윤) : 내가 말했던 것은 다소 추상적으로 흘렀던 염려가 있었으므로 다시 제안합니다. 선거는 종래의 규정에 의해서 검사위원 8명을 1부 관계위원 5인, 2부 관계위원 3인의 균형에 의해 선거하고자 합니다.

11번(全義鎔) : 8명의 비율이 5, 3으로 되고 있으므로 이 선거는 별개인 것입니까?

의장(부윤) : 8명의 내역은 내지인 5인, 조선인 3인의 비율로 선거를 하고자 합니다.

('진행하라'는 자 많음) (중략-편자)

의원(부윤) : 일본인 측은 우지케(氏家), 와끼타(脇田), 아카마츠(赤松), 이즈미(泉), 야마구찌(山口)의 5명인데 야마구찌(山口), 우에다(上田), 쿠다(九田) 는 모두 동점이었는데 연장자 순에 의해 야마구찌 씨를 당선자로 하였습니다. 조선인 측은 조남면(趙南冕), 김영희(金永熙), 김백룡(金白龍)의 3씨 합계 8명을 당선으로 결정하였습니다. (중략-편자)

13번(氏家) : '제57회'를 '개선 후의 초부회(初府會)'라 고치는 것은 어떻습니까?

('찬성'이라 하는 자 많음)

의장(부윤) : 그럼 제57회 군산부회를 '개선 후의 초부회(初府會)'라 고치겠습니다.

이의 없습니까?

('이의 없다', '진행'이라 하는 자 많음)

의장(부윤) : 그럼 제18호 의안 '군산부 조흥세조례 설정의 건'을 상정하겠습니다. 일단 번외로서 의안의 낭독 및 설명을 하겠습니다.

(번외(太田) 의안 낭독 및 설명함)

의장(부윤) : 18호 의안은 방금 번외가 낭독 및 설명한 대로 인데, 본안은 독회를 생략하고 심의하고자 하는데 이의 없습니까?

('이의 없다'라 하는 자 많음)

의장(부윤) : 그럼 독회를 생략하겠습니다. 본안에 대해서 이의나 질문 없습니까?

15번(泉) : 제2조의 6/100이라 하면 무엇을 근거로 합니까?

번외(太田) : 일본의 국세의 예에 의하면 20/100으로 되어 있는데 조선은 국세가 14/100인데 그 착 6/100만을 부세로 취입하고자 생각합니다. 그 당국의 지시도 있었으므로 제2조의 과율은 화대(花代)의 6/100으로 생각합니다.

13번(氏家) : 조흥세를 창정한 이유를 알고자 합니다.

번외(太田) : 창설에 대해서는 아시는 대로 지나사변하의 중대 시국을 맞이하여 소위 사치적 소비에 대해서 어느 정도까지 억제를 가하여 국민정신의 긴장을 지켜나가는 한편 시국적 시설에 대해서도 상당의 경비가 고려되어지고 있으므로 그 재원으로 충당하고자 생각하며 또 과세함에 이르러서도 일부의 대조밖에 없으므로 본 과세 그것은 피과세자로서 크게 고통은 없는 것이라 생각합니다.

13번(氏家) : 제1조 요리점, 대좌부, 기타 이와 유사한 장소라 하는 것인데 이 유사한 장소라 하는 것은 무엇입니까?

번외(太田) : 유사한 장소라 하는 것은 경찰 취체 영업으로써 하는 바의 대좌부, 음식점의 중 예자(藝者)를 부르는 것이 가능한 곳, 즉 예자를 불러도 좋다라 하는 장소를 말하여 따라서 가정에 부르는 때에는 과세하지 않는 것입니다.

13번(氏家) : 산에 간다든가, 현인회(縣人會) 등에 예자를 부른 경우는 과세합니까?

번외(太田) : 그 당국의 지시에 따라 과세해도 좋다라 하는 것에 하는 것입니다.

13번(氏家) : 그 당국의 지시라 하는 것은 무엇입니까?

번외(太田) : 그것은 말미에 조선지나사변특별세령 중 유흥음식세의 예에 준하는 것으로 이르는 것으로 과세물건 등도…

13번(氏家) : 그럼 다른 계산을 하는 경우에는 제10조의 규정을 채용할 수 있는 계산을 하는 것 외에 있는 것에 적용하는 것은 가능하지 않고, 본 조례를 보면 기타 이에 유사한 장소라 하는 것은 조선 총독이 정하는 바의 유사한 장소라 하는 것으로 총독의 명령으로 시행규칙이 가능할 것입니다. 부에는 시행령이 없이 이 조례는 너무 간단해서 의미가 불명한데, 이 조례만으로 부과하는 것으로 하면 부민이 이해할 수 없고, 본 조례에 이에 유사한 장소가 총독의 정하는 바에 의해 부과하는 시행령으로써 확실히 표시하면 비로서 우리가 복종 가능한 것으로 부이사자는 만연이라 여기는 과세하고 어떠한 경우는 과세하지 않는다라 하는 그러한 것은…

번외(太田) : 본 조령의 설정에 대해서는 그 당국에서 지시한 것으로 과세하는 것으로 하지 않는 경우가 있고, 조례에는 규정하고 있지 않지만 방금 말씀하셨던 산유(山遊)라든가 현인회라든가에 예기를 부르는 경우에는 징수하고자 생각하고 있습니다.

13번(氏家) : 그 당국의 지시가 있다라 하면 이는 내부 관계가 있어서
　　우리는 알 수 없고 부민에 대해서 부과하는 이상은 과세의 범위와
　　율을 확실하게 하여 주지 않으면 안됩니다. 그 당국의 지사가 변하
　　는 경우에 조례가 바뀌는 것으로 인하여 총독이 정하는 장소 또는
　　부윤이 정하는 장소라든가 하는 경우에 별도로 부윤이 고시하여 주
　　지 않으면 안 됩니다. 거기까지 취급하여야 비로서 이해할 있는데
　　의장은 간단하다라 하여 불철저하다고 생각합니다. 이 조례로 부민
　　에게 부담을 부과하는 이상 지금 조금 연구의 후 명확하게 하여 주
　　시길 바랍니다. 그 당국의 지시에 의해서 부민을 취급해야 합니다.

23번(山口) : 방금 13번 의원의 발언은 타당한데 법으로써 의사 표시
　　하는 경우 세부까지 표시하는 것이 가능하지 않은 때도 있어 이는
　　통례로 하고 있는 것입니다. 이 조례에서도 법적으로는 상세하게
　　명시하고 있지 않은 것입니다. 유사한 장소라 하는 것은 취급자가
　　이를 판단하여서 적용하여 가면 좋지 않은가라 생각합니다. 상식으
　　로 판단해도 마땅한 것입니다. 저는 이 조례에 의해서 여관, 하숙,
　　사택(私宅), 산유 등의 경우에 관세에 대해서 약간 질문이 있는데
　　이 경우의 취급 방법을 명시하여 주시면 좋겠습니다. 요는 법을 만
　　들어서 사용하면 좋겠습니다.

22번(金永熙) : 저는 의견을 달리합니다. 법은 가능한 한 그 적용 범위
　　를 명시하지 않으면 안 됩니다. 막연하게 하면 마땅하지 않습니다.
　　법은 인민의 생활의 법인데 고쳐서 적어도 세부로 적당히 명시하여
　　적용하지 않으면 안 된다고 생각합니다. 또 묻고자 하는 것은 이 조
　　례는 전 조선 각지에 시행되어지고 있는 것이라 생각합니다.

번외(太田) : 방금 시행되어지고 있는 곳은 경성, 평양, 부산, 대구, 신
　　의주, 원산, 진남포, 개성, 함흥부입니다.

22번(金永熙) : 그 당국이라 하면 본부입니까?

번외(太田) : 본 조례의 준칙은 본부에서 도(道)를 경유하여 시달되어
진 것입니다.

22번(金永熙) : 예기(藝妓)의 화대를 표준으로 하고 있는데 대좌부의
창기(娼妓)는 과시하지 않습니까?

번외(太田) : 창기로부터는 징수하지 않습니다.

22번(金永熙) : 경영자는 요리옥, 치옥(置屋)을 가리키는 것인데 권번
에는 과시하지 않습니까?

번외(太田) : 과세하지 않습니다.

22번(金永熙) : 조선의 습관으로는 예기라 하는 것에 권번을 통하여
자택에 부르는 것도 있고 혹은 예기를 직접 초대하여 유흥하는 것
이 있는데 이 경우의 과세는 무엇을 표준으로 하여 징수합니까? 제
3조의 장소의 경영자로부터 이를 징수한다라 하는데 이 경우 누구
를 장소의 경영자로 할 수 있습니까? 이는 조례로써 명시하여 행하
지 않으면 안 됩니다. 제6조의 수령하는 것이 가능하지 않은 이유
를 구하여 그 취지를 부윤에게 신고해야 한다라 하는데 이는 5년
후에도 10년 후에도 좋은 것입니까?

번외(太田) : 극단적으로 말하자면 그렇게 말할 수 있는데 우리도 그
것은 세무서와 연락을 긴밀하게 하는 것은 물론, 계원을 독려하여
서 항상 경영자와도 연락을 지속하여 가능한 한 신속한 처리를 하
고자 합니다.

22번(金永熙) : 앞서 말씀드렸던 것은 다소 극단적인데 10일이나 1년
정도 늦어져도 지장이 없는 것입니까?

번외(太田) : 그것을 인정하면서 실행하는 것은 어쩔 수 없는 것이라
생각합니다.

22번(金永熙) : 그러한 것은 조례에 쓰는 것이 좋지 않습니다.

번외(太田) : 쓰지 않는 것이 좋다고 생각합니다.

22번(金永熙) : 총괄적으로 이 제안은 내용에서 구체적으로 기술되어지지 않았고, 또 용어를 쓰는 것도 지금 다소 고치는 것이 좋다고 생각하는데 이 조례는 위원부탁으로 하여 지금 다소 훌륭한 조례를 만들고자 합니다.

('동감'이라 하는 자 있음)

19번(趙南冕) : 준칙은 제시하지 않습니까?

번외(太田) : 본부에서 제시한 준칙이 있습니다.

19번(趙南冕) : 생각해보면 준칙에 의해서 제정하여 인가를 받는 것이 좋습니다. 준칙을 읽는 것을 들으면 참고가 될 것 같습니다.

13번(氏家) : 제1조 장소에서 유흥한 장소에 화대를 표준으로 부과한다는데 지금 가령 신월(新月), 화월(花月)에서 예기를 데리고 다른 장소를 가서 유흥할 때에는 과세는 어떻게 처리합니까? 또 내용을 간섭하여 질문하면 그 당국의 지세에 따라서 처리되어진다라 하는 것으로 우리는 이의(異議)가 상당이 있는데 22번 의원도 말했던 대로 하숙옥, 여관, 사택, 산유 등의 화대에 대해서는 무엇을 과세의 대상으로 한 것인가, 이 경우에 장소의 경영자를 하숙여관의 경영자로 하는 것은 어떠한가라 생각하는데 저는 이 경우는 과세하지 않아야 한다고 생각합니다. 예기취체규칙에서 말하면 예기는 규정에 의해서 출입하는 장소가 제한되어져 있으므로 이 경우 경영자는 당연 포함하지 않는다라 생각합니다. 임시로 이 원안을 지지하였던 바로 혼돈으로 판단할 수 없습니다.

번외(太田) : 음식점은 규칙에 의해서 예기는 부르지 않는 것인데 이 경우는 화대를 받은 것으로 과세해도 지장 없다고 생각합니다.

13번(氏家) : 이는 예기취체규칙과 관련을 가진 중대한 사항입니다. 조선예기는 권번을 통하지 않고서도 부를 수 있고, 7조와 같은 것이 있는 강행 규정이므로 명확하게 부과의 한계를 정하여야 할 것이라 생각합니다.

번외(太田) : 화대를 징수한 곳에 부과하는 것으로 되어 있습니다.

13번(氏家) : 그럼 세금은 장소의 경영자로부터 징수하라고 규정하고 있습니까?

번외(太田) : 세금의 부과 징수에 대해서는 취급 방법이 지시되어 있습니다.

13번(氏家) : 우리는 그 지시를 이해할 수 없는 것이므로 지시가 있다면 그 지시와 같은 조례를 작성하는 것은 어떻습니까? (중략-편자)

1번(桑原) : 1조에 대해 의견이 있습니다. 과세는 예기의 화대를 표준으로 합니다. 일본인 측은 권번에 직접 예기를 부르는 일이 가능하지 않게 되어 있습니다. 요리가(料理家)를 경유하지 않으면 부르지 않습니다. 세(稅)는 이 화대를 표준으로 부과해도 좋다고 생각합니다. 또 묻고자 하는데 예창기(藝娼妓)에는 부과하지 않습니까?

번외(太田) : 소위 감찰(鑑札)의 예창기는 예기로써 화대에 관련하는 한 과세합니다.

1번(桑原) : 첨침(添寢)하는 경우에는 세금은 부과하지 않습니까?

번외(太田) : 그 경우에는 옥대(玉代)이므로 별개입니다.

16번(光富) : 상당히 본 문제에 대해서는 의문이 있지만 이사자가 상식으로 취급하여 줄 것이라 생각하는데 조문을 보아도 개정을 요하는 점이 있으므로 법삼장(法三章)적으로 간단하게 시행이 가능하나 1조, 3조, 98조가 막연하여서 허위의 범위가 판단되지 않고, 폐업 등의 경우 어디까지 폐업으로 할 것인가 이해할 수 없으므로 이 조문에 대해서 불만인 것입니다. 위원회에 위탁하고, 실례지만 당신들은 관리여서 내정을 이해하지 못하므로 위원부탁하여 3일간이나 5일간 위임하여 주시기를 바랍니다.

('찬성'이라 하는 자 많음)

부윤(池田) : 본부에서 준칙을 내시했던 것으로 도에서 본군에 시달한 것이므로 내용에 대해서는 세부의 연구 조사가 행해졌다고는 말할 수 없습니다. 그러나 본 조례는 단지 군산부만에 만들어진 것이 아니라 전 조선 마찬가지로 시행한다라 하는 관계에 있으므로 세부에 대해서는 취급 방법도 내시되어 있습니다. 그러므로 실제의 운용상 규정은 어느 때는 상세 또 구체적이지 않으면 안 되는 것인데 내용에 의해서는 구제화하고자 하고 오히려 추상화시켜서 탈법 행위를 미연에 방지하는 효과가 있다고 생각합니다. 앞서 번외가 설명드렸던 대로 최근 인플레이션화라 하여 어쨌든 국민 일반에 긴축을 요구하지 않으면 안되는 때 일부에 이어서 특히 도 유흥하여 물자를 소비하는 것에 대해서도 자림애호(資林愛護)라 하는 관점에서도 억제하지 않으면 안 됩니다. 또 최근에는 단체 등의 예산은 증가를 인정하지 않는 경우에 의해서 종래의 예산의 1할을 감하고 있는 실정입니다. 그렇지만 한편으로는 시국에 수반한 시설의 증가를 해야 하는 것입니다. 이러한 견지에서 본세의 실시를 하게 된 것이므로 원안의 대해 찬성하여 주시길 바랍니다.

16번(光富) : 요는 조흥세에 대한 문제로서 의장이 말하는 것은 채택의 이유에 지나지 않는 것이라 생각합니다. (중략-편자)

19번(九田) : 조흥세의 설정은 지나사변에 수반한 바, 시국대응적 견지에서 이의 없는 바인데 이 세의 부과에 대해서는 각지의 예도 있고 또 토지에 의해서 권번제도 및 취체 등이 다르게 되어 있으므로 부과의 공평 완벽을 기약해야 하는 것이므로 저는 16번 의원의 제안에 찬성하는 것입니다.

15번(泉) : 16번 의원의 동의는 의사진행상 성립되었으므로 이 동의의 채택을 하여 주십시오.

의장(부윤) : 16번의 동의에 대해서 찬성 의원 정규의 수에 달하였으므로 채결하겠습니다. 위원부탁에 대해서 찬성하시는 분은 기립을 부탁드립니다.

(10명 기립함)

11번(全義鎔) : 의사진행, 원안 찬성

의장(부윤) : 18호 의안 심의는 위원부탁으로 한다라 하는 동의에 대해서는 찬성 의원이 소수이므로 부결되었습니다.

2번(淸水) : 방금 동의는 부결로 마쳤지만 또 이론이 상당하므로 판단이 필요하므로 이 조례안에서 얼마인가는 정정을 해야 하는 것이 있으므로 축조적으로 심의를 행하였으면 합니다. (중략-편자)

번외(太田) : 제1조에 속하는 장소란 예기를 부르는 곳이 다를 때는 어떻게 할 것인가에 대해 제3조 규정에 의해서 그 경영자의 장소의 연장이라 간주하여 그 경영자로부터 징수하고자 합니다.

16번(光富) : 유사한 장소의 설명을 해주십시오.

번외(太田) : 경영자의 쪽에서 예기를 붙여서 어디로 가는 것이면 그 경영자의 쪽에 세를 부과합니다. 참고로 내규를 낭독하겠습니다.

(도통첩 취급내규 낭독에 대해 생략)

16번(光富) : 그럼 장소는 불요이고 산유에서 산을 누가 경영하는 것인데, 이 장소라 하는 자구가 있으므로 의문이 생기는 것입니다. 이 자구가 방해됩니다.

11번(全義鎔) : 장소의 자구가 여러 가지 이의가 있는 것 같은데 장소

즉 예기가 들어갈 수 있는 곳을 대조로 할 수 있다 생각합니다. 유사한 장소라면 놀러가는 쪽에서 말하는 것이 경우가 좋다고 생각합니다. (중략-편자)

22번(金永熙) : 6조의 경우는 어떻습니까?

번외(太田) : 제6조의 경우는 업자가 이는 징수하는 것이 가능하지 않다고 확인했던 때에 신고하는 것으로 합니다.

22번(金永熙) : 업자가 하지 않으면 안 된다라 하는 것으로 하였으면 합니다. 또 '신청을 게을리 하면'은 언제를 지적하여 말하는 것입니까?

13번(氏家) : 제4조에 경영을 폐지한 경우는 바로 이를 납부해야 한다고 되어 있습니다.

부윤(池田) : 징수를 명받았다는 것은 경영자입니다. 이 의무는 제4조에 의해 이행되어지는 것이고 실제에서 세(稅)라 하는 것은 본디 화대를 징수하는 것에 대해서 손해를 미친다라 하는 것이 없으므로 형식상 취급상 경영자로부터 징수한다라 하는 것이라 할 수 있는데 징수가 가능하지 않은 것까지 무리하여 징수한다라 하는 것은 없어서 제6조에 의해서 구제 가능한 것으로 되어 있습니다. (중략-편자)

6번(金白龍) : 이 조례를 만든 쪽은 그 당국의 지시 또는 준칙에 의해서 만들었다라 하는데, 준칙이라 하는 것은 모범으로 할 만한 것이 없으므로 토지의 상황에 의해 정해도 무방하다라 생각합니다.

제 생각에 조선 지나사변 특별세령 중에서 발췌하여 만든 것으로 생각되는데 그렇다면 동 세령에는 상당 세목이 있음에 따라서 이 조례도 세목을 설치하는 것이 좋다고 생각합니다. 제1조부터 모두 찬동을 얻어야 하는 것이라면 조금 변경하지 않으면 안 된다고 생각합니다.

제1조에 있는 바의 유사한 장소란 것을 유사한 장소, 기타에 부과한

다라 변경하는 것이 좋다고 생각하고 또 제10조의…에 규정해도 ○○외…계산 등에 관해서는 무엇이다라 쓰여져 있지 않으므로, 표준에 관해서는 지나사변에도 2, 3 자구를 넣는 것이 좋다고 생각합니다. (중략-편자)

11번(全義鎔) : 18호 의안에 대해서는 여러 의론이 있지만, 대단히 복잡하므로 심의한 후에는 일절 이사자에게 위임하는 것이 좋다고 생각합니다. 다소 구속하기에 앞서 말씀드렸습니다. 선진 도시의 이러한 종류의 사항과의 균형도 있을 것인데 어떻습니까? 물론 폐해가 있을 수도 있고 없을 수도 있겠지만 막연한 반면 운용이 마땅함을 얻는다면 지장이 없을 것입니다.

22번(金永熙) : 의사진행에 대해서는 내일까지 보류하여 다시 심의하는 것이 어떻습니까?

19번(趙南冕) : 저는 원안 무수정(無修正)으로 찬성합니다. (중략-편자)

('동감', '찬성'이라 하는 자 있음) (중략-편자)

27번(中山) : 18호 의안 하나로 상당 시간을 소비하였는데 내일은 1부, 2부, 부의장의 선거도 하지 않으면 안되므로 여기서 보류하고 내일로 연기하면 어떻습니까?

('찬성', '동감'이라 하는 자 많음)

의장(부윤) : 방금 회의 연기의 동의가 있었는데 이의 없습니까?

('찬성', '이의 없다'라 하는 자 많음)

의장 : 그럼 회기의 연기에 대해서 찬성하시는 분이 많으므로 내일 1, 2부회를 끝내고 속행하는 것으로 하겠습니다.

오늘은 여기서 산회합니다.

(오후 6시 20분)

2) 제61회 군산부회 회의록(제1일)

항 목	내 용
문 서 제 목	第61回 群山府會 會議錄(第1日)
회 의 일	19400323
의 장	池田淸義(부윤)
출 석 의 원	桑原時元(1번), 赤松繁夫(2번), 金敬聲(4번), 福山慶男(5번), 金白龍(6번), 山本壽治(7번), 檜垣孫三郎(8번), 鎌田方(9번), 全義鎔(11번), 氏家重吉(13번), 佐川宇一(14번), 光富嘉八(16번), 徐鴻善(17번), 九田一(18번), 趙南冕(19번), 辛日善(20번), 金永熙(22번), 山口吸一(23번), 脇田春次(25번), 沈學允(26번)
결 석 의 원	淸水喜作(3번), 鄭燦弘(12번), 泉作二(15번), 樋口虎三(24번), 中山辰彌(27번) (10번, 21번 궐원)
참 여 직 원	上條新一郎(부속 : 내무과장), 淸水千義穗(부속 : 서무과장), 太田烑(부속 : 재무과장), 酒井義次(부속), 內田敏郎(부속), 李東昱(부속), 岡部實(부속), 笹田歲一(부서기), 船田義臣(부서기), 稻山豊光(부서기), 方壽元(부서기), 金柄斗(부서기), 國見佳助(부서기), 熊本義信(부서기), 石井福太郎(부서기), 有馬敏雄(부서기), 泉儀志良(부서기), 鄭樂勝(부서기), 山浦勘利(부기사), 江口治 (부기사), 橋本榮 (부기수), 岩田德(부기수), 廣川春一(부기수), 鈴木得方(부촉탁), 蜷川敬夫(부촉탁), 金應泰(촉탁), 名本與治衞(부촉탁), 永田國治(시장감독)
회 의 서 기	內田敏郎(부속), 大川文靜 (부회서기)
회 의 서 명 자 (검 수 자)	
의 안	의제2호 1939년도 군산부 세입출 추가경정 예산의 건, 의제3호 1940년도 군산부 세입출 예산의 건, 의제4호 군산부 부세조례 개정의 건, 의제5호 군산부 조흥세조례 폐지의 건, 의제6호 군산부 도장 및 우피건조장 사용조례 중 개정의 건, 의제7호 군산부 수입증지조례 중 개정의 건, 의제8호 1940년도 부세의 과율 및 세액결정의 건, 의제9호 1940년도 군산부 공원사용료액 결정의 건, 의제10호 1940년도 군산시장사용료액 결정의 건, 의제11호 1940년도 산상정 시장사용료액 결정의 건, 의제12호 1940년도 군산부 도장 및 수피염장건어장 사용료액 결정의 건
문서번호(ID)	CJA0003526
철 명	군산부세입출예산철

건 명	소화15년도군산부세입출예산의건-전라북도(회의록첨부)
면 수	23
회의록시작페이지	665
회의록끝페이지	687
설 명 문	국가기록원소장 '군산부세입출예산철'의 '소화15년도군산부세입출예산의건-전라북도(회의록첨부)'에 수록된 1940년 3월 23일 개회 제61회 군산부회 회의록(제1일)

해 제

본 회의록(총 23면)은 국가기록원소장 '군산부세입출예산철'의 '소화15년도군산부세입출예산의건-전라북도(회의록첨부)'에 수록된 회의록이다. 전시체제 하 물가 등귀에 따른 부 이원의 임금 인상에 대한 논의가 확인된다. 일제는 중일전쟁 이후 모든 인적, 물적 자원을 군수물자생산에 투입하였고, 이의 조달을 위해 예산을 확대하였다. 조세 수입만으로는 세수를 확대할 수 없었던 일제는 각종 공사를 통한 기채를 통해 예산을 확대했다. 이러한 기채의 남발은 사회의 생산성과는 별개로 통화 유동량의 확대를 가져와 인플레이션을 가져올 수밖에 없었다.[19] 이 인플레이션 상황에서 부측에서는 관리들의 임금을 인상하고자 하였고, 여기에 국비, 도비 직원, 신구 관리 대우의 형평성 문제

---

[19] 이러한 물가의 등귀를 통제하기 위해 일제는 생산·유통·소비의 전과정을 효율적으로 장악하고, 상품의 가격 구송요소인 원료·임금·운송비·이윤·임대료 등 가격구성요소 전반을 통제하기 위한 제도적 장치를 마련하고자 1939년 9월 18일 '9·18 가격정지령'을 발포하였다. 1년을 한시적 기한으로 하였으나 1940년 8월 다시 1년 기간을 연장하였고 통제 범위도 확대하였다. 그러나 이러한 강력한 통제에도 불구하고 원자재 부족으로 인한 가격상승, 통화 증발에 따른 인플레이션을 막을 수는 없었다.
하원호, 「일제말 물가통제정책에 관한 연구」, 『사학연구』 55·56, 1998.

도 야기되면서 논의가 가열되었다.

내 용

(상략·편자)

의장(부윤) : 그럼 지금부터 의사로 들어갑니다. 일정은 옆에 배포한 일정표에 의해 심의를 하고자 하는데 있습니까?

13번(氏家) : 의사일정에 대해서 한마디 하고자 합니다. 내일은 일요일인데 속행합니까?

의장(부윤) : 일요일의 부회는 다소 미혹하다라 생각하지만 힘써주시기를 부탁드립니다.

('이의 없다', '진행하라' 하는 자 많음)

의장(부윤) : 그럼 의사 일정은 표의 대로입니다.

의장(부윤) : 먼저 의제3호 1940년도 군산부 세입출 예산 결정의 건을 상정합니다. 본안은 1독회, 2독회, 3독회로 별도 심의하고자 하는데 이의 있습니까?

의장(부윤) : 그럼 세출경상부, 임시부의 제1독회에 들어갑니다. 경상부 제1관부터 제3관까지 번외가 설명하겠습니다. (중략·편자)

6번(金白龍) : 예산의 설명에 대해 특수사항이 없는 한 설명을 생략하면 어떻습니까? 배포 받은 예산서(豫算書)의 대로 설명한다면 의사 진행상 생략해도 좋을 것 같습니다.

('이의 없고, 찬성이다'라 하는 자 많음)

의장(부윤) : 예산의 설명은 특수사항만으로 하고, 일반 설명은 생략해도 지장없습니까?

('이의 없고, 찬성이다'라 하는 자 많음)

의장(부윤) : 질문 없습니까?

11번(全義鎔) : 사무비에 대해 묻고자 합니다. 최근의 인플레 경기에 의해서 우리 부의 관리, 이원 등에 비상하게 이동이 많을 것으로 판단되는데, 그 이동의 상황은 어떠하고 또 보충의 상황은 어떨 것인가에 대해 설명 부탁드립니다.

번외(淸水) : 근래 부의 직원이 다른 곳으로 전출하는 것이 증가하고 있고 있는 것은 사실로 이에 대해서는 극력 방지하려고 하는데 현재의 부의 상황은 부의 직원 이외에 국비(國費), 도비(道費)의 직원도 근무하고 있는 관계상, 한편만을 극도로 우대하기는 곤란합니다.

1939년 1월 이후 12월까지 승급의 상황을 말씀드리자면 종래에 비해 기간을 단축하고 또 증액을 고려하여 1939년 1월의 이원 평균 급여액은 94원 30전, 6월 95원 80전, 9월 96원 60전, 촉탁고원의 평균 급여액은 1월 46원 80전, 3월 47원 10전, 6월 48원 70전, 9월 49원 90전으로 모두 평균 1월에 비교하여 6푼(分) 6리(厘)가 증가되었습니다. 용인(傭人)의 평균 급여액은 1월 1원, 3월 1원 12전, 6월 1원 17전, 9월 1원 19전이고 이 또한 9푼의 증가가 있었습니다.

현재로서는 국비, 도비와 직원과의 균형상 이 정도로 유지하고자 하는데 장래에는 다시 승급 기간의 단축으로 급여의 증가를 적당하게 고려하여 행하고자 합니다.

11번(全義鎔) : 1939년 1월부터 최근까지의 퇴직자 수와 그 인원을 알고자 합니다.

번외(淸水) : 조사 후 이야기하겠습니다.

11번(全義鎔) : 1년 전 30원으로 채용한 직원을 최근 생활비가 올라서 40원 정도로 채용한다라고 하면, 종래부터 있었던 직원은 가령 25원을 받았었다면 40원이 되려면 1, 2년 정도가 걸렸는데 이 조절에 대해서는 어떻게 하려고 생각합니까?

번외(淸水) : 신규 채용직원에 대한 봉급은 종래에 비해서 어느 정도 좋아진 것 같은데 이전부터 있었던 직원과 비교하면 좀 미묘하게 곤란하여 장래에는 앞서 말씀드린 대로 기간을 단축하고 증액하여 균분화를 도모하고자 합니다.

13번(氏家) : 사무비 6,859원의 내역을 임시부의 직원, 경상부 지불을 위해 어느 정도이고, 승급액은 어느 정도인가 명세하게 보여주기를 원합니다.

번외(淸水) : 뒤에 표를 작성하여 배포하겠습니다.

22번(金永熙) : 임시 승급은 그 정부의 지시에 의해서 하는 것입니까? 아니면 부 단독으로 하는 것입니까?

번외(淸水) : 지금은 다른 부의 예를 보면 대구만 단독으로 하는 것 같습니다.

22번(金永熙) : 이원 급여의 기사 급여는 토목기사 급여입니까? 제4항의 징세교부금은 어떠한 교부금(交付金)입니까?

번외(淸水) : 기사 급여는 토목과에 배치한 기사의 급여입니다.

번외(太田) : 조흥세(助興稅)의 징수는 업자의 조합(組合)이 담당하므로, 이 징수에 대한 교부금입니다.

6번(金白龍) : 주사 급여에 2,800원을 계상한 것입니까? 주사는 채용하였습니까? 채용하지 않았다면 채용할 예정은 있습니까?

번외(淸水) : 현재 채용할 예정에 있습니다.

17번(徐鴻善) : 봉급과 관련하여 질문하고자 합니다. 부이원은 봉급, 숙사료, 기타에 대해서 조선인의 부이원과 내지인의 부이원의 그것을 비교하는 경우 내선일체의 정신에 대해 부윤은 어떻게 생각합니까? 또 각 과장을 내지인이 모두 맡고 있는데 이것이 부민에 대한 총친화라 하는 것에 대해 어떻게 생각하십니까?

부윤(池田) : 이원의 급여는 각각 조례가 정하는 바에 따라 정하는 것입니다. 또 내선일체의 근본정신 총친화력이 어떠한가에 대해서는 작년 총독 각하의 훈시(訓示)가 있었으므로 뒤에 그것을 열람해주시고, 과장의 배치는 도에서 하는 것으로 반드시 내지인에 한하는 것은 아니라고 생각합니다. (중략·편자)

13번(氏家) : 국비, 도비 직원의 지불에 대해서 조화를 위해서 증급(增給)할 여지가 있습니까? 부이원의 대우에 대해서는 국비, 도비 직원과의 조화를 생각할 필요는 없다고 생각합니다.

급격한 물가 등귀에 대한 대책이 부 독자의 견지에서 대우 개선의 길이 강구되어 좋다고 생각합니다.

부윤(池田) : 국비, 도비에 대한 권형은 한편 고려는 하겠지만 실제로 행해지는 것은 그것에 의하지는 않을 것입니다.

예산이 허락하는 범위 내에서 가능한 한의 처우를 강구하고자 생각합니다. 또 실례로 하는 것은 국비, 도비에 비해서 조기 승급 등의 사례도 있습니다.

13번(氏家) : 국비, 도비 직원의 평균은 얼마 정도입니까?

번외(淸水) : 국비, 도비 직원의 계수를 보고하여 설명합니다. (생략·원문)

18번(九田) : 정부는 현재 저물가(低物價) 정책을 취하고 있는데 실정은 물가고(物價高)를 초래하여서 봉급 등에 대해서도 물가고에 수반하여 상당 고려하지 않으면 안된다고 생각합니다. 이에 대해서 본부(本府) 당국에서 어떠한 지시는 없었습니까? 그래서 하급자에 대해 시국수당(時局手當) 등의 명목으로 한 급여에 대해서 이사자는 고려하고 있습니까?

번외(上條) : 관리의 봉급과 같은 것은 작년의 임은(賃銀)[20] 통제의 관
계에서 일반적으로 억눌려지면서 임시적 증급을 하려고 하는 것은
피해야 할 것으로 생각됩니다. 현재의 대로 물가고에 대해서 증봉
혹은 시국수당이라 하는 것 같은 것은 지시되지 않았는데 진실로
물가 등기로 생활의 위협을 받는 하급원에 대해서는 어떠한 처리를
강구하고자 합니다.

또 임시수당과 같은 것도 도청에서 근래 어떠한 통첩이 있을 것이
라 하므로 통첩이 있은 후 선처하고자 합니다.

11번(全義鎔) : 1939년도 현재 연초부터의 부비(府費) 지불 직원의 이
동 상황을 표로 배부하여 주길 바라고, 또 한 번 사직했던 자를 관
리로 채용한 때에 증급(增給)하여 채용했다라 하는 것을 들었는데
과연 사실이다라 하면 이러한 채용이 타당합니까 그렇지 않습니까?

부윤(池田) : 당시의 정세에서 보더라도 퇴직 당시부터 어느 정도 증
급하지 않으면 안 됩니다. 별도로 타당하지 않다라고는 생각하지
않습니다.

17번(徐鴻善) : 앞서 숙사료 지급에 대한 답변에 조례, 기타라 하였는
데 그것을 지급하려고 하는 생각이 있습니까?

부윤(池田) : 실제로는 나도 지급하고자 하는데, 국가, 기타의 례(例)가
있어서 상당 고구(考究)를 필요로 한다고 생각합니다.

의장(부윤) : 외에 질문은 없습니까?

('진행하라' 하는 자 많음)

의장(부윤) : 그럼 제4관 토목비로 옮깁니다. 무언가 질문은 없습니까?

6번(金白龍) : 저의 질문은 세입에 관련한 것인데 도로손상부담금으로

20) 임금.

써 받은 부분은 토목비의 어느 재원이 되는 것입니까?

번외(內田) : 제1항 제11목 도로수선비 1만 2,600원의 재원으로 충당하려고 하여 여기에는 별도 자문안으로 되어 있습니다. 도로손상부담금 징수규정에 의해서 설명드리겠는데 도로유지수선비 예산액의 약 27/100에 해당합니다.

6번(金白龍) : 토목비에서 7,520원이 증가되어 있는데 이는 수선 면적이 넓어진 것입니까? 또는 물가고를 예상한 것입니까? 다음으로 도로수선의 개소 내역을 알고자 합니다. 또 제4항 제2목 용인료의 중 공부(工夫) 급여가 1939년도에는 1인 1원 93전이었는데 1940년도에는 1원 89전으로 감액된 것은 어떠한 이유입니까?

번외(江口) : 토목비 7,520원의 증가는 주요한 것으로 도로수선비가 3,246원, 잡급 2,248원, 수용비 1,299원의 증가가 되었습니다. 도로수선비가 증가된 것은 부내의 교통량을 조사한 결과 1940년도는 수선 면적을 증가하였던 것입니다. 또 도로수선 예정개소는 다음의 대로입니다. (낭독함 생략·원문) 이상의 노선 개소의 수선을 예상하였는데 실시에 이르러서는 다소 변경할 수 있다고 생각합니다.

다음으로 잡급이 증가한 것은 1939년도에 비해서 고원(雇員) 급여에서 사무 고원 1명, 도로감찰원 1명의 증원, 용인료에서 토목 조수 급사 각 1명의 증원을 예상하였던 것이 주요한 원인입니다. 수용비가 증가한 것은 비품비에서 '아스팔트 부(釜)'를 구입하기 위해 800원을 계상하였던 것과 외에 물가 등귀를 예상한 것, 용인의 증원에 의한 피복비의 증가입니다.

다음으로 공부의 급여는 1939년도에 비해서 평균 일액이 저하되었는데 이는 공부 경질의 결과로 급여를 절하하였기 때문입니다. 또 도로수선개소표는 이를 인쇄한 후 배포하겠습니다. (중략·편자)

부윤(池田) : 부의 도로에 대해서는 저로써도 시가지계획의 입장에서 상당 고구를 하고 있는 것입니다. 그 1안으로써 세관잔교(稅關棧橋)를 기점으로 전주통(全州通)을 거쳐 동영정(東榮町)에 이르는 도로의 신설 개량을 계획하는 것인데 이것의 총공비는 6만 원을 필요로 하는 것으로 한편 수익자의 원조도 받고 또 부의 재원의 여력을 보아 일부라도 실현시키고자 예산편성 당초 계획을 하여 보았지만 재원적으로도 다소 곤란을 수반하여 이를 내년도로 이월하였던 것입니다.

4번(金敬聲) : 고태(高台) 방면의 도로는 부도(府道)가 극히 적고 대부분 사도(私道)이므로 부로써도 종래 손을 쓰기 어렵다 하는 실정이었던 것이라 생각하는데 이 도로망의 정비를 위해서는 주요 도로는 모두 기부를 받아 부도로로 편입시킬 것을 희망합니다. 기부 등에 대해서는 응분의 원조를 하겠습니다.

부윤(池田) : 말씀은 좋은데, 이는 2독회로 넘기고자 합니다.

4번(金敬聲) : 주민의 다수는 부에 대해 재차, 삼차 요망하고 있을 터입니다.

부윤(池田) : 사도 중 주요한 것에 대해서는 기술 기타 이에 대한 검토를 하여서 가급적 속히 기부, 채납 등에 의해서 요망에 부응하겠습니다.

의장(부윤) : 다른 질문은 없습니까?

('진행'이라 하는 자 많음)

부윤 : 그럼 제5관 도로살수비 이하 제9관 오물소집비까지를 심의하겠습니다.

잠시 휴식하겠습니다. (오후 3시 45분)

의장(부윤) : 계속하여 회의를 속행합니다. (오후 4시 05분)

의장(부윤) : 무언가 질문 없습니까?

26번(沈學允) : 제6관 전염병 예방비의 예산은 어떠한 전염병 예방에 충당합니까?

번외(內田) : 법정 전염병에만 입니다.

26번(沈學允) : 예방은 부가 독자적으로 하는 것인지 아니면 경찰의 통지에 의해서 입니까?

번외(蜻川) : 도립병원으로부터 발생 통지에 의해서 소독을 합니다.

26번(沈學允) : 기타 부 자체가 소독시키는 것은 없습니까?

번외(蜻川) : 하수의 소독, 파리 구제 등의 간접적 예방은 합니다.

26번(沈學允) : 소독 개소의 일본, 조선별 비율이 나뉩니까?

번외(蜻川) : 거의 일본인만입니다. 1938년도에 대해 말씀드리면 일본인 108, 조선인 34의 비율이었습니다.

26번(沈學允) : 부내에 발생한 전염병의 상황은 부에서는 알 수 없습니까?

번외(蜻川) : 사후라면 판명할 수 없습니다.

6번(金白龍) : 제6관 전염병 예방비 제4항 전염병 궁민구호비에 대해 묻고자 합니다. 시료환자로 취급하는 부주민의 표준은 어떻게 되어 있습니까?

번외(蜻川) : 표준으로써 확정된 것은 없지만 회생원(回生院) 사용조례 제6조의 규정에 의해 종래 부주민 중 호별세의 최하 등급으로 자력을 인정받은 자 및 면세자만을 시료환자로써 취급해왔습니다.

6번(金白龍) : 작년도의 시료환자수는 어느 정도입니까?

번외(蜻川) : 인원으로 6명, 연인원 106명으로 되어 있습니다.

6번(金白龍) : 작년도의 한해의 영향으로 부내 하층생활자의 생활 부진이 더욱 빈궁의 도를 증가하여 왔을 것이라 생각합니다. 따라서 결식 기타에서 금년은 한층 더 시료환자가 증가한 것이라 생각하는데 그 경우에 이 예산으로 충분히 집행할 수 있습니까?

번외(上條) : 전염병의 발생 건수는 전연 미지수에 속하는 것으로 이 예산만으로는 과연 예방과 치료에 만전을 기할 수 있을지 아닐지 단정할 수 있는 것으로 예를 들어 1939년도에 있어서 예상외의 발생 건수가 있었으므로 추가예산 편성에 의해서 이를 집행해왔던 것입니다. 1940년도에도 발생 건수가 예상 이상이었습니다. 경우에는 이 또 예산 추가 등의 수단으로 집행의 만전을 기하고자 생각하므로 이 점 불안은 아니라 생각합니다. (중략-편자)

의장(부윤) : 질문이 없는 것 같으므로 다음의 제10관 묘지비에서 제12관 도장비(屠場費)까지의 심의를 바랍니다. 질문은 없습니까?

11번(全義鎔) : 제10관과 제11관에 관련하는데 부의 출생 사망률은 어떻습니까?

번외(內田) : 사망 상황은 1936년도 일본인 118명, 조선인 346명, 외국인 1명 계 464명, 1936년도 일본인 135명, 조선인 396명, 외국인 2명 계 533명, 1937년도 일본인 131명, 조선인 505명, 외국인 2명 계 678명, 1939년도 11월 말에 있어서 일본이 142명, 조선인 495명, 외국인 3명 계 640명입니다. 또 출생은 조사의 후 표로 배포하겠습니다.

13번(氏家) : 도장(屠場)의 도살 건수를 알고자 합니다.

번외(蛯川) : 1937년도에는 소 1,332두, 돼지 1,632두, 1938년도 소 1,047두, 돼지 1,669두, 1939년도에는 소 352두, 돼지 1,232두입니다. (중략-편자)

의장(부윤) : 다음은 제13관 수도로 옮깁니다.

8번(檜垣) : 수도비가 1939년도에 비해서 2만 2,556원이 감소한 주요한 이유를 설명해주십시오.

번외(上條) : 전년도에 비해서 예산이 감소하였던 것은 삼례(參禮) 수원지 유지비를 존목(存目) 예산으로 하고, 회현면(澮縣面) 저수지 유지비에서 양수기 시설을 변경하여 예산 감소하였습니다.

13번(氏家) : 회원면 저수지 유지비 중 잡급 기관 수급 용인료는 연도 전액을 계상한 것인데 그럴 필요는 없는 것 아닙니까?

번외(山浦) : 기관도 이미 설치되어진 동시에 저 구역에 식림을 한 관계상 인건비는 연분 전액을 예정한 것입니다.

13번(氏家) : 기관 설치와 인건비는 별개의 것이라 생각하는데…

번외(山浦) : 기관은 월 1회 정도 운전하여 그 상태를 시험합니다. 또 식림구역도 넓이려고 하여 임명의 필요가 있다라 생각합니다. (중략-편자)

17번(徐鴻善) : 불이회사(不二會社)가 수대(水代)를 지나치게 청구하고 있다고 하는데 사실입니까?

번외(山浦) : 부의 수도의 원수(源水)는 익옥(益沃) 수리로부터 받어 이에 대해 원수보상금을 지불하는 것에 계약해왔던 것으로 방금 말씀하셨던 수대 청구라 하는 것은 있을 수 없는 것입니다. 다만 작년의 한발(旱魃)의 때에 불이흥업이 취수를 위해 삼례에 양수기를 설비하여 취수한 때에 부도 저수지에로 저수의 필요가 있었던 것으로 불이흥업과의 간에 양수에 관한 계약을 하여서 양수비를 지불했던 것입니다.

17번(徐鴻善) : 얼마를 지불했습니까?

번외(山浦) : 약 600원 지불하였는데 전부로는 650원 정도인 것으로 생각합니다.

6번(金白龍) : 불이회사와의 계약 기한은?

번외(山浦) : 17번 의원에게도 답변드렸던 대로 익옥수립조합과의 원수(源水) 공급계약은 1942년도까지입니다. (중략-편자)

의장(부윤) : 오늘의 의안은 여기서 중단하고 내일 오후 1시부터 계속하여 속행하겠습니다. (오후 5시 25분) (하략-편자)

3) 제61회 군산부회 회의록(제4일)

항 목	내 용
문 서 제 목	第61回 群山府會 會議錄(第4日)
회 의 일	19400326
의 장	池田淸義(부윤)
출 석 의 원	桑原時元(1번) 외 19명
결 석 의 원	淸水喜作(3번) 외 4명(10번, 21번 궐원)
참 여 직 원	上條新一郞(부속 : 내무과장), 淸水千義(부속 : 서무과장), 太田炳(부속 : 재무과장), 酒井義次(부속), 內田敏郞(부속), 李東昱(부속), 岡部實(부속), 笹田歲一(부서기), 船田義臣(부서기), 稻山豊光(부서기), 方壽元(부서기), 金柄斗(부서기), 國見佳助(부서기), 熊本義信(부서기), 石井福太郞(부서기), 有馬敏雄(부서기), 泉儀志良(부서기), 鄭樂勝(부서기), 山浦勘利(부기사), 江口治 (부기사), 橋本榮 (부기수), 岩田德(부기수), 廣川春一(부기수), 鈴木得方(부촉탁), 蜷川敬夫(부촉탁), 金應泰(촉탁), 名本與治衞(부촉탁), 永田國治(시장감독)
회 의 서 기	內田敏郞(부속), 大川文靜 (부회서기)
회 의 서 명 자 (검 수 자)	
의 안	의제3호 1940년도 군산부 세입출 예산의 건(제2독회 세출경상부, 임시부 제1관 사무비~제5관 신영비)
문 서 번 호 (I D)	CJA0003526
철 명	군산부세입출예산철
건 명	소화15년도군산부세입출예산의건-전라북도(회의록첨부)
면 수	25
회의록시작페이지	727
회의록끝페이지	751
설 명 문	국가기록원소장 '군산부세입출예산철'의 '소화15년도군산부세입출예산의건-전라북도(회의록첨부)'에 수록된 1940년 3월 26일 개회 제61회 군산부회 회의록(제4일)

해 제

본 회의록(총 25면)은 국가기록원소장 '군산부세입출예산철'의 '소화
15년도군산부세입출예산의건-전라북도(회의록첨부)'에 수록된 회의록
이다. 제61회 군산부회 4일차 회의의 회의록이다. 1940년 군산부 세입
출 예산에 관한 제2독회로 세출경상부 전관과 임시부 제1관 사무비부
터 제5관 신영비까지를 논의하였다.

한편 동 회의록은 『부산일보』의 1940년 3월 29일자(6면)[21]에 수록되
어 있는데, 동 회의록과 신문에 게재된 회의록의 내용을 잠시 비교해
서 살펴보면 원본 회의록이 확보되지 않은 신문 게재의 회의록을 사
용할 때 다소 주의를 기울여 상황을 파악할 필요가 있을 것으로 판단
된다.

다음은 회의 초반부의 원본 회의록과 신문의 내용의 교차 확인이다.

*원본 2번(赤松) : 신사비(神社費)에 대해서 질문하고자 하는 것으로
제1독회에 역행하는 감이 있는데 이곳 신사공진회(神社共進會)는 정
우회(町友會)에서 세운 것으로 그것은 부비(府費)로써 처리하려고 도
(道) 이사자도 힘쓰고 있지만 호별세에 준해서 할당하여, 그것을 일반
경제로 계상하기를 원합니다. 더욱 다른 부의 예도 있으므로 이사자
의 의견 및 방침을 알고자 합니다.

국체명징, 국가정신에서 보아도 신사비의 건에 대해서는 총력을 기
울여서 부민 전체, 1인의 것이 아니라 공진해야 함은 당연 그렇게 해
야 하는 것이라 생각하므로 본년은 이미 이러한 방침이 없었으므로
내년은 시비 연구를 원합니다.

21) 「대군산 건설에의 열열한 열론(熱論) ; 예산의 소극을 힐난하다, 군산부회 제4일」,
『부산일보』 1940.3.29.

신문 赤松의원 : 신사비는 당연 부비로 처리해야 할 것이다.

*원본 번외(上條) : 제1관 신사비에 대해서는 공진회가 폐백료로써 계상하였습니다. 각부의 예를 보아도 이렇게 하고 있어서 말씀과 같은 의미의 것은 별도의 방식이므로 그 또 각부 모두 마찬가지입니다.

*원본 13번(氏家) : 제1관 이하 각관에 대한 조사표를 배포하여 주시길 바라는데.....

신문 우지이에(氏家) 의원 : 제1독회의 때 답변이 되지 않은 것이 있는데 2독회 전에 조사서를 배부해주시길 바랍니다.

*원본 부윤(池田) : 지금 배포합니다.

신문 이사자 각 조사류를 배부함

신문 히가끼(檜垣) 의원 : 신사비에 관해 증액 요구를 합니다.

*원본 13번(氏家) : 제3관 사무비에 대한 희망을 이야기합니다. 부직원의 대우에 대해 제1독회에서 각 의원의 질문에 대한 답변에 대한 불만족한 것이 있었는데 직원의 수당은 물가고에 즉응하지 않는 것으로 일단 고려해주시길 바랍니다.

신문 우지이에 의원 : 부이원 대우를 희망

*원본 14번(佐川) : 나는 항만비에 대한 희망을 서술합니다. 예산을 통해 보면 항만비로써 계상되어진 경비는 다소 소액으로 공장 유치의 계획에 대해서도 항만의 설비를 제1로 하지 않으면 안되는 것으로 부기중기(艀機重機),22) 무역지대의 설치 등의 문제는 긴급을 놓칠 수 없다고 생각합니다.

예산이 없어서 시세에 따른다라 하는 방침이라면 우리는 언제 가능할지 알 수 없고 기다리는 것은 가능하지 않습니다. 이 점 부 당국에

---

22) 艀起重機의 오기, 선박에 설치된 기중기.

서 고려하는지 이케다(池田) 부윤은 이 항만에 대해서 최소 열심히 계
획을 세우고 있는 것이라 기대하고 있습니다. 잔교(棧橋)의 수리도 겨
우 5, 60원 정도의 경비로는 1기(基)도 불가능합니다. 이 점 1독회에서
만약 1940년도에 손상되면 추가예산에서 수정한다라고 언명하였는데
이 점이라도 인정하길 원하고 또 잔교의 시행에 대해 충분하지 않다
라 생각합니다. 세관에서 시설한 것과 비교할 때, 세관의 쪽은 준공
이래 7, 8년 경과해도 수리의 필요가 없는데, 부의 잔교는 그 후의 것
도 사용하기 어려운 것은 기술적으로 결함이 있는 것인지 비용을 적
게 들인 때문인지 이해할 수 없는데, 어쨌든 내년도는 수선비를 다액
으로 계상하여 시비 잔교의 개수를 하기를 바랍니다.

신문 시가와(佐川) 의원 : 무역관계의 항만비는 아주 부족합니다.
매년 항만개선비 계상 방법을 요구하고 있음에도 불구하고 어느 해에
도 이사자는 항만비에 냉담합니다. 추가예산에 의해 항만 개선을 하
시오. 부의 시설은 아주 빈약하여 이미 폐기된 듯하니, 파손의 경우는
즉시 긴급 처치를 강구하시오. (하략-편자)

기자가 당시 회의 석상의 발언을 축약하여 전달한 사실을 차치하고
라도, 내용이 부정확하게 전달된 경우도 있어 원본 회의록이 없어 신
문 기사만을 참조할 경우 자료 활용에 주의를 기울여야 할 것으로 생
각된다. 우지이에 의원은 제1일의 제1독회부터 당시 물가고로 인한
부이원의 급여를 올리는 것에 대해 반대 측이었다. 당시 군산부회는
물가상승과 관련, 기존 부이원과 신규 부이원간의 급여 형평, 국비, 도
비 직원과의 형평, 물가상승 대비 급여 인상의 필요성 등으로 논의가
분분하였고, 회기 내내 이 문제에 대한 논의가 이어졌다.

한편 부산일보의 제목으로 보면 대군산을 건설하는데 부당국 예산
의 소극을 의원들이 비난한 것으로 확인된다. 이는 시가지계획을 추

진하는 부당국과 지역의 실경제와 이해 관계를 갖는 의원들 간의 대 군산 건설에 대한 이해 차이에서 비롯된 것이라 할 수 있다. 즉 부당 국은 시가지 계획상 중심이 되는 공장지대 조성에 예산의 큰 비중을 둔 반면, 의원들은 항만, 잔교, 도로 등 당시 부경제에 직접 영향을 미 치는 시설 완비를 요구했던 것이다.

내 용

(상략·편자)

서기(內田) : 출결 의원 수를 보고드립니다. 출석의원 16명, 결석의원 2명, 결원 2명입니다.

의장(부윤) : 정규의 수에 도달하였으므로 어제에 계속하여 회의를 속 행하겠습니다.

오늘부터 제2독회에 들어갑니다. 세출경상부 제1관 신사비(神社費) 부터 제4관 토목비(土木費)까지 상정합니다.

2번(赤松) : 신사비(神社費)에 대해서 질문하고자 하는 것으로 제1독회 에 역행하는 감이 있는데 이곳 신사공진회(神社共進會)는 정우회 (町友會)에서 세운 것으로 그것은 부비(府費)로써 처리하려고 도 (道) 이사자도 힘쓰고 있지만 호별세에 준해서 할당하여, 그것을 일 반 경제로 계상하기를 원합니다. 더욱 다른 부의 예도 있으므로 이 사자의 의견 및 방침을 알고자 합니다.

국체명징, 국가정신에서 보아도 신사비의 건에 대해서는 총력을 기 울여서 부민 전체, 1인의 것이 아니라 공진해야 함은 당연 그렇게 해야 하는 것이라 생각하므로 본년은 이미 이러한 방침이 없었으므 로 내년은 시비 연구를 원합니다.

번외(上條) : 제1관 신사비에 대해서는 공진회가 폐백료로써 계상하였
    습니다. 각부의 예를 보아도 이렇게 하고 있어서 말씀과 같은 의미
    의 것은 별도의 방식이므로 그 또 각부 모두 마찬가지입니다.

13번(氏家) : 제1관 이하 각관에 대한 조사표를 배포하여 주시길 바라
    는데.....

부윤(池田) : 지금 배포합니다.

13번(氏家) : 제3관 사무비에 대한 희망을 이야기합니다. 부직원의 대
    우에 대해 제1독회에서 각 의원의 질문에 대한 답변에 대한 불만족
    한 것이 있었는데 직원의 수당은 물가고에 즉응하지 않는 것으로
    일단 고려해주시길 바랍니다.

14번(佐川) : 나는 항만비에 대한 희망을 서술합니다. 예산을 통해 보면
    항만비로써 계상되어진 경비는 다소 소액으로 공장 유치의 계획에
    대해서도 항만의 설비를 제1로 하지 않으면 안되는 것으로 기중기,[23]
    무역지대의 설치 등의 문제는 긴급을 놓칠 수 없다고 생각합니다.
    예산이 없어서 시세에 따른다라 하는 방침이라면 우리는 언제 가능
    할지 알 수 없고 기다리는 것은 가능하지 않습니다. 이 점 부 당국
    에서 고려하는지 이케다(池田) 부윤은 이 항만에 대해서 최소 열심
    히 계획을 세우고 있는 것이라 기대하고 있습니다. 잔교(棧橋)의 수
    리도 겨우 560원 정도의 경비로는 1기(基)도 불가능합니다. 이 점
    1독회에서 만약 1940년도에 손상되면 추가예산에서 수정한다라고
    언명하였는데 이 점이라도 인정하길 원하고 또 잔교의 시행에 대해
    충분하지 않다라 생각합니다. 세관에서 시설한 것과 비교할 때, 세
    관의 쪽은 준공 이래 7, 8년 경과해도 수리의 필요가 없는데, 부의

---

23) 원문의 艀機重機는 艀起重機의 오기, 선박에 설치된 기중기.

잔교는 그 후의 것도 사용하기 어려운 것은 기술적으로 결함이 있
는 것인지 비용을 적게 들인 때문인지 이해할 수 없는데, 어쨌든 내
년도는 수선비를 다액으로 계상하여 시비 잔교의 개수를 하기를 바
랍니다.

6번(金白龍) : 제4관 토목비 제3관 사무비에 관련하여 의견이 있습니
다. 대개 토목사업은 물자를 수반하는 것인데, 물자는 충분하지 않
으므로 군산부로서는 현재 물자에 대한 전문의 연구가를 둘 필요가
있다라 생각합니다. 무슨 이유냐면 군산은 다른 지방과 비교하여
물가의 차이가 상당하므로 물자의 매매에 대해 상당의 이익을 거두
고 이 등에 대해서는 물자의 전문연구가를 두어서 물가통제령에 의
해 제재를 가해야 할 것 같습니다.

부윤(池田) : 현재 직원 중에는 물자의 움직임에 대해 간파할 만한 경
험자가 적어서 적당한 사람을 얻을 수 있을지 없을지 알 수 없지만
충분 고려하고 있으므로 의지로 취해질 것으로 생각됩니다.

6번(金白龍) : 가능한 한 속히 계획을 세울 것을 바랍니다. 입찰하여 차
액이 나온다면 변경하는 것으로 하여 전문 직원을 두었으면 합니다.

부윤(池田) : 전문가를 두어서 부문적으로 촉탁하든 어쨌든 적당한 방
법을 고려하겠습니다.

8번(檜垣) : 본원은 제4관 토목비의 도로수선비와 하수비에서 그 장처
(場處)를 다시 한 번 설명하여 주시길 바랍니다.

번외(金柄斗) : 수선의 장소에 대해서는 옆에 배부한 '팜플렛'에 의해
양지바랍니다.

1번(桑原) : 도로 수선의 일에 대해서는 의견이 있습니다. 1독회에서
물었던 포장도로의 수선의 건도 응급 수당이 완전한 것으로 하여
주십시오. 본년도의 수선 개소는 많은데 그 방법은 거의 노면에 '자

갈을 두는 것입니다. 작년도 시공을 보면 큰 독을 두고 방치하고 있는데 이는 응분 비상하게 위험을 느끼는 것입니다. 원컨대 작은 자갈을 두어 주시길 바랍니다. 또 화장장 도로가 협소하여 희생자가 나왔던 것이므로 가능하다면 넓혀 주시길 바랍니다.

2번(赤松) : 1번 의원이 말한 화장장 도로의 건에 대해 그 방면은 서쪽 높은 장소가 아니므로 지금이라면 경비도 많이 들지 않으므로 충분 조사하여 내년도 예산에는 적어도 하도록 하여 주십시오 만약 1년으로 가능하지 않다면 2년으로 해주십시오.

부윤(池田) : 말씀하신 건에 대해서는 여러 가지로 고려하겠지만 이 도로를 8미터 폭으로 하면 약 1만 3,000원 정도의 경비를 요하고 또 연와(鍊瓦) 공장의 지역이 번성하여 이에 대해 이전 보증을 하지 않으면 안되므로 빨리 실현하고자 하나 재원의 관계상 그 운용에 이르지 못하는데 이는 가능한 한 빨리 실현 가능하도록 또 한 단계 연구를 해보겠습니다.

2번(赤松) : 항만에 대해 14번 의원의 희망이 있었는데 이에 대해서는 저도 다소 의견이 있는데 임시부에서 말씀드리겠습니다.

26번(沈學允) : 제3관 사무비에 대해 많은 분들로부터 의견이 있었는데 직원 급료표를 보면 물가 등귀의 금일 생활난에 빠져 있는 상태입니다. (중략·편자) 특히 고원, 용인의 월급을 보면 비상하게 낮아서 도저히 생활은 가능하지 않다라고 생각합니다. 원컨대 부 재정이 허락하는 한 대우를 해주었으면 합니다.

부윤(池田) : 직원의 대우 방법에 대해 요즘 각 의원들이 열심히 요망하고 있는 것은 이사자는 물론 직원 일동 심히 감명하고 있는 것으로, 일동에 대해 이에 깊이 경의를 표합니다. 승급의 점에 대해서는 내규의 관계도 있어서 일전에 한번 도(道)에 물었던 바, 도에서는 현재 입안 중으로 그것에 대해 어떠한 통첩을 할 것이라 하였으므로 그것에 의해서 후일 다시 필요액을 추가 계상하려고 합니다.

4번(金敬聲) : 도로교량비의 측량에 대해서인데, 신흥정(新興町)부터 금비라(金比羅) 신사(神社)로 가는 도로는 부로 기부하였는데 아직 도로대장에 기재되어지지 않았습니다. 올해는 모쪼록 도로에 편입하여 주시길 바랍니다.

부윤(池田) : 알겠습니다.

20번(辛日善) : 직원의 대우 문제에 대해서 26번 의원에 대한 답변에 의해 보다 잘 이해할 수 있었는데 초임급 30원 정도로는 조금 올려도 생활이 가능하지 않고 가능하려면 승급 기한을 빠르게 해야 한다고 생각합니다.

의장(부윤) : 다른 의견은 없습니까?

('진행, 진행'이라 하는 자 많음)

의장(부윤) : 다음은 제5관 도로살수비(道路撒水費)에서 제9관 오물소제비(汚物掃除費)까지 상정하겠습니다.

26번(沈學允) : 제6관 전염병 예방비인데 전염병이 발생한 때 거듭 소독하는데 천연두와 같은 것은 예방에 의해서 이를 막는 것이 가능하고 아울러 선인의 다수는 천연두를 전염병으로 알고 있는 자가 적어 거의 예방 감념(感念)을 가지고 있지 않으므로 전염병이라 하는 인식을 철저하게 하도록 진력하여 주십시오.

(25번 의원 출석 2시 18분)

제8관 회생원비에 대해서는 작년과 같이 경우에 있어서는 촉탁 의사로는 충분 손을 쓸 수 없으므로 전속의 의사를 두든지 부 직영으로 하는 전문의 약제사를 두어주시길 바랍니다. 또 제9관 오물소제비인데 아직 일반적으로 위생 사상이 철저하지 않으므로 강연, 기타의 방법에 의해서 위생사상의 보급 철저를 도모하였으면 합니다. 대체 6, 7, 8관에 걸친 예산은 소액에 지나지 않다라 생각되므로 내년도부터는 고려하여 주시길 바랍니다.

부윤(池田) : 위생사상의 보급의 필요는 말씀하신 대로입니다. 이에 대해서는 근래 국방부인회의 사업으로써 적극적으로 연구 계획하고자 생각합니다. 경비를 필요로 하는 사항에 대해서는 재원이 허락하는 한 의사(意思)에 부응하고자 생각합니다.

9번(鎌田) : 9관의 오물소제에 대해서는 비상하게 고려를 요한다라 생각합니다. 군산은 동과 남, 서와 북으로 나누어 생각하는데 9조대로 하면 서는 교통(交通)도 있고 인가(人家)도 1헌(軒) 1족(族)이므로 상당히 청결을 지키는데 남동의 일부는 2, 3 내지 4족이 거주하고 아울러 변소는 다만 1개소가 있으므로 월 3회로는 부족합니다.

오물은 전염병 매개의 주요한 원인이란 것은 일반에 알려져 있으므로 적은 곳은 회수를 줄이고 다수인 곳은 회수를 늘려주시길 바랍니다.

1번(桑原) : 제5관 살수비에서 156원을 줄였는데, 살수는 어느 방면을 하고 있습니까? 군산은 먼지가 많으므로 위생 보건의 점에서 생각해야 한다고 생각합니다. 또 제9관의 오물소제에 대해서는 인간의 오물소제는 충분하나 마우(馬牛), 기타의 오물소제는 가능하지 않습니다. 특히 이후는 가축의 제한에 의해 마차가 많이 사용되어질 것이라 생각되므로 이에 대해서도 충분 주의를 기울여 주십시오. (중략-편자)

번외(上條) : 오물소제의 우마분(牛馬糞)은 가능한 청결하게 하도록 하겠는데, 또 경찰과 연락을 취하여 좋은 방법을 강구하도록 하겠습니다. (하략-편자)

4) 1940년 제1회 목포부회 회의록 초본(제3일)

항 목	내 용
문 서 제 목	昭和15年 第1回 木浦府會 會議錄 抄本(第3日)
회 의 일	19400327
의 장	山本實(부윤)
출 석 의 원	松井韓一(1번), 淸水金四郎(4번), 金哲鎭(5번), 藤田林平(6번), 千篤根(7번), 伴忠吉(10번), 金聲浩(12번), 金鍾植(13번), 金容鎭(16번), 車南鎭(18번), 李同根(19번), 井上美憲(20번), 町田淺太郎(21번), 崔有山(22번), 金聲振(23번), 岡村松之助(24번), 李根彰(25번), 權寧禮(26번), 造田孝禧(27번), 吳泰準(28번), 朴燦一(29번)
결 석 의 원	松尾武之助(2번), 森誠一(3번), 李儀衍(8번), 麻生作男(9번), 內谷萬平(11번), 萱野茂(14번), 鄭昞朝(17번)(15번, 30번 결번)
참 여 직 원	確井正義(부속), 進武夫(부속), 関丙宗(부속), 中川靑太郎(부속), 內宮長松(부속), 中山通夫(사회서기), 石黑竹次郎 (서기), 藤野善親(서기), 綿貫十郎(서기), 住吉昌洪(서기), 權重鎬(서기), 黑木耕夫(서기), 宋敏淡(서기), 大畑淸(서기), 有馬一生(서기), 海良田勘八(서기), 香山虎雄(기수), 稗田五郎(원장), 永井軍平(서기)
회 의 서 기	井上幸次郎(서기)
회 의 서 명 자 (검 수 자)	
의 안	의제1호 1940년도 목포부 일반경제 세입출 예산의 건 세출경상부 제1, 2독회
문 서 번 호 (I D)	CJA0003528
철 명	목포부광주부세입출예산철
건 명	소화15년도목포부일반경제세세입출예산및공익질옥특별회계세입출예산의건(회의록)
면 수	16
회의록시작페이지	670
회의록끝페이지	685
설 명 문	국가기록원소장 '목포부광주부세입출예산철'의 '소화15년도목포부일반경제세세입출예산및공익질옥특별회계세입출예산의건(회의록)'에 수록된 1940년 3월 27일 개회 제회 소화15년 제1회 목포부회 회의록(제3일)

해 제

본 회의록(총 16면)은 국가기록원소장 '목포부광주부세입출예산철'의 '소화15년도목포부일반경제세입출예산및공익질옥특별회계세입출예산의건(회의록)'에 수록된 회의록이다. 1940년 목포의 세입출 예산 중 세출경상부의 논의 사항이 확인되는 회의록이다. 의원 측이 대목포 건설과 관련하여 부측에 요청하는 내용들이 확인되는데 특히 병원운영, 공유수면매립, 공원조성, 공장유치, 구장의 대우 등이 주목된다.

목포는 1935년부터 대목포건설을 위한 3대사업으로 선차연락설비(船車連絡設備)의 완성, 남선철도 제2기선 및 경전선(慶全線) 개통, 목포중학교 설립을 목표[24]로 하여 3대사업 기성회를 조직[25]하여 사업의 관철을 위해 힘썼으나 여의치 않았다. 대목포 건설을 표방한 사업의 추진은 계속되어, 1940년 당시에는 일제의 군수산업 추진과 함께 백만원의 기채를 통해 공장유치에 사활을 걸었으나 여의치 않은 측면이 있어 당국과 부회 의원 간에 대립하는 양상을 확인할 수 있다. 목포부회 회의록에서는 부회 의원 측에서 부족한 예산 부분에 대해서 부민들의 희생을 통해 마련할 준비가 되어 있으며, 대목포 건설위해 필요한 각종 사업 즉 부영주택, 부영버스와 같은 것은 당장은 손해를 보더라도 부에서 적극적으로 사업을 추진할 필요가 있다고 강력한 부정(府政) 실시를 주장하고 있어, 지방의회의 지역적 특징을 확인할 수 있는 자료로써 흥미롭다.[26]

---

[24] 「大木浦建設의 三大事業案, 부의간담회에서 결의해, 期成會組織을 準備」, 『동아일보』 1935.7.5.

[25] 「3대 사업 목포기성회 - 26일 보고회」, 『부산일보』 1935.10.29.

[26] 해당 회차의 1, 2일 회의내용은 다음의 자료를 통해서도 확인 가능하다. 「各議員放列布いて大木浦建設叫ぶ-飛出す工場誘致論」, 『부산일보』 1940.3.28; 「地

내 용

(상략-편자)

의장 : 어제에 계속해서 세출경상부 제1, 2독회를 개최합니다.

12번(金聲浩) : 병원의 경영은 절대로 필요한 것으로 부민도 상당의
희생을 각오하고 있습니다. 지금 본 예산을 보면 세입에서 병원 수
입은 1만여 원을 넘고 있는데 그 내용은 전년에 비해서 약값, 수술료,
입원료 기타의 것은 없고 지금 단순히 회수와 건수가 증가하고 있을
뿐으로 그것은 견적 과대가 아닌가, 한편 세출은 총액 약 1만 2,000원
의 증액은 주로 봉급 및 잡급의 증액으로 진료에 필요한 약품, 기계
류 등은 최근의 물가 앙등에도 불구하고 겨우 2천 원의 견적으로
이로써 과연 진료의 완벽을 기할 수 있을 것인가. 또 작년 촉탁 2인
으로 1인 월액 140원인데 금년은 1인에 250원을 계상한 점은 무엇입
니까? 나는 의장(醫長) 1인을 줄여서 의원 3명을 둔다라 하는 작일
의 질문과는 견해를 달리하고 있어서 의료의 건전으로서는 기술이
우수한 의사를 좋은 대우로써 초빙하는 것이 필요하다고 생각합니
다. (중략-편자)

번외(碓井 참여원) : 먼저 병원 경영에 대해 말씀드리자면 물적, 인적
정리를 하여서 수지의 균형을 맞추고 다시 여력을 만들려고 구상하
고 있는데 유감스럽게도 아직 그 수준에는 이르지 못하였습니다.
이후 모두 충분 노력할 예정입니다. 병원비의 세입 방면에 관해서
는 단순히 환자수가 많다라 하는 것보다도 오히려 부담을 가볍게
하려는 것을 염두에 두고 있어서 약값의 증가 징수를 피할 방침입

下水探査土木工事 工場誘致等이 急務 汚物掃除徹底 施行에도 言及 木浦府會의
論戰白熱」, 『동아일보』 1940.3.30.

니다. 의장의 할당에 대해 양보다 질이 중요하다는 취지의 의견에
는 동감으로 가능하다면 질량 모두 음미하고자 합니다. 어쨌든 본
연도는 이 정도로 선처하는 외는 없습니다. 또 작년 및 본년의 병원
촉탁 급여의 이동은 작년도 의무 및 사무 촉탁을 대저 1인씩의 촉
탁을 두었던 것을 본 연도는 의무촉탁만 1명을 고려하고 있습니다.
(중략-편자)

번외(稗田 참여원) : 병원의 근무로는 시간 내(內)와 시간 외(外)의 양
쪽이 있습니다. 우리가 시간 외에 무엇을 하고 있는가라 하면 일요
일, 축제일이라도 쉴 틈이 없고, 왕진도 매일 밤 늦게까지 합니다.
(중략-편자)

번외(內宮 참여원) : 도로의 개수에 대해서는 1937년 9월 23일 시행의
법규에 기초하고 있습니다. 즉 법규에 기초한 이상은 보상이라든가
무엇으로 변경은 가능하지 않습니다. 더욱이 질문의 도로는 1937년
도 중의 계획에 의한 것인데 공사 도중에 노선을 변경하는 것은 가
능하지 않습니다. (중략-편자)

18번(車南鎭) : 1940년도의 예산은 61만 2천 원인데 그것으로 대목포
건설을 열망하는 우리 부민을 만족시킬 수 있을까요? 물자, 기채 등
의 관계에서 다소의 난관은 있다 해도 지금 조금 고려를 할 여지는
없습니까?

('동감'이라 하는 자 있음)

목포부 백년의 대계를 예정하는 부이사자로서 지금 조금 적극적으
로 하지 않으면 안될 것이라는 점을 말하고자 합니다. 연일 의원들
이 말하고 있는 바의 공장용수의 문제에 이르러서도 마스다(增田)
전 부윤시대에 대련(大連)에서 시미즈(淸水) 기사를 초빙하여 지하
수를 조사시켰던 결과 목포를 중심으로는 복류수(伏流水)[27]의 희망

은 없고, 제방식(堤坊式)으로 하는 것으로 그쳐야 돼서 물을 모으는
것이 한 방책이라고 진언했던 것을 나는 기억하고 있는데 그 후 그
에 대한 당국의 견해와 마음의 준비는 어떠합니까? 당국은 시미즈
기사의 말하는 바에 귀를 기울이지 않은 것 같은데 어떻습니까? 다
음으로 공장 용지의 점에 대해서 어제 16번 의원의 질문 중 일 개인
의 공유수면 매립 신청에 관련하여 동인으로부터 어떠한 기부를 받
아 그것을 면허하자라 희망하였는데 나의 의견을 말하자면 만약 그
러한 장소가 있다면 그것을 혹 일부의 자에게만 위탁하지 않을 것
인가는 역전 매립의 예에 따라 그것을 부영, 도영 내지는 번영회의
간선에 의해서 매립에 실비로써 각 방면에 나누는 것으로 하면 좋
겠다고 생각합니다. 일부의 자에게 이익을 독점시키는 것은 심히
도리가 아닙니다. 이 점 특히 유의하여 주시기를 희망합니다.
다음으로 기원 2600년 기념사업인 유달산(儒達山)의 공원화에 대해
서는 하나의 큰 부대사업이라 할 수 있는 것이 그에 수반되어야 할
것으로 생각합니다. 즉 부 안내의 대로 유달산 기슭에는 수많은 빈
민부락이 놓여져 있는데 그것에 대해서는 어떻게 처치하려고 생각
하고 있습니까? 당국은 저들의 거주의 안정을 도모하는 의미에서
세민(細民)지구 설정의 준비가 있습니까 아닙니까? 또 목포는 남에
서 북으로 좋고 긴 정(町)이 있는데 시가지 교통의 편익을 증대하는
의미에서 이에 부영버스를 경영할 의지는 없습니까? 부내의 인구
및 부세의 현황에 비추어 부영버스의 수지도 잠시는 어렵겠지만 이
또한 백년의 대계이므로 수년간의 손실은 원래 각오를 해야 할 것
입니다.

---

27) 하천과 호의 바닥이나 옆 면의 사력층 속을 흐르는 물.

('동감'이라 하는 자 있음)

이어서 도선(渡船)의 개조 (중략·편자), 오물류(汚物溜)의 설치 (중략·편자), 역전 매립 (중략·편자), 최후로 공장 유치의 요건인 전기 동력 요금이 목포가 높은 것이 지나친 것 같은데 회사에 대해 가격 인하 교섭을 할 의향은 없는지 어떻습니까?

부윤 : 18번에게 답합니다. 공장유치에 대해 많은 방면으로 열심히 의론 중으로 특히 우리 목포에 결여하고 있는 용수 및 동력 등에 관한 고세(高稅)를 들었는데 이 지방의 지하수에 대해서는 나는 아직 희망을 버릴 수 없습니다. 한편으로는 공장 유치를 위해 진력하여 투자하려고 생각하여 물자에 있어서 현재 어느 부분에서는 백만 원의 기채를 해서 공장유치를 기획하였던 것이 실적이 되지 않아서 곤혹스러운 부분도 있습니다. 목포부의 지하수 조사를 말씀드리자면 종전에는 단순히 지형 쪽에서만 보아 측정해 왔다면 암반을 깨서 철저하게 조사할 필요가 있습니다. 여하튼 앞서 지하수에 한 가닥의 희망을 가지고 용수획득에 힘쓰고자 생각합니다. 다음으로 동력(動力) (중략·편자), 기원 2600년 기념사업 (중략·편자) 오물류의 증설 아울러 그 장소에 대해서는 또 연구 중입니다. 역전 매립의 건에 관해서는 저도 분개하고 있는 1인으로 부(府)가 냉담하여 지연시킨다라 하는 것은 전혀 아닙니다. 결국 자재난으로 청부자가 곤란해 하고 있기 때문으로 지사도 어쩔 수 없고, 사무적으로는 완전 착수되었다라 하며 기공식은 4월에 있을 것이라고 당국에서는 말하고 있습니다.

1번(松井韓一) : 구장(區長) 회비의 신규 계상은 구장, 총대로서 감사할 것입니다. 아울러 구장 수당은 월액 5원으로 충분하지 않습니다. 어떻게 멸사봉공(滅私奉公)이라 하고 시국이 시국인 만큼 공무 번

망을 극히하여 흡사 고등 소사(小使)라고도 말할 수 있는 구장을 위해 지금 조금 대우의 방법은 없는 것입니까? (중략-편자) 다음으로 경제 통제로 물자의 변동이 격심하겠지만 그 변동의 사실이 업자에게 철저하지 않아서 부지불식간에 부정행위를 범하는 일도 있는 것 같습니다. (하략-편자)

5) 제13회 대전부회 회의록

항 목	내 용
문 서 제 목	第十三回 大田府會 會議錄
회 의 일	19371130
의 장	野口三郎(대전부윤)
출 석 의 원	箕浦簾次郎(1번), 富士平平(2번), 禹一謨(5번), 戸木田海三(6번), 沼田虎次郎(8번), 桑原照雄(12번), 石光巖(14번), 伊藤健藏(16번), 文甲童(17번), 林辰雄(18번), 湯藤盡生(19번), 齋藤安二(20번), 綾部宗弘(22번), 西村哲次郎(23번), 山川德次郎(24번), 金大英(25번), 方斗煥(26번), 中村藤太郎(27번)
결 석 의 원	姜藩(4번), 韓福履(7번), 安井鈴治郎(9번), 中島潔(11번), 李鐵(13번), 佐佐木信四郎(15번). 3,10,21번은 결번
참 여 직 원	田內彌太郎(내무과장 겸 서무과장, 부속), 朴魯貞(재무과장, 부속), 奧居亮太郎(부기사), 林憲喬(부속), 金炳植(부속), 木村彰次(부속), 城戸小一郎(부서기), 香月乙市(부서기), 三浦和太郎(부서기), 甲裵武男(부서기)
회 의 서 기	卞鍾九(부서기)
회 의 서 명 자 (검 수 자)	
의 안	의안 제1호 1937년도 대전부 일반경제세입출추가예산 결정의 건(제4회), 제2호 기본재산 및 폐천부지 내 교환처분의 건, 제3호 부동산매각처분 건, 제4호 대전부 오물소제수수료조례 설정 건, 제5호 대전부 부가세조례 중 개정의 건, 제6호 1936년도 대전부 일반경제세입출결산보고 건, 제7호 1936년도 대전부 농량대부사업특별회계 세입출 결산보고의 건
문서번호(ID)	CJA0003226
철 명	일반회계세입출결산서류
건 명	제13회대전부회회의록
면 수	15
회의록시작페이지	702
회의록끝페이지	716
설 명 문	국가기록원 소장 '일반회계세입출결산서류'철에 포함된 1937년 11월 30일 대전부회 회의록

해 제

본 회의록(총 15면)은 국가기록원 소장 '일반회계세입출결산서류'철의 '제13회대전부회회의록'건에 포함된 1937년 11월 30일 제13회 대전부회 회의록이다.

조선오물소제령 발포에 따라 분뇨와 쓰레기 반출과 운반에 관한 수수료 등 실시 방안과, 공유수면 매립지를 매각하여 그것을 재원으로 하여 토지 매수를 하는 것을 주요 안건으로 하고 있다. 쓰레기장이 북부 한 곳에만 있는 것이 부족하여 서부에 한 곳을 신설하려고 하고 있는데, 분뇨 수거 방법과 쓰레기장 위치에 대해 장시간 논의하는 것을 볼 수 있다. 한편 여기서 나오는 자강회는 경성(京城) 보호관찰소 구역 내의 대전자강회(大田自彊會)를 말하며, 위 회의록을 통해 전향한 사상관계자를 '지도, 보호'하는 단체가 지역에서 어떻게 운용되었는지를 알 수 있다. 사상 사건 관계자들 중에는 출옥 후 취업이 되지 않아 생활고가 심한 사람이 많았다. 이들을 대전자강회의 경우 하루에 14, 5명을 쓰레기 운반 인부로 사용해왔다. 이를 부에서 인계받아 청소구역과 호수를 늘리고 하루에 30명을 쓰며, 순시 2명을 두어 이들을 지도 감독케 하려는 것임을 알 수 있다.

내 용

(상략-편자)

노구치 사부로(野口三郎)(대전부윤) : 출석의원 정족수에 달했으니 지금부터 개회합니다. 의사 심의에 앞서 황국신민의 서사를 제창하려고 하니 모두 제창해 주시길 바랍니다.

(일동 기립, 황국신민의 서사를 제창함)

의장(野口三郞(대전부윤)) : 예에 의해서 서명의원을 1번 미노우라 렌지로(箕浦簾次郞)의원, 2번 후지 히라헤이(富士平平)의원으로 하겠습니다. 다음으로 참여원을 통고하겠습니다.

(서기, 참여원이 단에 오름)

의장(野口三郞(대전부윤)) : 오늘 심의할 의안은 가지고 계신대로 의안 제1호 1937년도 대전부 일반경제세입출 추가예산 결정의 건 외 6건입니다.

노구치 사부로(대전부윤) : 본년도 사업 수행은 기채에 의한 것 외에는 대체로 순조롭게 진행되었습니다만 시국 관계에서 어쩔 수 없이 긴급한 것 이외는 기채를 인가하지 않는 방침이라서 일반경제로서는 하수도만이 인가되었던 것뿐으로 기타는 아직 인가가 되지 않은 관계상 착수도 불가능한 것은 실로 유감이라 생각합니다. 교육비에 관한 것은 원칙적으로 허가하는 방침이라서 인가가 있었으므로 이미 공사도 착수 진행 중입니다. 그런데 본년도 기채에 대해서는 전부에 걸쳐 인가를 원한 것이 저도 세 번이고 내무과장도 기타 직원도 본부에 출장해서 상당한 이유를 설명해서 인가를 절충하고 있습니다. 그리고 간이생명보험 적립금으로부터는 기채총액 20만 8,000원 중 18만 3,000원을 대부하는 것인데 본부에서는 간보자금을 대출하려면 그 위원회에 자문하는 것이라서 그 위원회에서 대출 한도액을 결정한 것에 지나지 않는다는 것입니다. 현재 인가가 되지 않은 삼성교량 설비비, 시장개선비, 공유수면 매립비, 법원도로 신설비에 대해서 다시 절충을 해서 실현을 기하려고 합니다.

다음으로 여러분께 사죄드리고 싶은 것은 수도창고에서 납 도난사건입니다. 부가 발견한 것은 지난 9월 25일인데 곧장 경찰에 신고했는데 수사 결과 범인은 검거되었습니다. 거의 미성년자 여러 명의 행위로 피해는 600kg으로 구입 가격은 192원에 상당합니다. 120kg 은 현재 경찰에 압수했고 나머지는 처분한 것으로 보입니다. 아시 는 대로 영정 2정목 철도 옆에 있는 창고이고 조사에 의하면 밤에 들어갔던 것이고 수위도 잔뜩 있지만 최근에는 역 구내의 기관차 소리가 시끄러워서 잘 듣지 못했던 모양입니다. 그리고 한 건은 우 편국 옆에 있는 창고에서의 농량미 도난 사건인데 지난 11월 8일 아침 자물쇠가 파손된 것을 발견해서 안을 검사했지만 다행히 피해 가 없는 것을 알고 곧장 자물쇠를 교환함과 동시에 그날 저녁 숙직 원에게 주의를 주었습니다. 숙직원은 수회 순시한 모양이나 언제인 가 또 자물쇠가 파손되고 농량미 2석을 도난당해서 경찰에 신고했 는데 범인이 검거되었고, 24원 35전 현금과 시가 6, 7원의 손해를 입 었습니다. 금후 이러한 일이 없도록 충분히 주의함과 동시에 직원 에게도 한층 주의를 주려고 합니다. 이상 보고를 마치겠습니다.

노구치 사부로(대전부윤) : 우선 출납검사위원의 보고를 원합니다.

누마다 토라지로(沼田虎次郎)(8번) : 검사원을 대표해서 출납 사무 검 사 결과를 보고드립니다. 지난 11월 10일부터 12일까지에 걸쳐 본년 1월부터 9월에 이르는 출납 사무 검사를 행했습니다. 세입출납장부, 수지보고표, 수입계산서, 기타 각종 세수납부와, 재산대장, 적립금 대장, 차입금재산대장 및 지출증빙서에 대해 검사했는데, 극히 정확 하고 추호도 위법의 점이 없이 잘 정리되어 있는 것을 알았습니다. 그리고 각종 세금조정액 11만 453원 내에서 미수입금 357원여이고, 그 대부분이 토지평수할로 203원여이므로, 속히 정리하는데 주의를 촉구함과 동시에, 납세독려를 위해 필요한 경비를 절약하는 의미로 일반에게 납세관념을 한층 강조시키는 방법을 취하고, 스스로 납부하도록 주의를 하고 있습니다. 간단하게 이상으로 보고를 마칩니다.

의장(野口三郎(대전부윤)) : 제1호의안부터 4호의안까지는 관련이 있으니 일괄 심의하는 게 편리하다고 생각하는데 어떻습니까?

('찬성')

의장(野口三郎(대전부윤)) : 그러면 일괄해서 심의를 원하는 것으로 하고 우선 제1호의안 추가예산부터 차례로 참여원이 설명드리겠습니다.

참여원(田內彌太郎 내무과장 겸 서무과장, 부속) : 설명 드립니다. 의안 제1호입니다. 이번 추가예산은 개괄적으로 말씀드리면 오물소제 실시에 필요한 것과 토지매매 건입니다. 작년 6월 5일 제령 제8호 조선오물소제령, 동년 12월 5일 부령 제124호 동령 시행규칙 및 본년 9월 27일 도령으로써 동시행세칙 발포에 기초하여, 부에서는 재원을 고려하고 기타 여러 연구한 결과 가능하면 12월 1일부터 이를 실시하려고 생각했습니다.

우선 세출부터 말씀드리면 오물소제비의 잡급으로 2,527원을 계상했습니다. 고원급으로 소제의무자로부터 징수할 수수료의 조정 부과, 징수 독려 등 주로 사무를 담당하는 저급 고원 1명과, 본 사업 실시상 부가 그 완벽을 기하고 또 원활하게 하기 위해 청소감독 1명을 둘 예정입니다. 용인료에서는 쓰레기 운반에 필요한 인부와 순시 2명을 둘 예정인데, 종래 자강회(自彊會)가 경영하던 것은 하루 평균 14, 5명을 사용해왔습니다. 금회 부의 실시 계획은 소제 구역이 약 3배, 호수가 약 3배가 되므로 상당히 능률을 올리지 않으면 안되어서 평균 하루 30명 인부를 예정한 것과, 순시 2명은 실시 구역이 상당히 넓은 면적에 걸쳐있으므로 이를 2구역으로 나누어 끊

임없이 순시를 하여 충분히 인부를 지도, 감독을 시킬 계획입니다. 여비는 다른 계의 고원과 마찬가지로 지급할 필요가 있으므로 고원 및 청소감독의 여비 30원을 계상했습니다. 수용비 434원을 계상한 것은 비품비로 주로 손수레를 늘리고 기타 필요한 비품 설비가 필요하기 때문입니다.

소모품비는 주로 대기소 사용의 신탄과 기타 잡품에 사용할 예정입니다. 피복비는 용인 규정에 의해서 청소 순시에 대해서 피복을 지급할 예정입니다.

수선비로 70원을 계상한 것은 자강회로부터 매수할 예정인 건물에 대한 작은 파손 부분의 수선과 비품 수선을 예정한 것입니다.

잡비 20원은 인부 대기소의 신년 소나무 장식과 그 외 잡다한 지출을 예정한 것입니다.

예비비 1,000원은 이들 예산 추가를 위해 어쩔 수 없이 감액했지만 후에 예산 경리에는 하등 지장없다고 믿습니다.

임시부 신영비의 오물소제비에서 857원을 계상한 것은 쓰레기장이 북부 1개소였는데 남부에도 1개소 신설을 요하고 이들에 대한 소요경비와 인부 대기소 겸 차치장(車置場)의 소요경비를 각각 계상한 것입니다.

다음으로 제13관 토지매수비 1만 7,031원을 계상한 것은 세입에 추가한 공유수면 매립지 매각대를 재원으로 해서 지방법원 및 관사 예정부지를 매수하기 위해 토지대 및 보상비의 소요예정액을 계상한 것입니다.

다음은 세입경상부로 넘어가서 오물소제 수수료 1,981원을 계상한 것은 별책 4호 의안에 있는 오물소제 수수료 조례안에 의해 3분의 1 즉 12월부터 내년 3월까지를 계상한 것입니다.

다음으로 임시부 조월금에서 927원 추가한 것은 전년도 조월금 중 기정예산 초과액 중에서 세출 부족액을 충당하기 위해서입니다.

다음으로 제6관 재산매각대에서 토지 매각대 1만 7,031원 추가한 것은 봄에 열린 부회에서 협의를 얻은 공유수면 매립예정지 내에서 한쪽은 기채에 의하지만 기채에 의하지 않는 부분은 조속히 매립 준공을 마치고 각각 수속 결과 양여를 받았는데 이 토지는 부정형의 모양이어서 부에서는 완전히 이용 가치가 적을 뿐 아니라 인접 지주에게 속은 것같은 실정이므로 이를 연고자에게 매각해서 세출 예산에 계상하는 식으로 집단지를 구입해서 장래 유리하게 처리하려고 생각합니다.

다음으로 의안 제2호도 관련있으니 간단히 설명드립니다. 아시는 대로 춘일정 3정목 84번지의 2, 4,338평은 읍 시대에 지방법원 예정지로서 구입한 것인데 당시 감독 관청의 지시에 의해서 이를 기본재산으로 편입했지만 이번 지방법원 부지는 위의 일부와 개인 소유지에 걸려있습니다. 이 기본재산 토지 중 법원 예정부지 외에 남는 땅의 일부 400평 및 서정 1번지 폐천부지(보문교를 건너 낮은 장소) 478평과 이미 처분 수속이 끝난 춘일정 2정목 3번지에 있는 폐천부지 280평 합계 1,158평과, 법원 예정지가 될 개인소유 춘일정 3정목 84의 3번지 외 3필 1,297평을 교환할 예정입니다. 이 교환에 대한 평가는 1평 5원 4전으로 하고 받는 쪽은 1평 4원 50전을 견적했습니다.

다음으로 의안 제3호 부동산 매각 건입니다. 본 건은 아까 추가예산안에서 설명드린 이유와 같이 공유수면 매립 준공에 의해서 양여를 받은 토지를 매각해서 집단지를 구입하는 것은 관리상 편리하니 장래 유리하게 전환할 예정입니다.

이로써 제 설명을 마쳤습니다. 기타는 질문에 의해서 답해드리도록 하겠습니다.

의장(野口三郎(대전부윤)) : 잠시 휴식합니다.

(2시 15분 휴게, 2시 30분 개의)

의장(野口三郎(대전부윤)) : 계속해서 회의를 열겠습니다. 의안 제4호
도 관련있으니 참여원이 설명드리겠습니다.

참여원(朴魯貞 재무과장, 부속) : 조례의 조문 설명 전에 그 수수료를
징수할 수 있는 근본 법령을 참고로 말씀드리면, 조선오물소제령
시행규칙 제11조에 "오물소제법 제4조의 2 규정에 의해 징수할 수
수료 및 사용료는 다음과 같다"라고 하여 3항목이 열거되어 있습니
다. 그 1항은 쓰레기 및 분뇨 반출 및 운반에 관한 수수료, 2항은 분
뇨 흡취 및 운반에 관한 수수료, 3항은 쓰레기 또는 석탄재 용기에
관한 사용료입니다.

이번에 자문한 것은 1항 쓰레기 및 분뇨 반출 및 운반에 관한 수수
료만이고 2, 3항은 따로입니다. 그래서 다른 부에서 부담 관계 기타
를 참고로 하여 우리 부 실정을 충분히 고려하여 연구에 연구를 거
듭하여 본 조례안을 정했습니다. 지금 그 내용에 대해 설명드리면
제1조는 부담액의 구분입니다.

(1, 2, 3, 4, 5항을 차례로 읽음)

제2조는 조선오물소제령 시행세칙(도령) 제10조에 의한 소제의무자
즉 면적 907평을 가진 토지 점유자, 453평 이상의 연건평을 가진 건
물 점유자 등은 스스로 반출 및 운반 의무가 있는데 이들이 그 반출
운반을 위탁할 때는 실비 상당액을 수수료로서 징수하는 것입니다.
이 경우 수수료는 부윤이 정합니다.

제3조 수수료를 징수하는 납기입니다. (읽음·원문)

제4조 이하는 따로 설명드리지 않고 생략합니다. 대체로 이상과 같습니다. 기타의 것은 질문에 답변드리도록 하겠습니다.

의장(野口三郎(대전부윤)) : 의안 제2호에 대해 질문 없습니까?

나카무라 후지타로(中村藤太郎)(27번) : 본 안에 대해서는 설명으로 잘 알았는데 교환한 토지를 법원 부지로 제공하면 그 대가를 얻을 수 있습니까?

노구치 사부로(대전부윤) : 오늘은 토지교환의 심의를 원하는 것이고 법원 부지에 제공한 경우의 대가 운운은 후일 실현할 때에 하는 것으로 이해 부탁드립니다.

나카무라 후지타로(27번) : 이 토지를 구입한 때는 법원 예정지로서 두면 장래 기부될 우려가 있어서 그 내용을 지시에 의해서 기본재산에 편입한 것이므로 재정 빈약한 우리 부로서 이 점을 유의하길 바래서 질문한 것입니다.

의장(野口三郎(대전부윤)) : 다른 질문 없습니까?

('질문 없음')

의장(野口三郎(대전부윤)) : 질문이 없는 것 같으니 의안 제3호로 넘어 갑니다.

야마카와 토쿠지로(山川德次郎)(24번) : 현지의 도면도 보고 잘 알겠습니다만 상대에게 제공하는 평가가 높은 것은 부로서는 다행인데 보문정이나 서정 쪽은 지나치게 높은 것 아닙니까? 후일 달리 영향이 없겠습니까?

참여원(田內彌太郎 내무과장 겸 서무과장, 부속) : 말씀대로 부정형이기 때문에 비교적 이용가치가 없는 토지이지만 계원과도 협의를 거듭하고 다른 방면의 경험자와도 상담하여 확실성이 있는 것으로 평가를 했는데 의결을 거쳐 인가를 받아 실제 매각하는 경우는 전례에 의해서 의원이나 기타 상당 토지에 경험자로 하여금 다시 평가 결정할 예정입니다.

유토우 진세이(湯藤盡生)(19번) : 토지 매각은 연고자에게 팝니까?

노구치 사부로(대전부윤) : 그렇습니다.

의장(野口三郎(대전부윤)) : 다른 질문 없습니까?

('질문 없음')

의장(野口三郎(대전부윤)) : 그러면 의안 제4호로 넘어가겠습니다.

누마다 토라지로(8번) : 제2조 중 '부에 위탁할 때는 실비에 상당하는 액수를 수수료로서 징수함'이라고 되어 있는데 그 근거는 무엇입니까?

노구치 사부로(대전부윤) : 이 실비라는 것은 실제에 있어서는 월액으로 정하려고 생각하고 있습니다.

유토우 진세이(19번) : 제1조 제2호는 그 종류에 한정한 것인데 가령 신탄상, 목재상 같은 것은 무엇에 해당하는 것입니까?

참여원(朴魯貞 재무과장, 부속) : 제1호의 기타에 들어간다고 생각합니다.

유토우 진세이(19번) : 그러면 불합리하지 않습니까?

참여원(朴魯貞 재무과장, 부속) : 다른 부도 여기에 넣고 있습니다. 또 실제 취급상 불합리가 생기는 경우는 장래 고쳐가려고 합니다.

유토우 진세이(19번) : 시민이 직접 느끼는 것은 농번기에는 농민이 분뇨를 흡취하지 않는 예가 왕왕 있는데 이같은 경우는 조치를 취해서 시민의 비난을 제거하길 바랍니다.

참여원(田內彌太郎 내무과장 겸 서무과장, 부속) : 오물소제령에는 물론 분뇨도 더해져 있고 집단적 생활지에서는 그렇게 하는 것이 이상적입니다. 그러나 일본의 시 혹은 다른 부의 예도 들어보면 우리 부의 실상에서는 어쩔 수 없는 것입니다. 소제령의 취지에서도 위생상 견지에서도 방임은 허락되면 안되므로 당분간 쓰레기에 그치고 분뇨는 후일 연구 후 적당히 처리하려고 합니다.

(3시 15분 2번 후지 히라헤이 의원이 의장에게 말하고 퇴장)

김대영(金大英)(25번) : 경성과는 달라서 우리 부 내에는 상당히 농가가 있어서 타인의 쓰레기나 분뇨 기타 비료가 되는 것을 모집하는 실상이지만 이것들에도 수수료를 징수하는 것입니까?

참여원(田內彌太郎 내무과장 겸 서무과장, 부속) : 실시 구역이 정해져 있습니다. 경찰과 도 위생과와 실지 조사 연구 후 필요한 구역을 지정한 것입니다.

의장(野口三郞(대전부윤)) : 다른 질문 없습니까?

('질문 없음')

의장(野口三郞(대전부윤)) : 그러면 의안 제1호에 들어가서 세출 경상부 임시부를 일괄해서 질문 바랍니다.

방두환(方斗煥)(26번) : 자강회(自彊會)에서 경영에 필요한 인원과 임금을 듣고 싶습니다. 또 본 예산에 의하면 1일 인부 30인 외에 순시, 감독, 고원 등을 둔다는 것인데 어느 정도의 사무가 있습니까?

참여원(朴魯貞 재무과장, 부속) : 자강회가 경영한 것은 1,693호이고 1일 평균 14인이 필요합니다. 이번 부의 경영으로는 구역 확장에 의해서 4,992호로 되어 있습니다. 자강회의 율(率)에 의하면 1일 35인의 인부가 필요한데 30인에 그친 것입니다. 여기에 운반 거리가 멀어진 관계가 있어서 순시 감독을 해서 능률을 거두지 않으면 안됩니다. 자강회에는 매월 192원씩을 각 구에서 징수 지불합니다. 인부 임금은 자강회에서는 45전이었는데 부에서 상당히 능률을 거두게

한다는 필요에서 55전을 계상했습니다.

나카무라 후지타로(27번) : 순시는 순시만입니까, 감독도 합니까?

참여원(田內彌太郎 내무과장 겸 서무과장, 부속) : 물론 인부 감독도 합니다.

쿠와하라 테루오(桑原照雄)(12번) : 남부에 신설하는 장소는 어디입니까?

참여원(朴魯貞 재무과장, 부속) : 매문교를 건너서 상류입니다.

의장(野口三郎(대전부윤)) : 다른 질문 없으면 세입으로 넘어가서 경상부 임시부를 일괄해서 질문해주십시오.

('질문 없음')

의장(野口三郎(대전부윤)) : 질문 없으면 제1독회를 끝내고 제2독회로 넘어갑니다. 의안 제1호부터 4호까지 일괄해서 의견 개진을 원합니다.

방두환(26번) : 자강회 인부는 걸인과 같은 태도였습니다. 물가 등귀의 현재 하루 55전으로는 그들의 생활상 도저히 견딜 수 없는 것입니다. 여비를 폐지하고 순시를 1인 감소해서 인부 임금을 증액하면 어떻습니까?

참여원(田內彌太郎 내무과장 겸 서무과장, 부속) : 순시 급여는 감하고 여비를 없애서 인부를 대우하라는 의견인데 자강회에서는 하루 45전이었던 것을 점차 올리는 것이 좋다고 하여 55전을 계상한 것입니다. 또 여비는 적은 금액이고 다른 계의 고원과 균형을 맞출 필요도 있어서 원안대로 찬성해 주시길 원합니다.

나카무라 후지타로(27번) : 자강회에서는 성적이 오르지 않았던 것은 순시가 없었다는 것인데 관에서 경영할 때는 관의 태도를 느끼는 것입니다. 감독은 앉아서 감독하는 것입니까? 순시를 그만두면 어떻습니까?

참여원(田內彌太郎 내무과장 겸 서무과장, 부속) : 부에서는 불용의 인원을 늘릴 의사는 조금도 없습니다. 순시라는 것은 인부를 30명이나 사용해서 감독하는 한편 실제 인부 사무를 하는 것입니다. 즉 조수, 쓰레기장 정리, 혹은 차 뒤에서 밀어주기 등 인부적 노동이므로 감독을 필요로 하는 것입니다.

미노우라 렌지로(1번) : 종래 자강회에서는 완전히 쓰레기 처리를 했던 것은 아닙니다. 필경 인부의 태만이 있었을 것인데 이번에 30명의 인부로 증원하면 순시가 필요가 있나 생각합니다. 그러나 순시는 한눈에 알 수 있는 정도의 복장으로 호별로 순시한다면 인부를 줄여도 상당히 능력을 올릴 수 있을 것 같은데 어떻습니까?

참여원(田內彌太郎 내무과장 겸 서무과장, 부속) : 아까도 말씀드린 것처럼 종래 자강회가 취급한 구역보다는 면적도 상당히 확장한 것이므로 거리도 멀어졌고 호수도 늘어난 관계상, 인부를 배로 해도 순시나 감독에 의해서 충분히 감독하지 않으면 완벽을 기하기 어렵다고 생각합니다.

김대영(25번) : 인부와 순시 문제로 여러 의견이 있었는데 순시는 감독상 필요하다고 생각하지만 인부 임금에서 현재 물가로는 일급 55전이나 60전으로는 생활상 곤란하다고 생각합니다. 좀 더 대우를 할 의사는 없습니까?

참여원(田內彌太郎 내무과장 겸 서무과장, 부속) : 아까 말씀드린 대로 인부 임금은 종래 40전 내지 45전의 것을 55전으로 올려서 계상한 것입니다. 실시해 본 후 상황에 따라 장래 고려하려고 합니다.

야마카와 토쿠지로(24번) : 이번 남부에 신설하는 장소는 좀 반대의견이 있습니다. 시가지에 2개를 두는 것은 위생상 좋지 않습니다. 다른 부도 1리나 2리 이상의 먼 곳에 버리고 있습니다. 더 이상 늘려도 하류(下流)의 장소에 두는 것이 어떻습니까?

참여원(田內彌太郎 내무과장 겸 서무과장, 부속) : 이번 신설 장소에 대해서 반대하시는 의견은 위생상에서 보아 그렇기는 하지만 부는 상당히 연구를 한 결과입니다. 이 장소는 매립지의 일부여서 주위도 전부 매립할 예정이므로 매립 완료 때는 다른 곳으로 이전해갈 것입니다. 즉 당분간 매립에 이용하려는 것입니다.

의장(野口三郞(대전부윤)) : 시간을 연장하겠습니다.

미노우라 렌지로(1번) : 신설 장소는 부적당합니다. 영정 부근도 벌레가 많아서 위생상 위험천만입니다. 군시(郡是)나 시장 부근에 벌레가 늘면 위험하니 다른 완전한 방법을 강구하면 어떻습니까?

참여원(田內彌太郎 내무과장 겸 서무과장, 부속) : 신설 장소에 대한 말씀은 일단 타당하다고 생각하지만 위생적 견지에서 보아도 사토(砂土)를 통하면 물은 통과한다고 생각합니다. 벌레는 부에서도 걱정하고 있습니다. 벌레 발생지는 모래를 덮어서 예방하려고 합니다.

유토우 진세이(19번) : 저는 위원으로서 신설 장소 선정에 대해 상담했었는데 경찰도 입회상 선정한 장소이므로 다소 좋지 않아도 하류의 쓰레기장까지는 차를 끌고 1리나 걷는 것이라서 능률상 어쩔 수 없다고 생각하니 원안에 찬성합니다.

미노우라 렌지로(1번) : 실제 문제로서 운반 후 곧장 모래를 덮는 것은 불가능할 뿐 아니라 일본의 선진도시도 1개소인데 대전도 2개소는 필요하지 않다고 생각합니다.

참여원(田內彌太郎 내무과장 겸 서무과장, 부속) : 경제가 허락해서 자동차라도 사용하지 않는 한 남북 2개소는 어쩔 수 없습니다.

미노우라 렌지로(1번) : 달리 연구할 여지는 없습니까?

野口三郞(대전부윤) : 매립할 때까지 일시적이므로 일거양득의 의미로 당분간 해보려고 합니다.

戸木田海三(6번) : 신설 위치는 여러 의견이 있는데 실제 문제로 강 위
에 설치하는 것은 위생상 좋지 않습니다. 경비를 증액한다 해도 절
대 반대합니다.

이토 겐조(伊藤健藏)(16번) : 저도 강 위에 신설하는 것은 원칙적으로
반대하지만 1, 2년 내에 매립도 완료하므로 완료할 때까지는 어쩔
수 없다고 생각하지만 벌레가 느는 것은 사실이므로 벌레가 늘지
않도록 부가 책임진다면 매립할 때까지는 지장 없다고 생각합니다.

노구치 사부로(대전부윤) : 신설 장소에 대해서 6번 의원은 절대 반대,
1번 의원도 좋지 않다고 말씀하신 것처럼 강 위는 좋지 않은 것은
저도 압니다. 그러나 이상적으로만 할 수 없습니다. 아마 영정 1개
소는 부민의 만족은 도저히 기하기 어렵다고 생각합니다. 예산이라
도 있으면 더 이상 이상적으로도 실현하겠지만 경비가 어려운 관계
도 있습니다. 그리고 본년도 매립예정지로 되어 있어서 기채가 인
정되면 곧장 매립하려고 생각합니다. 만일 본년도 기채가 인정되지
않아도 매립을 실시하려고 합니다. 쓰레기장에 벌레가 느는 것은
사실이지만 겨울에는 걱정없다고 생각하고 여름에 벌레를 예방할
방침으로 선정했습니다. 당분간 이해를 부탁드립니다.

미노우라 렌지로(1번) : 벌레가 나오지 않는 방법이 있습니까? 이 장소
는 하루라도 좋지 않고 위생 견지에서 법령도 만든 것 아닙니까? 실
제 문제로서 부패물에서 벌레가 나오지 않는 방법은 없다고 단언합
니다.

의장(野口三郎(대전부윤)) : 잠시 휴게하겠습니다.

(오후 4시 40분 휴게, 오후 4시 55분 개의)

의장(野口三郎(대전부윤)) : 계속 회의를 열겠습니다.

노구치 사부로(대전부윤) : 남부에 쓰레기장을 신설하는 것은 위생적 견지에서 좋지 않지만 경제 상황에 의해서 능률을 거둔다는 관계상 어쩔 수 없이 2개소에 두는 것으로 했습니다. 신설하는 서정(西町) 쪽은 매립할 예정이므로 여름의 벌레 발생 시기를 제외하고 매립에 이용하는 의미를 알아주시길 바랍니다.

이토 겐조(16번) : 많이 의견도 개진했으니 제3독회로 넘어가서 의안 제1호부터 4호까지 일괄해서 원안대로 가는 게 어떻습니까?

나카무라 후지타로(27번) : 16번 의원 의견과 같은데 인부는 감독하지 않으면 일하지 않는 분위기가 있으니 원안에 찬성하지만 여비와 감독급여에서 가능한 절약을 희망조건으로 합니다.

노구치 사부로(대전부윤) : 의견 충분히 알겠습니다.

의장(野口三郎(대전부윤)) : 다른 의견 없습니까?

('의견 없음, 의견 없음')

의장(野口三郎(대전부윤)) : 그럼 제1호부터 4호까지 일괄해서 제3독회로 넘어가겠습니다.

이토 겐조(16번) : 제1독회 제2독회에서 충분히 심의했으니 원안대로 찬성하면 어떻습니까?

('찬성, 찬성')

의장(野口三郎(대전부윤)) : 원안에 찬성하시니 곧장 가결 확정하려고 합니다. 이의 없습니까?

('이의 없음, 이의 없음')

의장(野口三郎(대전부윤)) : 그럼 의안 제1호부터 4호는 원안대로 가결 확정했습니다.

의장(野口三郎(대전부윤)) : 의안 제5호 대전부 부가세조례 중 개정 건으로 넘어가겠습니다. 참여원이 일단 설명드리겠습니다.

참여원(朴魯貞 재무과장, 부속) : 본안은 부제 시행규칙 개정에 의해 제1종소득세부가세가 폐지되었으므로 이에 관련해서 개정한 것입니다. 제1종소득세부가세 폐지 이유는 법인에 대해서는 국세로서 자본세를 신설하고 임시조세증징령의 적용에 의해 법인의 부담이 급격히 증가하므로 그 완화를 도모하기 위해 법인의 자본세 수입의 일부를 지방단체에 보조하고, 이로써 지방세에서 이를 경감시키기로 된 것입니다. 제5조 조문개정은 특별소득세 부과를 받는 법인에 대해서는 종전대로 부가세를 징수하는 것으로 되어서 제1종소득세의 자구(字句)만 삭제한 것입니다.

의장(野口三郎(대전부윤)) : 본 안은 간단하니 독회 생략하고 원안대로 결정하려는데 이의 없습니까?

('이의 없음, 이의 없음')

의장(野口三郎(대전부윤)) : 이의 없으니 원안대로 가결 확정했습니다.

의장(野口三郎(대전부윤)) : 그러면 의안 6호 1936년도 대전부 일반경제 세입출 결산 보고의 건입니다. 승인을 얻고자 합니다. 질문 있으시면 답변드리겠습니다.

('이의 없음, 이의 없음')

의장(野口三郎(대전부윤)) : 모두 이의 없으시니 원안대로 승인을 얻은 것으로 결정하겠습니다.

의장(野口三郎(대전부윤)) : 다음은 제7호의안 1936년도 대전부 농량대부사업 특별회계 세입출 결산보고 건입니다. 승인을 얻고자 합니다.

(원안대로 '이의 없음')

의장(野口三郎(대전부윤)) : 모두 이의 없는 것 같으니 원안대로 승인하는 것으로 결정합니다.

노구치 사부로(대전부윤) : 오늘 장시간 수고 많으셨고 이로써 폐회합
니다. (오후 5시 15분)

6) 제31회 대전부회 회의록(제2일)

항 목	내 용
문 서 제 목	第31回 大田府會 會議錄(第2日)
회 의 일	19410326
의 장	野口三郞(대전부윤)
출 석 의 원	南部京平(1번), 新井利邦 (2번), 西村哲次郞(3번), 外山喜右衛門(4번), 大山正夫(5번), 寺岡淸藏(6번), 中山昌憲(7번), 金光容勳(8번), 山川德次郞(9번), 武井棟次(10번), 岡田耕之助(11번), 島邦若(12번), 齋藤安二(13번), 高崎三郞(15번), 石原義夫(16번), 松方秀夫(17번), 金井鍾粲(18번), 藤野早苗(20번), 安井鈴治郞(21번), 豊川忠三(22번), 沼田虎次郞(23번), 湯藤盡生(24번), 綾部宗弘(25번), 中島潔(26번), 國本輔珩(27번), 中村藤太郞(28번)
결 석 의 원	伊東用燮(14번), 金田大英(19번), 辻萬太郞(30번)
참 여 직 원	早坂壬吾(부속 : 내무과장 겸 서무과장), 金澤溶錫(부속 : 재무과장), 岡部高(부속 : 권업과장), 櫻井貞(부기사 : 토목과장), 南里六次郞(부주사 : 도매시장장), 德永義則(부속), 鶴島信義(부속), 城戶小一郞(부서기), 古川義直(부서기), 安東友男(부서기), 辻佐太郞(부서기), 大原永壽(부서기), 中川波一(부서기), 三浦和太郞(부서기), 高橋良信(부기수), 今村亨(부기수), 裕川義夫(부촉탁), 中間潔(부서기), 姬野勝德(부서기), 庄司審勢(부서기), 椙信行(부기수), 有光鹿造(부촉탁)
회 의 서 기	中間潔(부서기), 赤坂信人(부서기), 庄司審勢(부서기)
회 의 서 명 자 (검 수 자)	野口三郞(대전부윤), 松方秀夫(17번), 金井鍾粲(18번)
의 안	의제1호 1941년도 대전부 일반경제 세입출 예산의 건, 의제2호 1941년도 대전부 농량대부사업 특별회계 세입출 예산 결정의 건, 의제3호 1941년도~1943년도 대전부 철도 가도교 도로 신설 공사비 계속비 연기 및 지출방법 결정의 건, 의제4호 대전부 부세과율 및 세액 결정의 건, 의제5호 대전부 부영주택 사용조례 설정의 건, 의제6호 대전부 직원 임시 가족수당 지급조례 설정의 건, 의제7호 대전부 부가세조례 중 개정의 건, 의제8호 대전부 특별영업세 잡종세조례 개정의 건, 의제9호 대전부 공업용지조성비 기채의 건, 의제10호 철도 가도교 도로 신설비 기채의 건, 의제11호 대전부 부영주택 신축비 기채의 건, 의제12호 직업소개소 신축비 기채의 건, 의제13호 대전부 토지평

	수할조례에 의해 토지평수할을 부과해야 할 공사의 노선 아울러 지역 및 부과 세액 결정의 건
문 서 번 호 (I D)	CJA0003752
철 명	부일반경제세입출예산서(인천대전개성군산)
건 명	소화16년도대전부각경제세입출예산의건(충남)회의록
면 수	28
회의록시작페이지	986
회의록끝페이지	1013
설 명 문	국가기록원소장 '부일반경제세입출예산서(인천대전개성군산)'의 '소화16년도대전부각경제세입출예산의건(충남)회의록'에 수록된 1941년 3월 26일 개회 제31회 대전부회 회의록(제2일)

해 제

본 회의록(총 28면)은 국가기록원소장 '부일반경제세입출예산서(인천대전개성군산)'의 '소화16년도대전부각경제세입출예산의건(충남)회의록'에 수록된 회의록이다.

1934년 6월 조선시가지계획령이 발포[28]된 이래, 대전은 1937년 10월 전주, 군산과 함께 시가지계획이 결정되었다.[29] 1967년까지 인구 11만, 총면적 3,482만 6천 평방미터로 현 대전의 2.41배, 거주적지(居住適地) 면적 2,286만 5천 평방미터, 밀도 거주적지면적에 대해 인구 1인당 208평방미터를 목표로 도시계획안을 발표하였다.[30] 본 회의록은 대전 시가지계획의 진행 상황과 시가지계획의 진행에 따른 우선 사업, 이에 대한 의원들의 견해를 확인할 수 있는 한편, 시가지 계획에서 가장 중요

---

[28] 「朝鮮市街地計畫令制定ノ件」, 『조선총독부관보』 제2232호, 1934.6.20.
[29] 「大田·群山·全州市街地計畫全貌」, 『조선일보』 1937.10.18.
[30] 「都市計畫案全貌」, 『조선일보』 1937.10.19.

한 한축을 차지하는 사업 비용에 대한 확인도 가능하다. 본 회의에서 중요 의제로 논의되는 사업은 대전의 주요 도로 3선과 관련있는 철도 복선공사의 실시에 대한 것으로 공비 17만 원의 대 공사인 만큼 국고 보조, 도비보조 등도 계획되어 있으나, 반액 이상을 부비(府費) 부담 즉 부민의 부담으로 예정하고 있어 당시 주요 사업의 재정이 일반 부민의 부담하에 진행되었음을 확인할 수 있다. 일본의 경우 도시계획법의 하에 특별세로써 법적 근거를 두고 부과 되었던 '수익자부담(受益者負擔)' 달리, 조선에서는 지역의 현안 사업을 추진하는데 필요에 따라 일종의 '수익세'인 '토지평수할(土地坪數割)'을 부과하였고 시가지 계획사업의 주요 재원으로 삼았음을 확인할 수 있다. 토지평수할은 시가지계획사업이 본격화되자, 토지 외에 건물 및 건물 이외의 공작물의 소유자, 해당 공사로 현저하게 이익을 받는 사업을 운영하는 자에게도 부과할 수 있는 도로수익자부담금징수규정(道路受益者負擔金徵收規程)으로 변경, 부과되게 된다.[31] 전시체제기 일제의 전시 인프라 구축을 위한 비용은 결국 도시 개발이라는 명목으로 민의 부담을 가중시키는 방향으로 전개되었고, 지방단체 및 의결기관은 이의 결정에 적극 협조한 사실이 확인된다.

한편 본 회의록에서는 자재난에 다른 부영주택 사업의 축소로 주택 문제가 부각되고, 통제경제로 지역경제가 어려운 상황에서도 경방비(警防費)를 확대하고 공업용지 확보에 힘쓰고 있는 대전의 상황을 엿볼 수 있다.

---

31) 천지명, 「일제시기 대전지역의 토지평수할 실시와 자문의결기관의 역할」, 『동국 사학』 제77집, 2023.8.

내 용

(상략-편자)

부윤 : 오늘의 출석 의원 27명으로 정족수에 달하였으므로 지금부터 회의를 열겠습니다.

그럼 어제에 계속하여 의제 1호 1941년도 대전부 일반경제 세입출 예산의 건 세출임시부, 세입경상부, 임시부 제1, 2독회를 속행하겠습니다.

20번(藤野) : 수년 전에 정재(頂載)했던 부예규류집(府例規類集)은 대부분 오래된 것이므로 이번 새로 인쇄하는 것은 종래와 같은 것이 아니라 가제식(加除式)으로 하면 편리할 것이라 생각합니다.

참여원(早坂) : 전년도 예산으로 현재 주문 조제 중인데 이번의 것은 가제식입니다.

의장 : 외에 질문 없습니까?

('질문 없고, 이의 없다'라 하는 자 다수)

의장 : 다음 제2관 토목비로 이동합니다.

4번(外山) : 철도 가도교(架道橋)는 작년래 이야기가 있었지만, 본 연도부터 시공한다라 하는 것은 어제 간담회에서 비로소 알았습니다. 이는 상당히 중한 부담인데 지금 갑자기 착수하지 않고 철도에 잘 교섭하는 것이 어떻겠습니까?

참여원(櫻井) : 본 사업은 철도복선공사 시공을 기회로 1941년도부터 동 1943년도에 이르는 3개년의 계속사업으로 시행하는 것으로 철도 복선공사와 병행하여 실시하는 경우는 폭원 25미터의 가도교 이 공비 9만 원은 철도국에서 부담하여 부는 그 가도교에 대한 전후의 시공 도로를 축조함으로써 철도 이동은 물론 부세의 발전을 계획하는 것이므로 이 기회를 잃지 않고 시공의 필요를 인정하는 것입니다. 그리고 총공비는 17만 원을 필요로 하고, 그 재원은 국고보조 5만 6,600원, 도비 보조 2만 5,500원, 부비 부담 8만 7,900원으로써 부비 부담은 토지평수할 수입 및 부채로써 할 예정입니다.

4번(外山) : 본 문제에 대해서는 언제인가 철도국에서 교섭이 있었던 때 부에서는 부담을 견딜 수 없다라 하였던 것으로 단절되었던 것으로 들고 있었는데 지금 설명에서는 아무래도 필요성이 희박한 것으로 생각합니다. 이에 관한 당국의 피차교섭이 있었던 것이라 생각하는데 이를 이야기하기를 원합니다.

부윤 : 제가 설명하겠습니다. 시가지계획이 세워져서 철도선과 교차하는 도로가 3선입니다. 철도국에서는 현재의 폭원으로 현재의 철도선에 대한 부분은 부담하는 것이 종래의 폭원 이상의 신로선에 대해서는 부담 가능하지 않다라 하고 있어서 부로써 철도국에서 부담 방법을 재삼 교섭하였는데 결국 실마리가 없었으므로 본부의 토목과장에게 의뢰하였습니다. 그로부터 본부와 철도국과의 교섭하여 그 결과 제1, 제3선은 하지 않는 것이, 제2선의 쪽만 25미터의 가도교 가설비를 부담하므로 취부 도로는 부에서 한다라 하게 되고 부는 총 공비의 3분의 1정도의 국고보조를 받는 것으로 되었던 것입니다. 계획도로를 확장하여 시공하려면 비상으로 경비가 들어 이때 하는 것으로 하였던 것입니다.

6번(寺岡) : 이 '가드'는 상당히 깊은 것 같은데 출수(出水)하는 것은 없습니까?

참여원(櫻井) : 선로에서 5미터 50을 파면 지하수가 나온다라 생각하는데 자동식 배수 폼프를 2대 설치하므로 자동적으로 배수 가능한 것입니다.

28번(中村) : 본 공사는 철도국에서 해준다면 거기에 넘기는 것이 어떨지, 그것이 가능하지 않다면 장래의 일을 생각하여 지금 해두는 것이 필요하다라 생각합니다.

영정(榮町)의 가드도 협익으로 위험이 있으므로 이때 속히 확충하는 것은 어떻습니까?

11번(岡田) : 본정(本町)의 가드의 필요도 느끼고 있는데, 영정(榮町) 이연(理硏)공장 가는 길의 가드는 교통 번잡으로 상시 위험이 있고, 또 이연공장 앞의 도로는 폭원 협소하여 교통상 비상하게 지장을 초래했던 것입니다. 저 지대는 잠시 공장지대가 되어 있는데 도로 가드는 어느 때쯤 확장할 계획입니까?

참여원(櫻井) : 가드의 확장에 대해서는 철도국과 교섭을 마치고 또 도로도 극력 조사를 진행하여 선처하려고 생각합니다.

11번(岡田) : 조사한다라 하는데 본건은 이미 조사가 되어 있는 것이 아닙니까?

참여원(早坂) : 가드에 대해서는 지금 번외가 이야기한 대로로 철도국과 교섭을 진행하지 않으면 안 되는데 이연 앞의 도로의 확장은 회사와도 교섭의 결과 바로 착수하게 되었습니다.

22번(豊川) : 신설의 대흥소학교(大興小學校) 앞 도로 및 영교(榮橋) 유성가도(儒城街道) 연락도로의 기점과 종점 및 연장과 폭원을 알고자 합니다.

참여원(櫻井) : 대흥소학교 앞 도로는 종방(鍾紡) 도로에서 대흥소학교 정문까지 연장 430미터 폭원 6미터이고, 또 연락도로는 15년도 구획 정리에 의해 완성한 영교통 도로의 종점에서 유성가도에 이르는 구간에 연장 592미터, 폭원 6미터입니다.

4번(外山) : 현재 신축공사 중의 춘일(春日)소학교 교사의 앞 도로는 원 3척 정도의 것으로 지금은 점차 차가 통하는 정도인데 교문을 통하는 도로는 어느 곳부터인 것입니까?

참여원(椙) : 대전천(大田川)의 제방을 8간 도로로 확충하여 그곳부터 교문까지 도로를 설치할 계획으로 되어 있습니다.

의장 : 외에 질문 없습니까?

('이의 없다'라 하는 자 다수)

의장 : 다음 제3관 신영비(新營費)로 이동합니다.

22번(豊川) : 전년도 계획의 부영주택(府營住宅)이 최초 예정인 32호(戶)에서 26호로 줄어든 것에 대해 설명을 원합니다.

참여원(椙) : 설계 후 기채 인가 지연에 의해 입찰이 비상히 지연되었으므로 제 물가의 이상한 등귀와 제 물자의 입수난을 만나서 어쩔 수 없이 설계를 변경하여 호수를 줄이기에 이르렀던 것입니다.

23번(沼田) : 지금 조금 빨리 손을 썼으면 물가 관계와 같은 자재 관계가 잘 행해지지 않았을까 생각합니다. 저번 타합회에서는 부회 의원, 정총대 등이 집합하였는데 이러한 이야기는 없었던 것입니다. 당초 계획의 32호에서 26호로 줄어들지 않으면 안 된다라 하는 것은 자재 관계라고 하고 설계상 수락이 있었다라 하지 않을 수 없는 것으로 심히 유감으로 생각합니다. 장래는 어쨌든 계획을 세우면 천연(遷延)하는 것 없이 바로 실행하도록 주의를 하였으면 합니다.

24번(湯藤) : 도매시장의 창고는 어느 정도로 개조하였습니까? 또 경방시설의 수조, 방공호, 와사, 치료소, 수압명단, 확성기 등은 어느 곳에 몇 개소 정도 설치하는 것입니까?

참여원(早坂) : 이에 계상하고 있는 것은 현재의 도매시장 창고의 대수리를 계획했던 것이 있어서 즉 창고를 현재보다 얼마간 확장함과 함께 내부의 모양을 교체를 하고 외부, 대방(大芳)과의 경계에 판장을 신축하는 등입니다. 실은 더욱 확장하여 시장 경영의 만전을 기하고자 하는데 때가 때인 만큼 이러한 종류의 사업비는 기채가 인정되지 않으므로 이 정도로 신봉(辛捧)[32]할 예정입니다.

방공시설에 대해서는 대저 보조가 있습니다. 또 그 설치장소 등은 후일 상담의 후 결정하고자 생각합니다.

12번(島) : 본 연도의 부영주택은 사전에 물가의 변동 등을 충분 조사하여 전년도와 같은 결과를 반복하지 않도록 주의를 말씀드려 둡니다. 또 본년도 건설주택의 장소 및 방의 배치 등을 묻고자 합니다.

참여원(椙) : 본년도의 주택은 아파트 1동입니다. 그 구조 등은 건평 90평의 지붕 2계건(階建) 연 180평으로 장소는 아직 결정하지 않았습니다.

실수(室數)는 6첩에 취사장, 변소를 부쳐서 2층이 12호, 층하 9호 중 1호분은 공동 취사장입니다.

28번(中村) : 아파트는 임시의 주택이므로 부로써 이를 경영하는 것이라 생각하는데 절박하여 임시변통할 방법은 없는 것이라 생각합니다.

4번(外山) : 부영주택은 주택난 완화상 가장 유효한 시설인데 아파트와 같은 것은 주택난을 완화하려면 장애물이고 사회정책을 위한 희생으로 제공하는 것이라 생각합니다.

또 전년도 구입하였던 주택부지는 968평도 남아 있는데 이를 놀려두지 말고 5만 원 정도 기채를 늘려서라도 다시 10호 정도 건설하는 것은 어떻겠습니까?

제2항 직업소개소의 건축은 사무상 형편에 대한 것인데 그 상세를

---

32) 辛抱의 오기로 추정.

알고자 합니다.

제3항 일용품시장에 대해서는 그 필요를 충분히 인식하고 있으므로 질문을 없는데 목척(木尺)의 일부에 구획정리의 결과 일용품시장을 다시 1개소 설치하려는 것이 있는데 그 시기는 어느 때 쯤으로 합니까?

참여원(부坂) : 부영주택의 건축은 사회사업을 위해서 하고 있는 것으로써 이 이외의 증설에 대해서는 후일 상담하고자 생각합니다.

다음으로 직업소개소에 대해서 나라에서 직접 신축하려는 것은 곤란한 사정이 있고 또 본 사업은 부의 공익에도 관계가 깊이 있으므로 부에서 건축하여 이를 나라가 빌려서 차가료(借家料)를 해마다 1,234원씩을 교부한다라 하는 조건의 하에 체신국에서 의뢰를 받았던 것입니다. 또 부지는 도에서 물색하여 건축비의 차입금도 연리 4푼의 저리로 특히 융통하여 빌리게 되었습니다.

다음으로 목척의 일용품 시장 설치 문제는 물자부족으로 때마침 조급하게 실시하려고 하는 것으로 별도로 간담회를 열어서 협의하고자 합니다.

21번(安井) : 경방비(警防費)에 대해서 다액의 예산을 계상한 것을 감사합니다.

확성기를 부비에서 구입하게 된다면 제1분단에서는 확성기의 필요를 통감하고 기부를 모집의 후 이미 구입하여 있는 것이므로 불평이 일어나는 것 같은 것은 없겠습니까?

참여원(부坂) : 본년도 구입 예정의 확성기는 경찰서의 본부에 설치하는 것이므로 별도로 불평은 일어나지 않을 것이라 생각합니다.

12번(島) : 수도의 확장에 대해 저수지에 3미터 정도의 올리는 것은 이미 기초가 준비되어 있다는 것인데 사실입니까? 또 3미터 정도를 올리는 데는 어느 정도의 경비를 요합니까?

참여원(櫻井) : 구체적인 방책에 대해서는 현재 연구 중입니다. 3미터를 높이려면 20만 톤의 물을 증저(增貯) 할 수 있는데 현재의 언제(堰堤)의 위에 직접 계속하는 것은 불가능하여 팽창시킬 수 없습니다. 공비는 10만 원을 필요로 할 예정입니다.

의장 : 외에 질문 없습니까?

('이의 없다'라 하는 자 다수)

의장 : 다음 제4관 공업용지 조성비(造成費)로 이동합니다.

24번(湯藤) : 공업용지로써 매수해야 할 예정 면적은 어느 정도입니까?

참여원(무坂) : 면적은 미정입니다.

17번(松方) : 공업용지조성비 23만 원은 부로써 큰 경비인데 공장 설치의 목적이 있는지 알 수 없다 다만 막연한 계획이라면 7, 8년 내지 수년을 경과하여 아직 그 실현을 볼 수 없는 종방공장 또는 영정의 가등물산회사 등의 부지를 돌려받는 것이 어떠합니까? 23만 원이나 경비를 들여서 5년 10년이나 놀려두고 있는 것보다는 전에 이야기했던 유한 부지를 사서 이용하는 쪽이 적당하다라 생각합니다.

참여원(무坂) : 공장유치에는 먼저 그 부지를 얻는 것이 비상하게 곤란한 것으로 이에 대비하여 미리 용지를 매수하여 둘 필요가 있었던 것입니다.

종방의 공장 설치에 대해서는 현재에도 완전 희망하지 않는다라는 것이 아닙니다. 또 가등물산회사의 부지는 회사에서 다른 계획을 세우고 있는 것 같습니다.

20번(藤野) : 공업지구 설정에 대해서는 연래 주장하여 왔던 것인데 이번 용지 매수비 예산의 계상을 한 것은 대찬성입니다. 공업용지 매수를 위해 기채가 인가되었다면 좀 더 다액의 기채도 실현되었으면 합니다.

현재 신축 중의 춘일소학교로써도 부지가 없었더라면 이렇게 빨리 실현할 수 없었을지도 모릅니다. 장래의 토지의 가치가 올라갈 것은 예상 가능하지 않은가라 생각하는데 가능한 한 많이 매수하여 두고, 단순히 공업용지만으로 한정하지 말고 필요한 것은 모두 건축 가능하게 하였으면 합니다. 또는 장래는 부구역이 계속 확대되어져 가는 유성가도의 쪽까지도 시내의 일부가 된 것 같다면 비행장의 쪽도 주택지대화한다고 생각되므로 그쪽의 토지도 매수하여 두는 것은 어떻겠습니까?

매수를 위해서는 반관반민(半官半民)의 토지회사와 같은 것도 만들어둔다면 좋다고 생각합니다.

참여원(早坂) : 용지가 필요하게 된 경우 적당한 토지를 구입함에 비상하게 곤란하였던 체험에서 생각하여 완전 동감인데 당국의 방침으로써 때가 때인 만큼 급하지 않은 기채는 일절 인정하지 않게 되어 있으므로 무제한으로 매수하는 것은 가능하지 않은 것입니다.

10번(武井) : 공장용지의 매수에는 큰 찬성인데 이 이상의 예산을 증액하는 것이 가능하지 않다면 어절 수 없다고 생각합니다. 장래는 50만 평 정도는 매수해둘 것을 지금부터 고려해두길 원합니다.

또 종방의 공장 설치에 대해서도 희망을 버리지 않고 목적 관철을 위해 운동을 계속해야한다고 생각합니다.

의장 : 외에 질문 없습니까?

('이의 없다'라 하는 자 다수)

의장 : 다음 제5관 조사비로 이동합니다.

20번(藤野) : 공익사업 기타 조사비의 경리에 대해서는 특히 주의를 요한다라 생각합니다. 상공업 용수조사비는 작년도 동액을 계상하고 있는데 현재의 개황을 알고자 합니다.

참여원(櫻井) : 적당한 기술자들 구하는 것이 가능하지 않았던 것과 구획정리를 하는데 구체적으로 조사가 진행되지 않았지만 기본조사의 결과, 지하수 조사에서 약 50톤을 얻는데 공비 60만 원, 톤당 120원을 필요로 하고, 유수(流水) 인용 조사에는 회덕 방면에서 인용한 경우는 10만 톤을 얻는데 공비 2백만 원, 톤당 20원을 필요로 하고, 또 금강에서 인용한 경우는 5천 톤을 얻는데 공비 50만 원, 톤당 약 83원을 필요로 할 예정입니다.

의장 : 외에 질문 없습니까?

('이의 없다'라 하는 자 다수)

의장 : 이의 없다면 다음으로 가겠는데 제6관 시국비(時局費) 이하 제12관 소송비(訴訟費)까지는 간단하므로 일괄 심의하는 것이 어떻겠습니까?

('찬성'이라 하는 자 다수)

의장 : 그럼 제6관부터 제12관까지 일괄하여 질문이나 의견은 없습니까?

('이의 없다'라 하는 자 다수)

의장 : 다음 제13관 시가지계획사업 토지구획정리비 본년도 지출액으로 이동합니다.

18번(金井) : 시가지계획의 진척은 훌륭한데 이에 수반한 이전 가옥에 대해 당국으로써 자재 등을 고려하고 있습니까?

참여원(부坂) : 가옥 이전에 필요한 자재는 도와 절충하여 공급하는 것으로 되어 있습니다.

('이의 없다'라 하는 자 다수)

의장 : 본관에 이의 없다면 세출임시부는 여기서 마치겠습니다.

15번(高崎) : 익찬부회로써 일정은 단축되었는데 정부에서도 마찬가지로 우리 의원의 부민에 대한 숙의를 바꿀 수 없는 것입니다. 우리는 90만 원 이상의 예산안 이하 12건의 의안을 일사천리로 통과시키는 것은 부민에 대해 서로 도움이 되는 것이 아니라고 생각하는데 지금까지의 바 일정에 대해서 지지부진으로 진행하지 않고 경우 제1호 의안의 세출을 마친 것입니다. 오후는 의원 중에서 진행계(進行係)를 설치하여 의제 외에 관계한 질문과 중복 질문 등을 피하고 혹은 작인 마쳤던 것을 반복하는 것 같은 것 없이 좀더 자숙하여 오로지 의사의 진척을 도모하였으면 하여 각위의 찬동을 원합니다.

('찬성'이라 하는 자 다수)

4번(外山) : 저는 이번 회의 정도로 급속하게 진척한 부회는 없었다라 생각합니다. 나머지의 의안은 건수는 많은데 기채 및 조례개정 등의 간단한 안건만으로 진행이 빨랐으므로 여기서 의사의 대반은 끝난 것 같은 것입니다. 진행계를 두는 것도 좋은데 지금까지의 것이 지지부진하게 진행되었던 것은 아니라 생각합니다.

의장 : 오후부터는 속히 진행되도록 노력하여 주실 것이라 생각합니다. (중략-편자)

의장 : 오전에 계속하여 개의합니다.

(오후 1시 12분)

세입경상부 제1관 재산으로부터 생기는 수입을 하고자 합니다.

20번(藤野) : 부유림의 부산물 수입은 상당한 것이라 생각하는데 1원이란 어떠한 기초에서 입니까? 또 보통재산수입의 부영주택 대가료 중 2호 주택의 1호 월액 15원에 비해 아파트의 대가료는 고가인 것은 아닙니까?

참여원(早坂) : 부유림(府有林)은 1940년도까지는 간벌(間伐)[33]을 하였는데 1941년도는 그 필요가 없으므로 수입이 없는 것입니다.

또 아파트는 층하가 18원, 계상이 12원이므로 2호 주택에 비해 높지 않은 것입니다.

12번(島) : 아파트 1간에 12원 정도는 싼 것입니다. 물가고와 자재난의 금일 17, 8원 정도로써도 좋다고 생각합니다.

의장 : 외에 질문 없습니까?

('이의 없다'라 하는 자 다수)

의장 : 다음 제2관 사용률 및 수수료로 이동합니다.

25번(綾部) : 도매시장의 사무실은 겨울에 난로를 들이면 비상하게 협익하여 중매인이 많이 들어와서 사무를 할 수 없는 현상입니다. 이를 어떻게라도 확장할 생각은 없습니까?

참여원(早坂) : 대체 현재의 장소에 도매시장을 설치할 필요는 없고, 적당한 장소로 이전을 고려하고 있는데 현재의 정세로는 기채가 인정되지 않으므로, 신영비에서 말했던 창고의 개조에 그치고 지금 잠시 신봉하여 빌리고자 생각합니다.

24번(湯藤) : 도매시장의 입하(入荷) 상태를 이야기해 주시기를 바랍니다.

참여원(南里) : 본년 2월 말의 입하 상황은 수량으로 선어(鱶魚)는 2푼의 감소, 청과는 3할의 증가로 평균하면 2할 6푼의 증가가 되어 있습니다. 가격의 물가등귀로 선어는 3할의, 청과는 10할의 모두 증가로 평균하면 6할강의 증가가 되어 있습니다. 그렇지만 지난 11월 공정가 실시된 후는 어쨌든 입하가 원활하지 않게 되어 선어와 같은 것은 수량이 2할의 감소가 되고 또 일반에 고급품이 입하되지 않기

---

33) 솎아베기.

때문에 업자도 모두 걱정하고 있는 것입니다.

의장 : 외에 질문 없습니까?

('이의 없다'라 하는 자 다수)

의장 : 제2관 수입증지 수입으로 이동합니다.

25번(綾部) : 입학기를 당겨서 호적계는 비상하게 다망을 극히 하고 있다라 생각합니다. 대구부(大邱府)는 입학원서에 첨부해야 하는 호적초본의 대신 원서의 여백에 호적부 조회 완료라는 도장을 찍어서 건넨다고 하는데 우리 부에서도 사무 간첩상 간편하게 수수(手數)의 필요가 없는 방법을 강구하는 것은 어떠합니까?

참여원(早坂) : 부내의 소학교는 학교조사 하고 있으므로 극히 간편한 것인데 상급학교 쪽은 역시 호적등본이 아닌가 합니다.

25번(綾部) : 제가 저번 등본을 청구하였던 바 몇 일을 기다리게 되어 매우 곤란하였는데 이 시기에는 임시의 직원이라도 많이 들어 좀 더 신속하게 처리하여 부민에게 너무 미혹하지 않도록 선처하기를 희망합니다.

의장 : 외에 질문 없습니까?

('이의 없다'라 하는 자 다수)

의장 : 이의 없으면 다음 제4관 공익질옥(公益質屋) 수입 이하 제7관 잡수입(雜收入)까지는 간단하므로 일괄하여 심의하고자 합니다.

('이의 없다'라 하는 자 다수)

의장 : 다음 제8관으로 옮기겠습니다.

24번(湯藤) : 근래는 역소측도 상업자측도 통제경제(統制經濟) 운용으로 영업 세액을 중요시하는 하는 것으로 되어 있는데 어떻습니까?

참여원(岡部) : 납세액에 의해 그 영업실적 등을 추지하기에 족한 것이므로 중요시하는 것입니다.

24번(湯藤) : 수입의 실적이 부실하다고 인정되는 자 혹은 허위 또는 탈세 행위를 하는 것에 대해서는 벌칙을 적용하지 않는가?

참여원(金澤) : 지금의 바 사실인 것을 인정하지 않는데 그러한 사실이 있다면 당국과 연락을 긴밀하게 하여 그 벌칙하고 기타 적절한 방책을 강구하고자 합니다.

9번(山川) : 가옥세부가세는 어떻게 되고 있습니까?

참여원(金澤) : 1941년도에 부담의 균형을 세제개정의 목표로 하여 영업세부가세는 지금까지 법인과 개인의 구별이 없었던 것을 본 연도는 그 구별을 하여 법인은 영업세의 율을 올리는 것으로 하였습니다. 가옥세부가세는 본세의 백분의 140까지이고, 도세(본세)는 내렸습니다. 그 이유는 지금까지 각도별로 세율을 정해왔던 바 1941년도는 전 조선 통일이 되었던 것입니다. 건물은 상급의 것이 많아 내리고, 하급의 것도 약간 내렸습니다. 또 조선식 건물은 본 연도부터 과세되었으므로 얼마간 증징되었습니다.

의장 : 외에 질문 없습니까?

('이의 없다'라 하는 자 다수)

의장 : 이의 없으므로 세입경상부를 마치고 임시부로 이동합니다.

임시부 제1관 이월금 이하 제9관 시가지계획사업 토지구획정리 기본 연도 수입금을 일괄하고자 해도 지장 없겠습니까?

('이의 없다'라 하는 자 다수)

의장 : 그럼 임시부를 일괄하여 개회하기를 원합니다.

23번(沼田) : 재정조사 보조금의 감액된 이유를 묻고자 합니다.

참여원(金澤) : 본 연도부터 새로 인구에 의해 배부된 보조금을 교부하기 위해 기타 종목은 재정상태를 고려하여 점차 감액한 당국의 방침에 의한 것입니다.

24번(湯藤) : 토지구획 정리비 부담금의 징수 성적은 어떠합니까?

참여원(三浦) : 조정제액 7만 4,989원 41전에 대해 수입제액은 3만 6,734원 81전으로 보합 4할 9푼입니다.

또 조정제 인원 226인에 대해 수입제 인원은 192인으로 이 보합은 8할 5푼이라 상성하였습니다.

의장 : 외에 질문 없습니까?

('이의 없다'라 하는 자 다수)

4번(外山) : 제1호 의안 전체에 걸쳐 2, 3가지의 희망을 말씀드려 두고자 합니다.

인건비 예산에 대해서는 어제 말씀드린 것 같이 그 팽창이 다소 과대로 시국의 영향이 있다라 하여 심히 유감으로 하는 바입니다. 본연도는 어쩔 수 없다라 인정하지만 내년도에는 충분한 고려를 해주시기를 바랍니다.

주택 부지 나머지 땅을 이용한 주택의 건축안은 간담회에서 자문하기로 했던 것인데 속히 간담회를 개최하여 가부를 결정 후 가능한 '아파트'와 동시에 건축하기를 바랍니다.

다음으로 일용품시장의 신설을 신속하게 실현시켜 다수 부민의 편익을 도모하기를 바랍니다.

다음으로 토목비 예산의 소액인 것을 자못 유감으로 생각하는데 본연도는 개정 방법이 없으므로 다음 연도의 심심한 고려를 원합니다. 이상 희망을 이야기하고 본안에 대해 찬성합니다. (중략-편자)

의장 : 만장일치로 찬성입니다. 의제1호 1941년도 대전부 일반경제 세입출 예산 결정의 건은 원안대로 가결 확정하고 다음으로 의제2호 1941년도 대전부 농량대부사업 특별회계 세입출 예산 결정의 건을 상정하여 참여원으로부터 설명하겠습니다.

(참여원(부坂) 별지 예산설명서의 대로 설명함)

의장 : 본 의안 및 이하 각 의안은 모두 그 내용이 간단하므로 독회를 생략하고 바로 확정 의결로 들어가고자 하는데 이의 있습니까?

(전원 '이의 없다'라 함)

의장 : 전원 이의 없으므로 이하 각 의안에 대해서는 독회 생략하고 진행하는 것으로 하겠습니다. 그럼 제2호 의안에 대해 질문이나 이의 있습니까?

(전원 '이의 없음', '원안 찬성'이라 함)

의장 : 만장 찬성으로 본안은 원안 대로 가결하고 다음으로 의제3호 1941년도부터 1943년도 대전부 철도가도교 도로신설 공사비 계속비 연기 및 지출방법결정의 건을 상정하고 참여원으로부터 설명하겠습니다.

(참여원(부坂) 의안 이유대로 설명함)

('이의 없음', '원안 찬성'이라 하는 자 많음)

의장 : 다수 찬성하므로 제3호 의안은 원안대로 가결 확정합니다.

다음으로 의제4호 대전부 부세과율 및 세액결정의 건을 상정하고 일단 낭독하겠습니다.

(토쿠나가(德永) 참여원 낭독함)

('이의 없음', '원안 찬성'이라 하는 자 많음)

의장 : 다수 찬성이므로 제4호 의안은 원안대로 가결 확정합니다.

다음으로 의제5호 대전부 부영주택사용조례 설정의 건을 상정하고 참여원으로부터 설명하겠습니다.

(참여원(부坂) 의안을 낭독 후 설명함)

본 조래 제4조의 제3호는 삭제하고자 합니다.

24번(湯藤) : 제4조의 제3항 중 '특별의 사정이 있다라 인정할 때는…'

이란 어떠한 경우입니까?

참여원(부坂) : 예를 들면 출정군인 유가족 또는 부직원에게 대부하는 경우 등입니다.

21번(安井) : 대가료(貸家料) 1호 주택 23원, 2호 주택 15원은 확정적인 것이므로 지금 조금 높혀 두는 것도 좋다고 생각합니다. 또 주택의 취급 부지의 확장은 어느 정도입니까?

참여원(부坂) : 대가료는 저렴한 편이 아니라 생각합니다. 자재의 관계 등에서 말하자면 다소 인상해도 지장은 없다라 생각합니다. 1호 주택은 6첩(畳), 4첩반, 2개 현관, 판장(板張)의 2첩으로, 2호는 6첩, 4첩반, 현관 판장의 2첩으로 되어 있습니다. 부지의 쪽은 1호 51평, 2호 38평으로 되어 있습니다.

21번(安井) : 희망자가 있으면 분양할 생각은 없습니까?

참여원(부坂) : 현재 고려 중인데 분양해도 지장이 없을 것이라 생각합니다.

21번(安井) : 부지 모두에 건축비는 어느 정도 들 것 같습니까?

참여원(부坂) : 1호 주택은 4,200원, 2호 주택은 3,240원으로 되어 있습니다.

15번(高崎) : 가임(家賃) 산출의 기초는 어떻게 합니까? 또 이를 인하할 생각은 없습니까?

참여원(부坂) : 종래의 가임은 다다미 1장에 대해 1원 정도로 계산된 것으로 1호에 16다다미 반으로 보통이라면 16원 50전 정도인데 자재와 노은(勞銀)의 폭등으로 건축비가 비상하게 오른 관계에서 이 정도로 정했던 것으로 보다 감액의 것은 생각하고 있지 않습니다.

20번(藤野) : 새로운 것은 상당 올리고, 오래됨에 따라 감액하는 것은 어떻습니까?

참여원(早坂) : 1호(戶)에 대해 1호는 25원 이내, 2호는 18원 이내로 실제 대가(貸家)의 때에 고려하고자 합니다.

9번(山川) : 그 정도로써 하면 얼마의 이율입니까?

참여원(早坂) : 5푼(分) 8리(厘) 정도입니다.

9번(山川) : 4푼 4리로 기채하여 5푼 8리의 이율로는 얻는 것이 적지 않은가 생각합니다. 경성에서는 8 다다미에 3 다다미 카펫이 23원으로 여기에 전정(電灯), 수도료를 합하면 약 40원이라는 것입니다.

20번(藤野) : 부의 재정을 옹호하는 것만 생각하지 말고 부민의 위해 좀 더 싸게 하는 것이 가능하지 않습니까? 또 건평은 몇 평입니까?

참여원(早坂) : 1호는 16평, 2호는 13평 8합(合) 7작(勺) 5입니다.

부윤 : 1호 주택의 가임(家賃)을 25원 이내, 2호 주택을 18원 이내로 하는 것은 어떠합니까?

27번(國本) : 이내로 하면 부윤이 적당하게 정하여서 금액을 결정하여 두는 것이 좋다고 생각합니다.

부윤 : 그럼 1호 25원, 2호 118원으로 결정하고 시간이 경과하면 다시 협의하는 것으로 하는 것이 어떻습니까?

('찬성'이라 하는 자 많음)

의장 : 다수 찬성하므로 본 조례 제4조 중 1호, 1호에 대해 월액 '23원'을 '25원'으로, 2호, 1호에 대해 월액 '15원'을 '18원'으로 수정하는 것으로 결정하는 것 외 질문 있습니까?

('질문 없고, 이의 없다'라 하는 자 다수)

의장 : 다수 찬성하므로 제5호 의안은 전술대로 일부 수정의 후 원안대로 가결 확정하겠고, 다음으로 의제6호 대전부 직원 임시가족수당지급조례 설정의 건을 상정하고 일단 낭독하겠습니다.

(토쿠나가(德永) 참여원 낭독함)

('이의 없고, 원안 찬성'이라 하는 자 많음)

의장 : 다수 찬성하므로 제6호 의안 원안대로 가결 확정합니다. 다음
　　으로 의제7호 대전부 부가세조례 중 개정의 건을 상정하고 일단 낭
　　독하겠습니다.

(토쿠나가(德永) 참여원 낭독함)

('이의 없고, 원안 찬성'이라 하는 자 많음)

의장 : 다수 찬성하였으므로 제7호 의안 원안대로 가결 확정하고, 의
　　제8호 대전부 특별영업세 및 잡종세조례 개정의 건을 상정하고 참
　　여원으로부터 설명하겠습니다.

(참여원(古川) 의안을 낭독의 후 설명함)

의장 : 복잡하여 이해하기 어려운 점이 있다라 생각하는데 도로부터
　　내시된 준칙(準則)에 의거했던 것입니다.

('이의 없고, 원안 찬성'이라 하는 자 많음)

의장 : 다수 찬성이므로 제8호 의안은 원안대로 가결 확정하겠습니다.

4번(外山) : 제9호 내지 제10호 의안은 모두 기채 관계로 이미 예산심
　　의의 때 양해를 구했던 것으로 별도로 이론이 없다면 일괄하여 상
　　정하는 것은 어떻습니까?

('찬성'이라 하는 자 많음)

의장 : 다수 찬성하였으므로 제9호 의안에서 제12호 의안까지 일괄 상
　　정 하겠습니다.

(전원 '이의 없고, 원안 찬성한다'라 함)

의장 : 전원 찬성하였으므로,
　　의제9호 대전부 공업용지조성비 기채의 건
　　의제10호 철도 가도교 도로 신설비 기채의 건
　　의제11호 대전부 부영주택 신축비 기채의 건

의제12호 직업소개소 신축비 기채의 건

원안대로 가결 확정하고, 다음으로 의제13호 대전부 토지평수할조례에 의해 토지평수할을 부과해야 하는 공사의 노선 및 지역 및 부과세액 결정에 수반하여 상정한 본안은 설명할 정도의 것이 없다고 생각하는데 어떻습니까?

(전원 '이의 없고, 원안 찬성한다'라 함)

의장 : 전원 찬성하였으므로 제13호 의안은 원안대로 가결 확정합니다.

부윤 : 여기까지 본 부회에 제출되어진 전 의안의 심의는 마칩니다. 어제부터 오늘까지 의원 각위는 다수의 의안을 열심으로 협동의 정신으로 심의를 하여서 전 의안에 대해 만장일치의 찬동을 얻은 것은 진실로 감사함에 견딜 수 없는 것입니다. 가결되어진 각 의안 집행에 이르러서는 각 부면에 걸쳐 각위의 의견을 충분히 취입함과 함께 가능한 한 절약을 하고 또 신규사업에 대해서는 하루라도 빨리 실행으로 옮겨 한층 기대에 부응하도록 하겠습니다. 이상 부당국으로써의 성의를 피력하고 또 각위의 노고에 대해 두터운 예를 올리는 바입니다. (하략-편자)

7) 제61회 평양부회 회의록

항 목	내 용
문 서 제 목	第61回 平壤府會 會議錄
회 의 일	19381212
의 장	矢野桃郎(부윤)
출 석 의 원	梁利鐸(1번), 稻葉善之助(2번), 金光洙(3번), 菊名仙吉(4번), 韓根祖(5번), 宋永祥(6번), 李應甲(7번), 林熊一(8번), 大村勇藏(10번), 金貞浩(11번), 金鶴瑞(12번), 原田貞輔(13번), 李基燦(14번), 尹永善(16번), 丸山理平(17번), 金健永(18번), 崔鼎默(19번), 金永弼(20번), 石隈信乃雄(21번), 山下正藏(22번), 韓錫麟(23번), 吉村源治(24번), 異儀田景樹(25번), 松尾六郎(26번), 黑川九平(27번), 內田錄雄(28번), 桑谷實(29번), 宋錫燦(30번), 福田太吉(31번), 岡元濟二(34번), 今井祐次郎(35번), 橫田虎之助(36번)
결 석 의 원	金能秀(9번), 邊麟奇(15번), 柴田鈴三(32번)(33번 결원)
참 여 직 원	小林繁(번외1번, 부속: 내무과장), 野上京市(번외2번, 부속 : 재무과장), 加藤才治郎(번외3번, 부속 : 서무과장), 龜山猛治(번외4번, 주사 : 전기과장), 石田修(사서 : 도서관장), 齊藤芳雄(부속 : 내무과 내무계장), 田中筴(부시학), 熊谷玄(서기 : 토목과 토목서무계장), 西澤賢吾(토목기사 : 토목과 시가지계획계장), 張來鵬(서기 : 재무과 제1부과계장), 林應穆(부속 : 재무과 징수계장)
회 의 서 기	齊藤芳雄(부속), 金洛範(서기보), 越智三五(촉탁)
회의서명자 (검 수 자)	矢野桃郎(부윤), 尹永善(16번), 丸山理平(17번)
의 안	의제35호 평양부 제2토지구획 정리부담금조례 설정의 건, 의제36호 평양부 토지평수할조례 개정의 건, 보제2호 1938년도 평양부 일반회계 세입출 제4회 추가예산의 건
문서번호(ID)	CJA0003372
철 명	마산해주평양부일반경제관계철
건 명	평양부제2토지구획정리비부담금조례설정인가의건(회의록)
면 수	38
회의록시작페이지	518
회의록끝페이지	555

설 명 문	국가기록원소장 '마산해주평양부일반경제관계철'의 '평양부제2 토지구획정리비부담금조례설정인가의건(회의록)'에 수록된 1938년 12월 12일 개회 제61회 평양부회 회의록

해 제

본 회의록(총 38면)은 국가기록원소장 '마산해주평양부일반경제관계철'의 '평양부제2토지구획정리비부담금조례설정인가의건(회의록)'에 수록된 회의록이다. 평양부 토지구획정리와 토지평수할 부과에 대한 이해관계에 따른 논의 내용이 상당히 상세하게 확인된다.

본 회의록은 1937년 4월 시가지계획 결정[34] 이후, 이 시가지계획을 추진할 재원 즉 평양부 제2토지구획에 소요되는 비용에 대한 부담금 조례와 토지평수할에 대한 논의를 담고 있다. 특히 토지평수할의 부담에 대한 논의 내용이 상당히 상세하게 확인되는데, 본 회의에 따르면 평양은 기존의 도로, 하천 개축, 신설에 따라 부과하던 토지평수할을 이전보다 상향 조정하여 부과하는 방향으로 개정안을 내고 있다. 의원들은 이에 대해 지주보다는 실질적인 이익자에게 부과하는 방식으로 변경되어야 한다며 반대하는 입장을 보이고 있지만, 본 회의록에 따르면, 평양의 경우 시가지계획 사업이 국비, 도비 보조가 계획되지 않고 온전히 부민 부담의 중심으로 진행되었음을 알 수 있다.

---

[34] 「平壤市街地計劃區域,同街路及同土地區劃整理左ノ通決定シ」, 『조선총독부관보』 제3084호, 1937.4.30.

내 용

(상략-편자)

부윤 개회를 선언함

의장(부윤) : 출석의원 32명으로 정원수에 도달하였습니다. 결석의 통
　지는 32번 시바타 레이죠우(柴田鈴三) 씨입니다. 참여원이 새로 경
　질 취임하였던 자가 있으므로 소개합니다. 토목과 서무계장 쿠마가
　이 겐(熊谷玄) 군

참여원(토목과 서무계장) : 쿠마가이(熊谷)입니다. 잘 부탁드립니다.
　(중략-편자)

의장(부윤) : 오늘의 의사일정을 보고드립니다.

번외1번(내무과장) : 제61회 평양부회 의사일정을 보고드립니다.

　① 의제35호 평양부 제2토지구획 정리부담금조례 설정의 건

　② 의제36호 평양부 토지평수할조례 개정의 건

　③ 보제2호 1938년도 평양부 일반회계 세입출 제4회 추가예산의 건
　이상입니다.

의장(부윤) : 그럼 의제35호 평양부 제2토지구획 정리부담금조례 설정
　의 건, 의제36호 평양부 토지평수할조례 개정의 건을 일괄 상정합
　니다.

　본건은 1938년도의 예산 심의의 통상 부회의 때에 제안하였던 것과
　대동소이합니다. 다만 토지평수할의 쪽은 심의에 대해 찬성이 있었
　던 것을 총독부에 신청했던 것입니다. 그 내용에 총독부의 의견과
　다소 차이가 있는 점이 있어서 다시 그 차이의 점을 일단 모두의 찬
　성을 얻은 후 신청을 하지 않으면 안되는 사정이 있으므로 이 자리
　에서 자문하고자 합니다. 일단 양 의안의 설명을 합니다. 내용은 간

단한 것이므로 독회는 생략하고자 하는데 어떻습니까?

('이의 없다'라는 소리 많음)

번외 1번(내무과장) : 제가 설명하겠습니다. 의제35호의 구획정리의 부담금조례는 제1회의 분과 마찬가지입니다. 완전 문구도 같아서 별도로 이 자리에서 설명하는 것을 생략합니다.

제36호 의안 그것은 지금 부윤이 말씀하셨던 사정에 의해서 전에 찬성을 얻었던 것을 일부 변경하고자 하는 것입니다. 대체 지금까지 실시되어진 것과 비교를 하여 말씀드리고자 합니다.

제1조에 '제4조의 규정에 의한 고시의 날로부터'를 '사업 착수의 날로부터'라 고친 것은 종래는 토지평수할을 부과하는 공사의 노선 혹은 지역을 고시하도록 되어 있었는데 이번은 그 사업 착수의 날을 고시하는 것으로 한 관계상 '사업 착수의 날로부터'라 하는 쪽이 사정에 맞다고 생각하여 이러한 풍으로 고치고자 생각합니다.

제2조는 종래는 도로의 개축 혹은 개축의 경우에는 도로의 폭원의 2배였습니다. 이를 이번은 3배라 하는 것으로 하고자 합니다. 이는 도로인 관계상 그 수익이 2배 이상이 되는 것이 있다고 생각하여 3배로 하고자 합니다.

도로포장의 경우는 종래와 마찬가지입니다.

하수 신설개축의 경우는 종래는 도로의 양측 경계선에서 20미터로 되어 있었는데 하수는 곳에 따라서 30미터여도 이익을 받고 혹은 20미터여도 이익을 받는 곳이 있는 관계상 개수(改修) 지역 내에서 부윤이 이를 정하는 쪽이 마땅하다고 생각했던 것입니다.

제4조 이것은 종래의 제6조에 대략 해당하는 것입니다. 종래의 토지평수할의 부과총액은 도로의 신설 또는 개축을 사업비의 2/5, 도로의 포장도 2.6, 하수의 신설 또는 개축은 1/4 이내로 하게 되어 있

었습니다. 이를 이번은 이내라 하는 것보다 몇 분의 1이라 정하지 않으면 안됩니다. 이것은 전에 찬동을 받아 만들었던 1.2 이내에서 운운이라 하는 것으로 본부에서 의견이 달랐던 것입니다. 이번 도로의 신설 또는 개축을 1/3 도로의 포장은 2/5, 하수의 신설 또는 개축을 1/3으로 하는 쪽으로 개정하고자 합니다.

그러므로 1/3 혹은 2/5, 1/3으로 결정하였던 관계상 곳에 따라서는 부담액도 커지는 것 같은 관계가 있으므로 그 완화 방법으로써 '터널, 교량, 기타 특수의 공사 또는 특수의 물건의 이전으로써 현저하게 다액의 비용을 필요로 하는 것이 있을 때는 그 비용의 일부 혹은 전부를 공제한 금액으로써 전항의 사업비로 함'이라 하는 조항을 넣는 것으로 고쳤던 것입니다.

제5조는 전과 같이 완화의 하나입니다. 또 토지의 상황에 적응하기 위해서 조항을 넣었던 것입니다. 이는 새로운 조항입니다. '토지의 상황에 의해 필요하다라 인정될 때는 부회의 의결으로 제2조 제1호에 규정하는 부과지역을 도로 폭원의 5배까지 제4조 제1항 제1호 및 제3호에 규정하는 부과총액을 사업비의 1/2까지 증가할 수 있음' 이는 부과지역을 넓히는 것으로 따라서 부과액의 완화가 되고 또 비상하게 저렴하다라 하는 때에는 총액의 1/2까지 증가하는 것이 가능하다라 하는 것으로 완하하는 방법을 설치했던 것입니다.

제6조는 삭제

이는 제4조에 규정되어진 것이 6조에 해당하기 때문입니다.

제7조 중 '부회의 의결로써'를 삭제하고 '전조(前條)의 규정에 의함' 을 '제4조의 규정에 의함'으로 고침. 이는 '부윤이 필요하다고 인정할 때는 부회의 의결으로 토지의 상황 공사 시행의 연도 또는 공사 소요의 정도 등에 의해 수익지를 적당하게 구분하여 2개 이상의 과

세구로 하여 그 구분 마다의 공사비에 응하고, 전조의 규정에 의하는 부과 총액을 배분하여 각 과세구의 부과액을 정할 수 있음'이라 하는 것으로 그 상황, 공사시행의 면적, 기타에 의해서 과세지를 나누었던 것이므로 부회의 결의를 거쳐야 하는 중대사항이 아니라 생각되므로 '부회의 결정'을 삭제했던 것입니다.

제8조는 생략하고 제9조에 '5년 이내에 중복하여 토지평수할을 부과하지 않음'이라 하는 것인데 종래는 토지평수할을 부과했던 곳에 대해서는 마찬가지 종류의 토지평수할을 부과하는 것이 가능하였던 것인데 5년 이내에 마찬가지 종류의 토지평수할을 부과하는 것이 가능하지 않다고 명확하게 하였던 것입니다.

본부의 의견으로 이전에 8년이라 하는 것으로 찬동을 얻었던 것을 이번 5년으로 하였던 것입니다.

제12조 종래는 평수할은 1개년으로 징수하고 있었는데 토지에 의해서는 종래부터도 부담액이 많다라 하는 것으로 생각하여 1년 이내에는 징수가 곤란하다라 하는 것을 예상하여 3개년간으로 징수한다라 하는 것으로 징수의 기간을 길게 하였습니다. 이후는 특별히 설명드린 정도의 것이 없다고 생각합니다.

이상입니다.

5번(韓根祖) : 제36호 의안에서 도로라 하는 것은 평양 내에서 4미터부터 32미터까지라고 생각하는데 전체적으로 통용되는 것입니까?

번외1번(내무과장) : 도로의 신설 또는 개축의 경우에는 어떠한 도로라도 통용되어지는 것입니다.

5번(韓根祖) : 그럼 설명 전에 조례가 가능했지만 본부와의 의견 차이가 있어서 다시 36호 의안을 제안한 것이라는 말이 있었는데 본부의 의견은 36호 의안과 같이 1/3인가 2/5인가, 폭원(幅員)³⁵⁾의 2배인가 3배라 하는 것을 전체에 걸쳐서 이대로 통용된다라 하는 것은 없습니까?

번외1번(내무과장) : 본부와의 의견의 차이의 가장 큰 것은 제4조입니다. 종래는 다소 얼마 이내(以內)라 하는 것이 있었습니다. 그런데 본부는 이내라 하는 것은 바람직하지 않아 몇 분의 1으로 결정하고자 하는데 그것이 의견 차이 중 가장 큰 것입니다.

5번(韓根祖) : 그러면 자유재량의 여지가 주어지면 폐해가 있다라 하는 의견으로 반드시 1/3이라든가 2/5라 하는 것 혹은 1/3으로써 한다라 하는 것은 없습니까?

번외1번(내무과장) : 그 점은 별도의 문제로 강한 의견은 없습니다.

5번(韓根祖) : 종래는 공사비라 하여 용지비(用地費), 보상비 및 공사비를 내용에 포함시켜왔는데 이번은 사업비라 하는 명칭으로 변경하였는데 그것은 가장 표현이 교묘한 것이 그 사업비의 중에 사무비도 포함하였는데 그것은 본부의 지시의 범위에 들어가는 것입니까?

번외1번(내무과장) : 사업비의 중에 사무비를 넣은 것은 본부와 타협한 것인데 개축(改築)에서도 사무비가 포함되어 있습니다. 또 사무비가 포함된 것은 이전에도 있었다고 생각합니다. 그 공사에 대한 사무비입니다.

5번(韓根祖) : 종래의 규정에 의하면 도로의 신설 또는 개축의 경우는 2/5 이내, 도로포장의 경우는 2/5 이내, 하수의 신설 또는 개축의 경우는 1/4 이내라 하는 것으로서 나는 종래의 규정은 심히 많이 생각했던 것이라 생각합니다. 그렇다라 하는 것은 하수의 신설 또는 개축을 한다라 해서 그곳의 원주민은 어떠한 수익도 없습니다. 도로

---

35) 넓이.

신설의 경우는 지금까지 정(町)에 속하는 것이 크게 통하게 되어서 받는 이익이 클 것이라는 것이 상상됩니다. 그리고 하수 신설의 경우에는 종래는 제일 낮은 1/4이었는데, 개정되어진 안(案)은 도로 신설의 경우와 하수를 신설한 경우와의 부담액을 동일하게 보고 있어서 그것은 종래의 통용상 그렇다라 하지 않으면 안 된다라 하는 근거가 있는 것입니까?

번외1번(내무과장) : 도로의 신설 또는 개축에 대한 종래의 세율을 변경했던 것은 도로의 신설 또는 개축은 비교적 다액의 비용을 필요로 하기 때문입니다. 물론 수익의 정도에서도 하수의 신설 혹은 개축보다는 보다 이상인 것이 있겠지만, 이를 2/5로 하면 다소 부담이 과중할 것이라고 생각하여 1/3으로 했던 것입니다. (중략-편자)

20번(金永弼) : 저도 토지평수할의 제4조에 대해 한마디 묻고자 합니다. 이 평수할 2/5가 1/3이 되고 또 1/4이 1/3이 되었는데, 경성, 부산 쪽은 어떻습니까?

번외(내무과장) : 경성의 규정을 말씀드립니다. 경성의 도로개수 또는 광장의 신설은 사업비의 1/3, 도로 또는 광장의 확장의 경우는 1/4, 노면의 개량 그것은 포장으로 1/2, 하수의 신설 또는 개량은 1/3 (중략-편자)

20번(金永弼) : 제2조 제1호의 '도로의 신설 또는 개축'이라 하였는데 '개축'은 즉 확장입니까?

번외(내무과장) : '신설 또는 개축'이라 함은 양쪽을 포함하고 있는 것이지만 확장하면 확장이라 하는 단순한 것은 실제는 없습니다. 완전 도로도 아무것도 없는 것에 신설한다라 하는 것도 개축과의 구분이 불가능한 것이 그 한 단서입니다.

20번(金永弼) : 개축의 중에 확장이 포함됩니까?

번외(내무과장) : 포함됩니다.

20번(金永弼) : 그렇다면 확장은 경성보다 높은 것인데 어떠한 이유입니까? 금년의 예산에도 2/5로 공사를 하게 되어 있었고 경성의 예를 보아도 용지(用地)까지 넣어서 1/3로 비율이 높아 2/5 이내로 '이내(以內)'를 취하고, 하수의 신설은 1/4 이내를 4분의 1로 하는 것으로 결정한 것은 어떠한 이유에서 입니까? 총독부에서 '이내'라 하는 것을 유감이라 하므로 그 '이내'를 삭제하여 전과 같이 하면 어떻습니까? 부회의 의결을 거친다라 하는 것은 '이내'로 결정했던 것이므로 부회의 승인을 거치지 않으면 안되는 것이지만 세율을 결정하면 부회에 올리지 않아도 괜찮지 않습니까?

번외1번(내무과장) : 도로 신설 또는 개축은 종래 2/5였으므로, 1/3로 하는 것은 가볍게 되는 것입니다. 하수의 쪽이 조금 오르는 것입니다. (중략·편자)

11번(金貞浩) : 저도 지금 4조에 이의가 있습니다. 도로의 포장은 물로, 지주도 이익이 있지만 9분(分)까지는 교통자가 이익하고 있다라 생각합니다. 고로 2/5라 하는 것을 1/5정도로 하고자 합니다. 하수의 신설 또는 개축은 전과 같이 1/4로 하였으면 합니다. 왜냐하면 무산계급의 주거지인 신양리(新陽里), 서성리(西城里) 등에 많은 하수공사를 하지 않으면 안 됩니다. 이러한 공사를 하면 과연 부담에 견딜 수 없을 것을 고려하지 않으면 안 되어 그것을 가볍게 하고자 합니다.

또 하나는 납기를 종래는 3기로 징수해도 곤란한 점이 있었는데 5백 원의 정도를 2기로 하면 250원을 납입하지 않으면 안 됩니다. 3기로 해도 150 얼마로 충분 납기에 납입이 가능하다고 생각합니다. 즉 제1기를 4월 제2기를 8월 제3기를 12월로 하는 것으로 정정하고자 합니다.

번외1번(내무과장) : 지금의 12조는 3개년에 부과하는 것으로 그 1년에 제1기 6월, 제2기 12월로 하는 것이므로 그 점은 아주 완만할 예정입니다. (중략-편자)

23번(韓錫麟) : 토지구획정리 제2조의 부담금은 전부 수익자에게 부담하는 것으로 되어 있는데 국고보조, 도비보조는 없습니까?

번외1번(내무과장) : 지금의 경우, 국고보조, 도비보조는 없습니다. (하략-편자)

8) 제74회 평양부회 회의록 발췌(제3일)

항 목	내 용
문 서 제 목	第74回 平壤府會 會議錄 拔萃(第3日)
회 의 일	19400326
의 장	佐藤德重(부윤)
출 석 의 원	金恒福(1번), 李應甲(2번), 鄭基琇(3번), 乾榮治郎(5번), 崔鼎黙(6번), 大西捨松(7번), 石隈信乃雄(8번), 康秉銓(9번), 松尾六郎(10번), 太田善興(11번), 宋錫燦(12번), 郭斗榮(13번), 鄭泰元(14번), 高雄謝(15번), 金健永(16번), 韓昌壤(17번), 朴應茂(18번), 朴用夏(19번), 韓錫麟(20번), 李秉均(21번), 橫田虎之助(22번), 梁利鐸(23번), 尹永善(24번), 異儀田景樹(25번), 金貞浩(26번), 山下正藏(27번), 金鶴瑞(28번), 大村勇藏(29번), 李炳浩(30번), 桑谷實(31번), 金永弼(33번), 福田太吉(34번), 今井祐次郎(35번), 柴田鈴三(36번), 吉村源治(37번), 原田貞輔(38번)
결 석 의 원	岡元濟二(4번), 稻葉善之助(32번), 李基燦(39번)
참 여 직 원	宮村又藏(번외1번, 부이사관 : 내무과장), 楢崎淸(번외2번, 부속 : 서무과장), 野上京市(번외3번, 부속 : 재무과장), 阿部健三(번외4번, 토목기사 : 토목과장), 宮本保壽(번외5번, 주사 : 위생과장), 伊藤武雄(번외6번, 부속: 산업과장), 藤田文市(번외7번, 주사 : 시국과장), 渡邊鼎(번외8번, 주사 : 수도과장), 石田修(번외9번, 사서 : 도서관장), 小泉顯夫(번외10번, 주사보 : 박물관장), 權昌貞(번외11번, 의원 : 보생원 원장), 柳熙哲(주사 : 내무과 내무계장), 鮎川元昌(건축기수 : 내무과 영선계장), 物部安胤(서기 : 문서계장), 杉山勇作(서기 : 서무과 회계계장), 黑澤一郎(산업기수 : 산업과 농림계장), 金重燁(서기 : 위생과 위생계장), 吉村安治(서기 : 위생과 청소사업소), 熊谷玄(서기 : 토목과 토목서무계장), 飯富不二生(부기수 : 토목과 토목공무계장), 西澤賢吾(토목기사 : 토목과 시가지계획계장), 金慶善(부속 재무과 제1부과계장), 宗石精治(서기 : 재무과 제2부과계장), 安華柱(서기 : 시국과 사회계장), 小山秀高(서기 : 시국과 공영계장)
회 의 서 기	柳熙哲(주사), 金洛範(서기), 矢野文雄(서기), 李鍾瓚(고원), 崔成賢(고원), 越智三五(촉탁)
회 의 서 명 자 (검 수 자)	

의 안	의제15호 1940년도 평양부 일반회계 세입출 예산의 건
문서번호(ID)	CJA0003533
철 명	평양부일반회계특별회계예산철
건 명	평양부회의록송부의건(제74회평양부회회의록)
면 수	64
회의록시작페이지	395
회의록끝페이지	458
설 명 문	국가기록원소장 '평양부일반회계특별회계예산철'의 '평양부회의록송부의건(제74회평양부회회의록)'에 수록된 1940년 3월 26일 개회 제74회 평양부회 회의록(제3일)

해 제

본 회의록(총 64면)은 국가기록원소장 '평양부일반회계특별회계예산철'의 '평양부회의록송부의건(제74회평양부회회의록)'에 수록된 회의록이다.

본 회의록은 1940년 당시 평양의 주요 현안을 확인할 수 있는 자료이다. 평양은 1939년부터 부주관으로 주택난 완화와 '명랑도시' 건설을 명목으로 '도시농원(都市農園)' 건설을 계획하였다. 1939년, 1940년 양년간 매년 25호씩 50호의 농원주택을 건설하고, 정원 1만 평을 설치하기로[36] 하였다. 그러나 평양부의 기대와는 달리 용지매수 가격의 문제와 이에 따른 예산 문제, '도시농원'의 활용 문제로 부회의 반대에 부딪쳤다. 값싼 매수 가격에 불응하는 부민들이 많았고, 토지수용령까지 거론되는 상황에서 의원들은 공익을 위해 소유권을 부정하는 것에 대한 문제제기까지 하고 있었던 것이다. 이에 대해 부당국은 전시체

---

[36] 「平壤에 都市農園」, 『조선일보』 1939.8.19.

제에 사적인 이익을 추구하는 것은 옳지 않다면서 본 사업을 강력하
게 추진하였다. '도시농원'의 활용에 대해서도 부당국은 식량부족의
해결을 위한 채소농원을, 의원들은 소채 대신 잡곡 등을 주장하는 등
본 사업에 대한 부당국과 의원들 간의 견해차도 확인할 수 있다.[37] 본
회의록에서는 당시 평양의 현안으로써 중요한 문제인 위 '도시농원'의
토지매수 가격에 대한 논의 내용을 상세하게 확인할 수 있다.

내 용

(상략-편자)

의장(부윤) : 전일에 계속하여 회의를 속행합니다. 또 23일의 개회 벽
　　두에 황군 장병에 대한 감사전보를 타전하였던 바, 다음과 같은 답
　　전이 있었습니다.

(전문 낭독)

　　이상입니다.

　　일정에 따라서 하려면 15호 의안의 1, 2독회 아울러 각 조례의 1, 2독
　　회인데 현재의 상태라면 세출임시부의 겨우 1/3의 제1독회를 끝낸
　　것에 지나지 않아서 이러한 진행 상황이라면 시간을 연장하는 바로
　　도저히 종료가 가능하지 않을 실정으로 다소 중복된 질문이고 의견
　　이면 의장(議場)의 정리상 발언을 허락하지 않겠습니다. 이 같은 상
　　황을 양해하여 주시길 바랍니다.

16번(金健永) : 도시 농원(農園) 설치로 용지매수비가 평당 2원 50전
　　내지 3원이라 하는 것과 6만 원이라 하는 답변이 있는데 어느 쪽이

---

37)「都市農園의 設置로 住宅難 益深刻化 論戰方酣의 平壤府會 第六日」,『동아일보』
　　1940.3.30.

진짜입니까?

번외1번(내무과장) : 평(坪)에 2원이라는 쪽이 사실입니다.

16번(金健永) : 설명에서는 오야리(梧野里)의 쪽에 설치하려는 것 같은데 평당 2원으로 매수할 수 있습니까?

번외1번(내무과장) : 예산은 그렇게 되어 있는데 실제의 경우는 다소 변경이 있다고 생각합니다. 결말을 보고자 합니다.

16번(金健永) : 부(府)의 용지매수의 가격 결정은 어떠한 곳에 기초를 두게 됩니까?

번외1번(내무과장) : 먼저 은행방면의 금융업자의 평가를 받아서 충분 조사하고 또 이에 검토를 하여, 공정 타당하다라고 인정되는 가격을 냅니다.

16번(金健永) : 소문에 따르면 은행의 감정 가격은 일반의 시가보다 반가격도 되지 않은 평가를 하고 부는 그 반액 정도밖에 주지 않는다라는 말을 듣는데 사실입니까?

번외1번(내무과장) : 부의 쪽의 사정(査定)은 은행의 가격보다 높은 것도 있고 낮은 것도 있습니다. 실정에 따라서 다릅니다.

16번(金健永) : 그렇다면 문제가 있습니다. 은행이 평가하여 그 반액 내지 6할 정도 대부한 대부금에서도 또 반액에 가까운 가격을 결정하고자 한다라 하면……

번외1번(내무과장) : 그러한 것은 모르겠습니다. 요컨대 부의 쪽은 각종 은행의 평가를 취합하여서 그 평균 가격을 내고, 또 그 후에 토지의 실정을 감안하는 것입니다. 갑자기 대부금보다도 낮은 가격의 것은 없다고 생각하는데. (중략-편자)

의장(부윤) : 대체로 진행이 되었다고 생각하는데 어떻습니까?

('이의 없다'라는 소리 많음)

의장(부윤) : 그럼 제11관 권업제비(勸業諸費), 제12관 중앙도매시장조
　　사비, 제13관 공장지구조성비 이하 임시부 전관을 상정합니다.

5번(乾) : 14관의 조사비에 대해서 좀 묻고자 합니다. 공장지구조사비
　　라 하는 것은 어떠한 조사를 하려고 하는 것입니까?

번외1번(내무과장) : 공장지구의 조사라 하는 것은 부윤이 지시한 대
　　로 대체 본 연도 예산에서 공장지구로써 계상된 것은 중소공장을
　　목표로 조성을 계획하고 있습니다. 따라서 대공장지구의 조사는 가
　　능하지 않습니다. 그리고 평양을 중심으로 설이 펼쳐지고 있는 것
　　같은데 토지의 기본 조사를 하기 위해서 이러한 경비를 계상한 것
　　입니다. (중략·편자)

5번(乾) : 또 한 가지 묻고자 합니다. 평양신사조영 기진금(寄進金) 5천
　　원, 내년 신사조영은 14만 원의 기부금을 모으려고 한다는데, 5천
　　원은 그 중에 포함되어 있는 것입니까?

번외1번(내무과장) : 신사조영의 기진금은 알고 계신 대로인데 그 외
　　에 도(道)의 산림과장이 조영 쪽의 공원 조성의 주임이 되어서 여러
　　가지 계획을 하고 있어서 지금 조금은 추가될 것 같고, 혹은 훌륭하
　　게 하지 않으면 안 되는 관계상 기부금만으로 부족한 관계도 있어
　　서 애쓰고 있으므로 그럴 수 있다라 하는 의미입니다.

5번(乾) : 그렇다고 하면 저번 영업세 등급에 의해서 할당 기부하였던
　　것은 또 다른 것입니까?

번외1번(내무과장) : 별도의 것입니다. (중략·편자)

5번(乾) : 평양관광협회 보조라 하는 것이 있는데 관광협회는 부의 무
　　슨 과에 속하는 것입니까?

번외2번(서무과장) : 부의 서무과에서 관광계라 하는 것이 있어서 그
　　쪽과 평양관광협회와 서로 연락을 잡아서 관광사업을 담당하고 있

습니다. (중략-편자)

26번(金貞浩) : 11관 권업제비 무역진흥비 3천 원을 계상하였는데 작년보다 822원을 증액한 것은 무슨 이유에서 입니까?

번외6번(산업과장) : 지금 통첩을 참고하시면 북지(北支)와 중지(中支)로 되어 있습니다.

26번(金貞浩) : 평양의 산업을 향상시키려는 견본 시(市)로 하는 것입니까?

번외6번(산업과장) : 그렇습니다.

26번(金貞浩) : 조선 내에도 물자가 결핍한 것을 만주까지 가지러 가도 좋은 것은 없다고 생각하는데 아무래도 제2독회를 열어서 의견을 서술하고자 합니다.

그 다음으로 13관 공장지구조성비의 4항 용지비로써 192만 988원을 계상하였는데, 평당 4원이라는 매수 가격을 계상하여 31만 8,222평을 계획하고 있는 것입니까?

의장(부윤) : 그 문제는 큰 문제이므로 번외가 일단 설명하겠습니다.

번외1번(내무과장) : 대체의 계획을 말씀드리자면, 구역은 서평양 일대로 계획 중인데 먼저 제1구가 평양선에서 하류의 신보통강(新普通江)과 구보통강이 가장 가까운 곳입니다.

의장(부윤) : 철도의 좌측 연병장에서 철도가 가는 좌쪽 전부의 지구입니다. (중략-편자)

26번(金貞浩) : 1평 4원이라 하는 것은 평균 단가입니까?

번외1번(내무과장) : 그렇습니다.

26번(金貞浩) : 용지 매수의 방법은 어떠한 방법입니까? 동평양(東平壤)과 같은 방법입니까? 당상리(堂上里), 대치령리(大馳嶺里)는 1평당 15원으로 하였는데, 동평양과 같이 하는 것으로 하고자 하는 것인데......

번외1번(내무과장) : 우리는 동평양에서도 서평양에서도 사람을 신경 쓸 수 없으므로 이해바랍니다. (중략·편자)

26번(金貞浩) : 부의 보조단체에 대한 명세서는 있습니까? 있다면 배 포하여 주십시오. 마필(馬匹)조합과 같은 것은 작년 1,000원이었는 데 금년은 3,000원입니다.

번외6번(산업과장) : 2,500원은 도비입니다. 도의 보조로 수의(獸醫)를 두고자 합니다. (중략·편자)

6번(崔鼎黙) : 12관 중앙도매시장의 조사비에 관련하여 한마디....여기 에 조사비를 계상한 것은 좋은데, 이 시장은 언제쯤 완성될 예정입 니까? 이것은 작년의 간담회에서도 이야기되었는데 금년의 예산에 대해서 우리의 의견을 구했던 때에, 각원을 뽑아서 중앙도매시장의 설치를 요망하였습니다. 특히 저물가정책에서 고려하여 꼭 실현되 었으면 합니다. 우리는 예산이 계상되어졌을 것이라 생각했는데 조 사비뿐입니다.

의장(부윤) : 이는 야마시타(山下) 의원의 질문이 있어서 답했는데, 대 체로 부회의 간담회 또 일찍이 부회로써 요망했던 중앙도매시장의 문제는 해결에 이르지 못했지만 부윤으로서 극력 기대에 버금가게 노력 중입니다. 그와 동시에 또 여기에 수십만의 예산을 계상하는 것은 사정이 허락하지 않아서 어쨌든 이 기한 내에 성안(成案)을 하 여 본회의 의결을 거칠 예정입니다. 허가 기한은 9월이므로 그 이 전에 일절의 수속을 하여서 기한 만료와 함께 사업을 계속하고자 합니다. (하략·편자)

9) 제92회 평양부회 회의록(제2일)

항 목	내 용
문 서 제 목	第92回 平壤府會 會議錄(第2日)
회 의 일	19420318
의 장	山田繁吉(부윤)
출 석 의 원	金山恒福(1번), 元山應甲(2번), 鄭基琇(3번), 岡元濟二(4번), 大西捨松(7번), 石隈信乃雄(8번), 太田善興(11번), 宋錫燦(12번), 賀來斗榮(13번), 定村泰元(14번), 高雄䎗(15번), 金健永(16번), 朝井昌壎(17번), 水原用夏(19번), 西原錫麟(20번), 三江均次郎(21번), 橫田虎之助(22번), 梁井利鐸(23번), 平沼永善(24번), 異儀田景樹(25번), 靑水貞浩(26번), 山下正藏(27번), 李原炳浩(30번), 桑谷實(31번), 金永弼(33번), 福田太吉(34번), 今井祐次郎(35번), 柴田鈴三(36번), 吉村源治(37번), 原田貞輔(38번), 安城基(39번)
결 석 의 원	大山晃(6번), 高峰巖(9번), 松尾六郎(10번), 朴澤應茂(18번), 金谷富男(28번), 大村勇藏(29번)(5번, 32번 결원)
참 여 직 원	竹末俊介(이사관 : 내무과장), 齊藤芳雄(부속 : 서무과장), 岡崎淳(부속 : 학무과장), 岩崎凞英(부속 : 총력과장), 楢原魁(부속 : 산업과장), 杉山嘉作(서기 : 서무과 회계계장), 西岡貞喜(기사 : 토목과장), 渡邊鼎(수도기사 : 수도과장), 宗石精治(주사 : 세무과장), 宮本保壽(주사 : 선교출장소장), 德山登(주사 : 기림출장소장), 關庄吉(주사 : 청소사업소장), 石田修(사서 : 도서관장), 權東昌貞(기사 : 보생원장), 齊藤孝(기수 : 영선계장), 金田正信(서기 : 예산계장), 宗山光伯(부속 : 부정계장), 久常孝夫(서기 : 위생계장), 橋本一男(주사 : 총력계장), 松井球次(촉탁 : 방호계장), 木山照彬(서기 : 호적계장), 松城鐵藏(서기 : 상공계장), 西寬次郎(서기 : 농림계장), 木村晃(기수 : 토목공무계장)
회 의 서 기	樋熊一郎(서기), 植田成薰(서기), 白山正治(서기), 平江光俊(고원), 越智三五(촉탁)
회 의 서 명 자 (검 수 자)	山田繁吉(부윤), 今井祐次郎(35번), 柴田鈴三(36번)
의 안	의제7호 1942년도 평양부 일반회계 세입출 예산의 건, 의제8호 1942년도 평양부 제1시가조성비 특별회계 세입출 예산의 건, 의제9호 1942년도 평양부 제2시가지 및 공장지구조성비 특별회계 세입출 예산의 건, 의제10호 1942년도 평양부 제1토지구획정리비 특별회계 세입출 예산의 건, 의제11호 1942년도 평양

	부 제2토지구획 정리비 특별회계 세입출 예산의 건, 의제12호 1942년도 평양부 제3토지구획정리비 특별회계 세입출 예산의 건, 의제13호 평양부 제1시가지조성비 계속비 설정의 건, 의제14호 평양부 수도확장공사비 계속비 변경의 건, 의제15호 평양부 수도확장공사비 추가기채의 건, 의제16호 평양부 제2시가도로공사비 기채의 건, 의제17호 1942년도 부세부가세 과율 결정의 건, 의제18호 1942년도 부세 부가세 과율 결정의 건, 의제18호 1942년도 평양부 호별세 부가세 부과액 결정의 건, 의제19호 평양부 시가지계획 특별세조례 설정의 건, 의제20호 평양부 시가지 계획 특별세 과율 결정의 건, 의제21호 평양부 오물소제 수수료조례 중 개정의 건, 의제22호 평양부 출장소 설치조례 중 개정의 건, 의제33호 지나사변으로 종군한 군인 및 군속에 대한 부세감면, 납세연기 등에 관한 조약 중 개정의 건, 의제24호 1941년도 평양부 일반회계 세입출 제6회 경정 예산의 건, 의제4호 평양부 도로수익자 부담금 부과의 건
문서번호(ID)	CJA0003708
철 명	평양부관계철
건 명	평양부제2시가도로공사비기채의건(회의록도면)
면 수	21
회의록시작페이지	140
회의록끝페이지	160
설 명 문	국가기록원소장 '평양부관계철'의 '평양부제2시가도로공사비기채의건(회의록도면)'에 수록된 1942년 3월 18일 개회 제92회 평양부회 회의록(제2일)

해 제

본 회의록(총 21면)은 국가기록원소장 '평양부관계철'의 '평양부제2시가도로공사비기채의건(회의록도면)'에 수록된 1942년 3월 18일 개회 제92회 평양부회 제2일차의 회의록이다. 본 회의록에서는 조선시가지령에 따른 시가지 조성에 대한 논의가 확인된다. 시가지 조성을 위한 자금 확보를 위한 수익자부담금, 국고보조 등에 대해 언급하였다. 한편 시가지 정리와 관련된 구획정리를 두고 지주들과의 이해관계 때문에 지주 측의 의견을 적극 수용할 수 있는 제도를 마련해야 한다는 하면서도 구획정리는 무조건 이루어져야 한다는 것으로 의견이 모아졌다.

내 용

(상략-편자)

의장(부윤) : 출석의원의 수 법정수에 도달하였으므로 부회를 속행하겠습니다. 의제7호 1942년도 평양부 일반회계 세입출 예산의 건을 상정합니다.

22번(橫田) : 2독회입니까?

('독회 생략'이라 말하는 자 있음)

39번(安城) : 제1독회 대신 위원회를 했던 것입니다. 제1독회를 건너뛰고 2독회, 3독회는 생략하여 확정 논의하고자 합니다. (중략-편자)

의장(부윤) : 이의 없으므로 독회를 생략합니다. 그럼 위원장의 보고를 원합니다.

39번(安城) : 위원회의 보고를 합니다. 위원회에서는 3일간에 걸쳐서 신중하게 심의를 하였던 결과, 41관의 접대비 1만 원을 1만 5,000원, 44관의 예비비 중 5,000원을 감액하는 것으로 수정하였습니다. 그 외 요망은 여러 가지가 있지만 원안을 찬성하는 것으로 결정하였습니다. 이에 보고 드립니다. (중략-편자)

3번(鄭) : 의제19호 내용의 설명을……

번외(내무과장) : 의제19호 평양부시가지계획 특별세조례에 대해서 간단하게 설명드립니다. 이는 시가지계획 사업의 집행에 필요로 하는 경비로서 조선시가지계획령에 의한 수익자 부담금, 혹은 국고보조,

혹은 일반 재원이라 하는 것으로 부족한 경우에 보전 재원의 일부로서 이 세금이 인정되게 되었던 것입니다. 우리 부로써 이 재원을 어떻게 사용한 것이라 하면 지금 하고 있는 시가도로공사 제2시가 도로공사비의 기채 상환의 재원으로 충당하고자 합니다. 그리하여 우리부에서 현재의 세금의 재원이라 하여 최고 16만 원까지 부과하는 것이 가능합니다. 아울러 1942년도는 상환 재원으로서 이를 필요로 하지 않으므로 3만 3,325원 만을 특별세에 의한 것으로 해도 좋을 것입니다.

3번(鄭) : 그러한 세금을 부담하는 자는 누구입니까?

번외(내무과장) : 평양부에 사는 지금 말했던 사람들에게 걷을 것입니다. (중략-편자)

36번(靑木) : 의제8호, 의제9호의 특별회계에 대한 제2시가지계획 내에 약 3만 평의 토지를 소작계약을 체결하는 것인데 어떠한 방법으로 연액(年額) 얼마로 계약하려고 하는 것입니까?

번외(토목과장) : 답변드립니다. 제1시가지조성지 및 공장지구 양쪽 다 토지조성령(土地造成令)이 있어서 그 기본으로 제한을 받고 있습니다. 따라서 종래의 지대(地代)를 답습하여 빌리고 있습니다. 그 내용을 말씀드리자면 제1시가지조성의 터가 평당 평균 20전 6리 4모(毛)였습니다. 대부 면적 6만 2,938평입니다. 그 외 특수의 대부까지 합계하면 1만 1,857평입니다. (중략-편자)

26번(靑木) : 이 토지의 계약에 대해서 부에서 4전, 4전으로 대부를 받아서 갑, 을, 병, 정, 무……제6번까지 권리의 전대(轉貸)되어진다라 하는 것을 들었는데 그러한 사실은 없습니까?

번외(토목과장) : 그러한 것은 들은 것이 없습니다.

26번(靑木) : 제가 듣는 바에 의하면 부에서 예를 들면 10전으로 계약하여 놓고서, 갑은 을에게 11전으로 전대하고, 을은 병에게 12전, 병은 정에게 13전, 이렇게 전전하여 1전 내지 5전까지의 권리금으로써 농경지나 터나 이것저것을 전대하고 있는 것은 사실입니다. 이는 농지령으로 보아도 소작권의 양도는 불법이라 생각합니다. 또 또한 부정(府政)으로 보아도 절대 금지하지 않으면 안된다고 생각하는데 현재 계속 계약 중이므로 저의 발언을 취입해서 절대로 이러한 일이 없도록 하기를 원합니다.

번외(토목과장) : 요컨대 지대(地代)의 관계에서 발생하는 것이라 생각하는데 지대는 통제령으로 통제될 이유가 없는 것입니다. 그래서 빌린 자로부터 또 빌렸다라 하는 것은 취급 방법이 별도로 있을 것이라 생각합니다. (중략-편자)

16번(金健永) : 토지매수비가 119만 2,229원인데 본 연도 다시 매수할 예정입니까? 혹은 종래 매수에 착수했던 것을 올해 정리하는 것입니까?

번외(토목과장) : 이 119만 2,222원[38]은 다시 실행 계획을 작성하여 진행하고자 합니다.

16번(金健永) : 토지를 매각할 예정은 4백만 원이라는 것인데 올해 매각하는 것입니까? 혹 올해 매각하지 않는다면 내년으로 이월합니까?

번외(토목과장) : 실제는 408만 4,000원이라는 매각 숫자의 가망은 없는 것입니다. 아무래도 1942년도에 다시 실행 예산을 작성하여 자문하려고 생각합니다.

16번(金健永) : 참고로 지금까지의 매각의 상태, 본 연도의 전망이 있

---

[38] 원문상 16번 의원과, 토목과장의 토지매수비가 차이가 있음, 회의록상 계속 119만 2,222원으로 나와 이 액수가 맞는 것으로 보임.

으면 설명하여 주시길 바랍니다.

번외(토목과장) : 매각의 상황을 말씀드립니다. 이미 가계약을 체결한 것은 3만 1,047평, 그 금액은 6만 2,417원입니다. 그리고 매각 계약으로 하지 않았지만 예정인 것은 5만 2,124평, 그 금액은 101만 3,500원, 매각 예정인 것이 1만 5천 평으로 이렇게 해서 29만 원으로 할 예정입니다. (중략-편자)

1번(金山) : 토지매수비는 작년의 설명으로는 이후에는 일절 토지매수를 보류하는 것으로 하였는데, 또 119만 원이나 매수하지 않으면 안 됩니까?

번외(토목과장) : 작년 어떠한 설명이 있었는지 알 수 없으나 중단할 이유는 없다고 생각합니다. 중에 흩어져 있는 토지가 있습니다. 지금 말씀드린 것처럼 실행 예산을 만들어도 일부는 매수하지 않으면 안된다고 생각합니다.

1번(金山) : 작년의 이야기는 매수는 보류하고 그 중에 흩어져 있는 것은 구획정리든지 매립을 하여서 그것에 필요한 비용을 지주로부터 취한다라고 하는 것이었습니다. 또 119만 원의 대금을 들여서 매수한다라 하는 것은 본래의 계획과 어긋나는데 꼭 사지 않으면 안 됩니까?

번외(토목과장) : 여기에 있는 용지매수비 119만 2,222원은 조금 전 말씀드린 것처럼 당초의 계속사업비 그대로 계상하였습니다. 이를 실시하는 것은 실행 예산을 작성하여 매각의 상황에 응해서 진행할 예정입니다. 요컨대 실행 예산으로 어쨌든 매수에 필요한 금액은 30만 원은 편성하지 않으면 안 된다고 생각합니다. 그것을 지금 말씀드린 것처럼 구획정리를 하려는 것은 아주 곤란을 수반할 것이라 생각합니다. 작년의 부회에서 그러한 설명을 하였다고 알고 있는데……

31번(桑谷) : 당상리(堂上里)의 토지는 전 부윤이 계상하였을 때에 우리가 극력 반대하였던 것인데 부회의 대다수는 천성하지 않았습니다. 이는 부(府)의 암(癌)입니다. 이는 역소(役所)에서 어쩔 수 없이 예산을 세웠던 것으로 장차 마땅히 그만두어야 할 것이다. (중략-편자)

12번(宋錫燦) : 토지구획정리시행에 이르러서 세(稅)의 부담 혹은 환지(換地)에 대해서 지주의 의견을 듣는 것 같은 제도는 없습니까?

번외(토목과장) : 지주의 의견이 있다면 언제라도 흔쾌히 삼가 듣고자 합니다.

12번(宋錫燦) : 저는 구획정리에 대해 아주 찬성을 하고 있는데 지주의 의견을 존중하여 일을 진행시키는 것이 가장 타당하다고 생각합니다. 그러한 의미에서 부담금의 부담이라든가 환지(換地)와 같은 것은 지주에게 이해관계가 큰 것입니다. 그런데 전연 지주의 의견을 듣지 않는다라 하는 것은 유감이라 생각합니다. 이후 지주조합 혹은 지주회 같은 것에 대해서 변경 전 의견을 듣는다라 하는 제도를 설치하였으면 합니다.

38번(原田) : 관련한 문제인데, 제1구획정리가 실행되기 전에 지주총대회가 있었습니다. 그것이 현재도 계속해서 있습니다. 그리하여 착수 전에 모여서 상담을 했는데 그것이 마지막입니다. 그런데 경성방면에 대해 들어보면 지구 내에 있는 토지의 대표를 모아서 여러 차례 환지(換地)의 문제, 도로의 문제에 대해서 이를 자문하여 어느 정도 지주의 의견을 청취하였다는 것입니다. 또 하나는 제1구획정리와 같은 것은 최초 결정했던 액수보다 상당히 추가됐습니다. 그것을 지주에게는 전혀 통지하지 않았습니다. 여기에 지주의 큰 불평이 있습니다. 12번과 같은 의견인데 아무튼 실행을 원합니다. (하략-편자)

10) 신의주부회 회의록

항 목	내 용
문 서 제 목	新義州府會 會議錄
회 의 일	19381104
의 장	村上耶己(부윤)
출 석 의 원	飯野正太郎(2번), 阿部繁男(3번), 李熙迪(5번), 趙尙鈺(6번), 奈郎井勘市(8번), 池田達夫(9번), 栩山嘉六(11번), 高有日(15번), 小川延吉(16번), 鄭元燮(17번), 李烔觀(19번), 中込精一(21번), 磯谷爲藏(22번), 野原藤次郎(25번)
결 석 의 원	金載汶(1번), 崔昌朝(4번), 柴田祐光(7번), 多田榮吉(12번), 臼井水城(14번), 金承鎭(18번), 岡本茂(20번), 加藤鐵治郎(23번), 神保信吉(27번)(10번, 13번, 24번, 26번 결원)
참 여 직 원	佐佐野靜衛(부속), 尼崎康一(부속), 金尙明(부속), 木村末一 (부기사), 福村萬太郎(부서기)
회 의 서 기	岡田政一(부서기), 柳定熙(부고원)
회 의 서 명 자 (검 수 자)	
의 안	의제26호 의안 와사공급사업비에 충당하기 위해 공채발행의 방법에 의한 기채의 건, 의제27호 신의주부 제5회 공채조례 설정의 건, 의제28호 1938년도 신의주부 세입출 추가예산의 건, 의제29호 1938년도 시행 도로개축공사에 대한 토지평수할 부과세액 결정의 건, 의제30호 1937년도 신의주부 공익질옥 특별회계 세입출 결산보고의 건
문서번호(ID)	CJA0003307
철 명	부일반경제결산서(평양진남포신의주원산함흥청진나진)
건 명	소화12년도신의주부세입출결산-평안북도(신의주부회회의록)
면 수	31
회의록시작페이지	959
회의록끝페이지	989
설 명 문	국가기록원소장 '부일반경제결산서(평양진남포신의주원산함흥청진나진)'의 '소화12년도신의주부세입출결산-평안북도(신의주부회회의록)'에 수록된 1938년 11월 4일 개회 신의주부회 회의록

해 제

본 회의록(총 31면)은 국가기록원소장 '부일반경제결산서(평양진남포신의주원산함흥청진나진)'의 '소화12년도신의주부세입출결산-평안북도(신의주부회회의록)'에 수록된 회의록이다. 와사공급사업을 위한 기채와 퇴직 관리에 대한 위로금, 시가지계획령에 의한 구획정리비 등에 대한 논의 내용이 확인된다.

내 용

(상략-편자)

의장(부윤) : 그럼 의제26호 의안 와사공급사업비에 충당하기 위해 공채발행의 방법에 의한 기채의 건을 상정합니다. (중략-편자)

번외(佐佐野 속) : 의안에 대해 개요를 말씀드립니다. 신의주부 와사공급사업비채 9만 9,000원을 공채발행의 방법에 의해서 힘써 저리로 차입하고자 합니다. 조선간이생명보험 적립금의 예입에 의한 예금부에 대해서 교섭 중인데 그쪽에서 이율 연 4분 4리로 인수의 통지를 받았던 것으로 신의주부 제5회 공채를 발행하고자 하는 것입니다. (중략-편자)

21번(中込精一) : 본 의안에 대해서는 별도로 질문이나 의견이 없는 것 같으므로 독회를 생략하고 바로 가결 확정할 것을 희망합니다.

('찬성, 찬성') (중략-편자)

의장(부윤) : 다음은 의제28호 신의주부 제5회 공채조례 설정의 건으로 옮깁니다. 본안을 상정합니다. 먼저 의안에 대해 번외가 낭독과 개요 설명을 하겠습니다. (중략-편자)

번외(佐佐野 속) : 간단하게 설명드립니다. 세입임시부 전년도 이월금
   으로 금 1천 원을 추가하였던 것은 일반세계 잉여금을 예정하여 계
   상하였던 것으로 이는 세출임시부 잡지출로 전 내무과장 이시베 후
   지오(石部藤男) 씨에 대해 재직 중의 공노에 부담하기 위해 특별위
   로금을 급여하고자 하는 것입니다. 양해하여 주시길 바랍니다.

25번(野原藤次郞) : 본안을 제안한 것은 진실로 시의 적절한 것이라
   생각합니다. 이에 대해서 지난 번 간담회의 때 특별위로금 증정의
   상황에 있는 것에 대해 각부(各府)의 상황을 일단 조사하여 두고자
   하였던 것인데 그 상황을 참고를 위해 듣고자 합니다.

번외(佐佐野 속) : 각부의 내무과장에 대한 특별위로금 증정의 실례를
   말씀드립니다. 각부의 내부과장 퇴직에 대한 특별위로금은 1개년
   평균 206원 75전입니다. 이시베 씨는 재직 4년 3개월이므로 평균액
   에 의해 계산하면 878원 67전입니다.

25번(野原藤次郞) : 각부의 상항은 판단되지만 그 중 가장 최고액과
   최저액은 어느 정도입니까?

번외(佐佐野 속) : 최고는 1개년 평균 857원, 최저는 42원으로 최고는
   경성부, 최저는 진남포부입니다.

17번(鄭元燮) : 그것은 퇴관(退官)의 때 만입니까?

번외(佐佐野 속) : 전·퇴직 전부를 합해서입니다.

('질문 없음, 질문 없음') (중략-편자)

25번(野原藤次郞) : 이시베군은 우리 부 재직 기간은 4년 3개월로 동
   군(同君)은 진실로 충실하여 근면정려(勤勉精勵)하여 실제로 우리
   부에서 힘썼던 공적은 실로 위대한 것을 통감하는 바로 가결 확정
   합시다.

의장(부윤) : 다음은 의제29호 의안으로 옮깁니다. 본 의안을 상정합

니다. (중략-편자)

번외(木村 기사) : 제가 대체의 설명을 하겠습니다. 1935년도 시행의 총평수는 3만 2,789평으로 부과총액은 3만 2,748원인데 그 중 비과세지를 제외한 실제 과세의 예상액은 2만 1,261원 31전입니다. 또 부과 단가는 간구할(間口割)[39] 1간당 5원(円) 41전(錢) 5리(厘) 8모(毛), 1등지 평수할 88전 8리 4모, 2등지 44전 3리 6모입니다. (중략-편자)

5번(李熙迪) : 최초 배부되었던 의안은 부과총액 2만 7,290원이었다가, 조금 전 건네진 의안에는 3만 2,748원으로 정정되어져 있는데 이는 다만 단순한 오산(誤算) 때문인지 또는 별도로 다른 사정이 발생한 것입니까?

번외(木村 기사) : 단순한 위산(違算)을 발견하여서 정정한 것입니다.

5번(李熙迪) : 그럼 총 공사비 10만 9,163원 15전의 3/10으로 잔액은 이미 국고보조금, 도보조금 기타의 방법으로 공사비는 지출한다고 하는 것인데 이는 때로 시기가 맞지 않았던 관계상 오해를 발생하기 쉽다라 생각합니다. 즉 올해부터 시행된 시가지계획령에 의한 구획정리비는 그 총경비가 지주부담으로 되어 있는데 1935년도에 시행되었던 본건에 대해서는 총공사비의 3/10으로 되어 있습니다. 같은 부내 거주자로 같은 토지소유자이면서 한편의 부담은 10할이고 한편의 부담은 3할이란 것은 아주 큰 불공한 것이 있는 것이나 장래의 부정시행상 어떠한 시행을 발생할 것은 없습니까?

번외(木村 기사) : 제가 답변드리겠습니다. 1935년도 시행되었던 공사비의 재원은 국고보조가 5할, 도보조가 1할, 지주부담이 2할, 부비

---

[39] 토지, 가옥의 정면의 폭.

부담이 2할로 이미 지출되었습니다.

부윤 : 제가 보충하여 답변합니다. 구획정리의 사업비에 대한 부담 비율은 균형을 잃는 것이라는 질문의 취지는 진실로 일단 지당한 의견이라 생각합니다. 앞서 시가지계획령은 새로 발생했던 것인데 그 신법령은 시가지의 창설, 개량을 하는데 필요한 교통, 보안, 경제 등에 관한 중요시설을 법적으로 근거했던 것으로 특별한 토지정리 방법이고, 그 시가지계획사업에 의해 현저한 이익을 받는 자에 대해 그 이익의 한도에서 비용의 전부 또는 일부를 부담하게 되어 있고 원래 공사는 지주 시행의 성질을 가지고 있어 토지평수할은 부윤이 시행하는 도로의 신설 또는 개축공사에 의한 수익자에 대한 부담으로서 그 점 시가지계획특별세와 토지평수할과는 성질을 달리하고 있는 결과인데, 그러므로 장래에 대해서는 가능한 한 양법의 균형 유지에 힘써 사업 진행상 원만하게 처리할 수 있도록 선처하려고 염두하고 있습니다.

17번(鄭元燮) : 이는 올해 내에 전부 징수하는 것입니까?

번외(木村 기사) : 올해부터 3개년 내에 징수한다면 연액 20원 미만의 토지평수할은 공사 준공의 날의 속하는 연도 즉 올해 전액 징수합니다.

19번(李炯觀) : 공사는 3개년의 계획인데 이 공사비의 징수도 역시 3개년입니까?

부윤 : 제가 답변 드리겠습니다. 이 부담금의 확정은 공사의 준공 연도부터 3개년 내로 분과(分課)하는 것으로 재정관계상 일단 기채 지불하였으므로 이 금액은 상환의 재원이 되는 것입니다.

21번(中込精一) : 앞서 토목과장의 설명에는 토지평수할의 부담은 총 공사비의 2할이라 하였던 것이 3할이 되었는데 이는 안전을 생각해서 3할이 된 것입니까?

부윤 : 실제의 지주부담은 2할인데 이는 비과세지를 포함한 총액입니다. 그러므로 비과세지분을 공제하면 실제의 과세는 2할 정도가 되는 것입니다.

19번(李炯觀) : 앞서 5번 의원이 질문했던 토지구획정리의 지주부담금보다도 이익 향유의 점에서 보자면 토지평수할의 쪽이 부담이 가중하고 내 생각에는 총공사비의 3할이나 평수할에서 계산해도 또 1평당 80전인데 간구 1평당 5원 47전이라 하는 가중한 부담을 겨우 3개년에 지불하다라 하면 지주의 부담금은 다소 부담이 크다고 생각합니다. 가능하면 납입의 기한을 10개년 정도로 연장할 방법은 없는 것인가, 간구할(間口割)로써도 3개년 25원의 수입이 없는 곳이 많습니다. 즉 현재 이용되고 있지 않은 곳이 많은 데 그것을 3개년 내로 징수하다라 하면 부담입니다.

부윤 : 19번 의원의 질문에 대하여 답변드립니다. 구획정리공사비보다 오히려 이쪽이 부담이 크다는 의견인데 이는 그 토지의 경제가치, 이용가치, 토지의 위치, 장래의 예상 등의 관계를 고려하면 부담이 많은 것이라는 말은 상당 의론의 여지가 있고, 균형을 잃고 있다고 판단하고 있는데 이 토지평수할조례는 각 부(府)의 조례를 참고하여서 그 중용(中庸)을 취한 것으로 각 부의 실정, 토지의 경제가치의 상승률 등에서 고려하여 이 정도의 부담금은 아주 가중한 부담은 아니고 또 3개년 분납으로 좋은 것은 아닌가라 생각하고 있습니다.

17번(鄭元燮) : 5번 의원, 19번 의원이 부담금 문제에 대해서 여러 의견이 있었는데 사업의 착수 연도에 이미 경비지출의 조건을 정하고 이미 예산을 사용한 후이므로 어떠한 의론이 없는 것이라 생각하므로 새삼 특별한 질문은 없는 것이라 생각합니다.

19번(李炯觀) : 어떻게라도 납입 기한을 연기하는 것은 가능하지 않은 것입니까?

부윤 : 지금 조례에는 3개년을 원칙으로 하고 있어서 그것을 연기하는 경우는 특별의 경우 즉 천재지변이라든가 하는 보통의 상태가 아닌 경우만을 승낙하고자 합니다.

('질문 없음, 질문 없음') (하략-편자)

11) 신의주부회 회의록(제3일)

항 목	내 용
문 서 제 목	新義州府會 會議錄(第3日)
회 의 일	19400321
의 장	竹本利作(부윤)
출 석 의 원	奈郞井勘市(1번), 池田達夫(2번), 鄭元燮(3번), 金善株(4번), 淸祐秀夫(5번), 白基肇(6번), 野原藤次郞(7번), 磯谷爲藏(10번), 峰山一郞(11번), 道城京一(12번), 裵道俊(13번), 栩山嘉六(14번), 中込精一(15번), 上田稔(16번), 蔡廷弼(17번), 阿部繁男(18번), 金益鎭(19번), 多田榮吉(20번), 桂淳(22번), 松村保治(25번), 板東格郞(26번), 金景瑞(29번), 高有日(30번)
결 석 의 원	李熙迪(8번), 柴田祐光(9번), 小川延吉(21번), 金永杰(23번), 神保信吉(24번), 趙尙鈺(27번), 李炯觀(28번)
참 여 직 원	小松茂太郞(부속), 首藤光(부속), 田宗順(부속), 木村末一 (부기사), 福村萬太郞(부서기), 下宮繁雄(부서기)
회 의 서 기	越智綠(속기자)
회 의 서 명 자 (검 수 자)	
의 안	의제6호 1940년도 신의주부 일반경제 세입출 예산 제1독회 계속
문 서 번 호 (I D)	CJA0003534
철 명	신의주부세입출예산철
건 명	신의주부소화15년도일반경제세입출예산보고에관한건(신의주부회의록)
면 수	38
회의록시작페이지	247
회의록끝페이지	284
설 명 문	국가기록원소장 '신의주부세입출예산철'의 '신의주부소화15년도일반경제세입출예산보고에관한건(신의주부회의록)'에 수록된 1940년 3월 21일 개회 신의주부회 회의록(제3일)

해 제

본 회의록(총 38면)은 국가기록원소장 '신의주부세입출예산철'의 '신의주부소화15년도일반경제세입출예산보고에관한건(신의주부회의록)'에 수록된 회의록이다. 일본 제일(祭日)에 따른 휴회 요청, 시장 세금 문제, 특히 방면위원의 활용 부분에 대한 활발한 논의가 확인된다.

내 용

의장(부윤) : 출석의원 22명. 어제에 계속하여 의제6호 의안의 독회를 합니다.

16번40)(上田稔 군) : 개회에 앞서 한마디 하고자 합니다. 본 일은 휴회를 하였으면 합니다. 그 이유는 어제 말씀드렸는데 듣지 않아서 열리게 된 것으로 오늘 말하게 된 것은 유감인데 오늘이 보통의 일요일이라면 부회의 상황에 따라서 우리가 철야를 해서라도 시국에 있으므로 모두의 뒤에 붙어서라도 참석해도 지장 없습니다. 그러나 오늘은 국가의 대제일(大祭日)으로 황송하게도 황령전(皇靈殿)에 천황 폐하, 황후 폐하께서 나오셔서 신식(神式) 천황이 비로소 봉해져서 역대 황령을 제사하는 날입니다. 또 한편에서 천지신지(天地神祇)를 제사하는 중대한 엄숙한 제전을 행하는 날입니다. 이는 국민으로서 우리 일본 건국의 정신을 존숭하여서 어디까지나 그 의미를 가지고 나는 멀리 폐하의 후방에서 우리 신민이 그 제전의 중대한 의미를 갖추지 않으면 안되는 날이라 생각합니다. 다만 일요일

---

40) 원본 15번 오기.

이라면 시국하에 있으므로 부회의 의론에 따라서 철야해도 허락하는데 오늘과 같은 국가의 대제전을 맞이하여서는 다른 방법이 있다라 생각합니다. 그래서 오늘은 휴회하기를 바라는 것으로 내가 원하는 것은 지금부터 평안신사(平安神社)에 모두 모여서 참배하고 무운(武運)의 장구와 전사자의 명복을 빌고 또 국가의 대제전을 축하하는 의미에서 일반에 따르는 것이 좋다고 생각하는데 하물며 부회직원인 공직자인 우리로서 국가의 대제전의 의미를 망각하는 행동을 취한다라 하는 것은 심히 유감이라 생각합니다. 이 점에서 부윤이 이를 헤아려 이 정신운동이 물자의 총동원과 더불어 국가 금일의 시국의 상 국민정신총동원의 상에서도 오늘 휴회로써 받들고자 합니다. 아직 말하고자 하는 것은 많이 있지만 현명한 부윤 혹은 의원 제군으로써도 내가 말하는 분위기를 충분히 이해했을 것이라 믿고 이 이상은 말하지 않겠습니다. (중략-편자)

의장(부윤) : 어제 본 21일이 제일(祭日)이라 하여 만장의 의견을 듣고 결정하고자 하므로 이 대답은 잠시 휴식한 후에 말씀드리겠습니다. (중략-편자)

의장(부윤) : 그럼 지금부터 계속합니다.

16번(上田稔 군) : 지금 저는 휴회를 희망한 것인데 필경 완고한 것인지도 모르겠으나 일본의 국사(國史)의 경전(經典)인 대국사를 읽었다면 나의 의론에 찬성하는 사람이 상당할 것이라 믿으므로 이와 같이 의론하고 있습니다. (중략-편자) 오늘은 부회를 가능한 한 빨리 끝내야 할 것을 희망하고 부회 의원 전체가 모여서 평안신사(平安神社)에 참배할 것을 희망합니다. (중략-편자)

20번(多田榮吉) : 이의 없지만 4시까지 하고서 신사에 참석합시다.

16번(上田稔 군) : 그렇다면 시간은 타다(多田) 씨의 의견도 있으므로 정신은 말했던 대로 다행히 찬성이라 생각하므로 재량하기를 원합니다.

의장(부윤) : 16번 의원의 서술했던 것은 의장으로서 심히 감사합니다. 지금은 시국이 시국이기 때문에 제일(祭日)도 불구하고 심의를 하는 것으로 어제 원했던 것이나 지금 16번 의원의 발언을 들음에 적당하다가 생각되어 크게 배워 적당한 시간에 끝내고 신사에 참배하여 의견을 존중하겠습니다. 또 지금 내가 이야기한 것을 각 의원에게 찬성을 원합니다.

('찬성, 찬성'의 소리 많음)

의장(부윤) : 그럼 세출 21관 의주통시장비(義州通市場費)를 원합니다.

29번(金景瑞) : 의주통시장은 지금 부의 재산의 비목(費目)을 봄에 평(坪) 30원으로 예전에 들었던 답에 의하면 1등지가 60전, 2등지가 40전의 사용료를 취하고 있다고 들었던 것으로 알고 있는 대로 의주통시장은 극히 영세한 자금으로 경영하고 있는 계급의 사람 뿐으로서 그런 사람들에게 60전이나 40전으로 현재 공공단체 이외의 개인의 소유로써도 평 60전이나 40전이라 하는 사용료는 그다지 듣고 있지 않습니다. 그런데 의주통시장의 설비는 광장에 지금 용마루 기와담(棟瓦塀)을 만들어서 거기에 의주통시장이라 쓰려고 하는 것으로 판단되는데 이에 대해 당국에서는 다소 이 지료(地料)를 인하해서 저 인위의 경영을 줄이고자 하는 의견은 없는 것인가 묻고자 합니다.

번외(小松 속) : 답변드립니다. 지금 29번 의원이 말씀하셨던 점에 대해서는 부 당국에서도 일단 연구하여 적당하게 고려하고자 생각하고 있습니다.

29번(金景瑞) : 이 문제는 작년인가 재작년인가 이이노 쇼타로(飯野正太郎) 씨도 나와 동감의 의미를 가지고 있어서 그 점도 마찬가지 답변이 있었다라고 생각하는데 현재도 역시 이 비율로 하고 있습니까?

번외(小松 속) : 현재도 어제 제가 말씀드렸던 비율에 의해서 징수하
고 있습니다. (중략-편자)

의장(부윤) : 이의가 없으므로 22관 사회사업비로 옮깁니다.

6번(白基肇군) : 사회사업비 중 방면위원(方面委員)이라 하는 것이 있
는데 방면위원의 교육과 그 활동 상황 아울러 지금까지의 실적에
대해서 설명을 원합니다. 내가 생각하는 것으로는 방면위원을 별도
로 두는 것보다는 지금은 이미 애국반(愛國班)이 조직되어 각 정동
(町洞)에서 각각 배치하고 있으므로 오히려 애국반원 혹은 애국반
장으로 그것을 사업을 담당시키는 것이 좋다고 생각하는데 그것에
대해 설명 부탁드립니다.

번외(小松 속) : 6번 의원에 대해 답변드립니다. 현재 방면위원은 16명
이로 그 방면위원의 활동은 모두가 기대하고 있는 활동은 그다지
있지 않은 상태로 심히 유감으로 견딜 수 없습니다. 특히 직업 보도
의 문제에 대해서는 본년 1월 20일까지 당부에서 경영하고 있었던
직업소개소에서 대부분의 보도를 하고 있었던 관계상 방면위원의
쪽에서는 극히 소수 직업 보도를 하였던 것에 지나지 않은 상태로
특히 설명한 정도의 활동을 하고 있는 현상입니다. 이에 대해서는
지금 이야기하셨던 대로 국민정신총동원의 관계도 있어서 잘 연구
하여서 방면위원을 다시 이 이상의 활동을 하도록 할 방법을 강구
하는 것에 대해서 다시 일단 노력을 하고자 하는 상태로 특히 바로
잡아서 활동하고 있는 것 같은 것은 현재 없습니다. 부디 이해하여
주시길 바랍니다.

6번(白基肇군) : 지금 번외의 설명에 의하면 방면위원을 설치하는 것
은 오직 종래의 예산 기술상에 두어서 예산 존치의 의미에서 말하
는 예산을 올린 것이라 듣고 있습니다. 이미 불필요를 나타낸 이상

1,300원이라도 부민의 부담인 이상 부의 재원을 소비한다라 하는 것은 심히 유감입니다. 설명대로 완전 불필요한 것이라면 그 예산에서 그것을 삭제하는 것이 어떻습니까? (중략-편자)

의장(부윤) : 그렇다면 본건은 결국 사람의 문제라 생각하므로 부윤으로서 이것의 활동에 대해서 충분 책임으로써 연구하는 것으로 하고자 합니다.

14번(栩山嘉六군) : 지금 방면위원의 문제에 대해 의론이 있는데 지나사변 발발 이래 각 정동(町洞) 내의 정신총동원역원 혹은 정총대(町總代)는 상당 부청의 원조를 하여 부청의 명령을 존중하고 있는데 부윤으로서는 혹 정총대에게 공적인 권리를 부여하고자 하는 의견은 없습니까?

의장(부윤) : 답변드립니다. 의견에 완전 동감하는데 내지의 정촌(町村)에 구장제(區長制)를 인정하고 시에서 인정하고 있지 않습니다.(3대 도시는 별도로 함) 조선에서도 읍면에 구장제를 인정하고 부에서는 인정하고 있지 않은 것인데 법령의 개정을 하는 외에는 방법이 없는 상당히 큰 문제입니다.

22번(桂淳군) : 지금 14번 의원으로부터 총대를 인정하여 상당 비용을 계상하자고 하는 의향인 것 같은데 이는 지방제도의 법령의 상에서 말하자면 부(府)의 하에 보조기관으로써 구장을 두게 되어져 있는 것은 없습니까?

의장(부윤) : 부의 하에는 구장을 둘 수 있게 되어져 있지 않습니다.

22번(桂淳군) : 그렇다면 총대는 명예직으로 수당을 지급하지 않게 되어 있는데 편의의 처치로서 필지묵(筆紙墨), 문구 대금 등을 약간 계상해도 괜찮을 것 같은데, 그러한 방법이라도 강구하여 지금 조금 효과적으로 운용되면 어떠한가 생각합니다. 지방과쪽에 들어보는 게 어떻습니까?

의장(부윤) : 그것은 지방과쪽에 들어보더라도 결국 제가 결정합니다. 생각하여 주십시오.

('웃음 소리 일어남') (하략-편자)

Ⅲ
읍회 회의록

1) 제56회 순천읍회 회의록(제1일)

항 목	내 용
문 서 제 목	第56回 順川邑會 會議錄(第1日)
회 의 일	19400328
의 장	立石友太郎(읍장)
출 석 의 원	金秉洙(1번), 金性信(2번), 谷哲之助(3번), 森谷米一(4번), 田中助四郎(5번), 溪京吉(6번), 宮城義成(7번), 宋正基(10번), 李榮春(11번), 梶谷晴次(13번)
결 석 의 원	徐廷昱(8번), 金相洙(9번), 近藤虎雄(12번)
참 여 직 원	朴漢郁(부읍장), 崔寅燮(읍서기), 寺西房次郎(읍기수), 李熙昌(읍서기), 李奉煥(읍서기), 趙榮烈(읍서기), 朴龍采(읍기수), 崔采榮(읍기수)
회 의 서 기	
회 의 서 명 자 (검 수 자)	
의 안	제16호 의안 1940년도 순천읍 세입출 예산의 건
문 서 번 호 (I D)	CJA0003505
철 명	읍면기채인가서
건 명	읍공익질옥경영비자금기채의건-순천읍(제56회순천읍회회의록)(도면첨부)
면 수	24
회의록시작페이지	421
회의록끝페이지	444
설 명 문	국가기록원소장 '읍면기채인가서'철의 '읍공익질옥경영비자금기채의건-순천읍(제56회순천읍회회의록)(도면첨부)'에 수록된 1940년 3월 28일 개회 제56회 순천읍회 회의록(제1일)

해 제

본 회의록(총 24면)은 국가기록원소장 '읍면기채인가서'철의 '읍공익질옥경영비자금기채의건-순천읍(제56회순천읍회회의록)(도면첨부)'에 수록된 제56회 순천읍회의 제1일차 회의록이다.[41] 1940년 순천의 세입출 예산과 관련하여 세출경상부 제1관~5관까지 논의한 내용이 확인된다. 읍사무소 수선문제, 구장의 대우, 토목비 중 하수와 가등과 가로수비, 위생비 중 격리병사, 공동 정호의 존폐 여부 등에 대해 논의하였다.

내 용

(상략-편자)

1번 : 의사에 앞서 동의를 제출합니다. 지나 파견군의 노고를 감사하고 아울러 전사병살장병에 대해 조의를 표하기 위해 지나 파견군 총사령관 니시오 도시조(西尾壽造) 각하 아울러 시정 30년 때마침 황기 2600년을 맞이하여 축의를 표하고 또 감사의 뜻을 표하기 위해 조선총독부 미나미 지로(南次郎) 각하께 본 읍회의 결의로 전보를 발신하고자 생각합니다. (중략-편자)

의장 : 그럼 지나파견군 총사령관 각하 및 남 조선총독 각하에 대해서 감사전보를 타전하는 것으로 하겠습니다. (중략-편자)

의장 : 예산의 설명은 일찍이 발송했던 설명서를 보셨을 것으로 생각하는데 또 지금 예산의 개요를 설명드린 대체를 이해하여 주셨을 것으로 생각하며 예산의 낭독과 설명은 생략하고 질문에 의해 설명하고자 생각하는데 어떻습니까?

(전원 '이의 없음') (중략-편자)

---

[41] CJA0015783 662~663(앞 2면만 있음), CJA0003505 598~621면에 중복 수록되어 있다.

의장 : 그럼 세출경상부 제1관 신사비(神社費) 제2관 회의비(會議費), 제3관 사무비 이상 3관까지 심의를 원합니다.

5번 : 신사비에서 신사 조영도 완성했는데 종래 예산만으로 제사에 필요로 하는 경비가 충분합니까?

읍장 : 신사의 제비(祭費)에 대해서 신사 자체의 경비 예산으로 지불하고 읍은 예제(例際)와 대제(大祭)에 대한 신찬(神饌) 폐백료(幣帛料)를 공진하고 있으므로 부족하지는 않습니다.

2번 : 제3관 사무비 제5항 수선비 100원 계상하고 있는데 읍사무소를 신축하면 필요없는 것 아닙니까?

읍장 : 청사를 신축하려고 하고 있지만 신축하기 전까지는 회계원이 수도계의 창구에서 금전수납을 하여 도난의 우려가 있으므로 금망(金網)의 설비비를 필요로 하여 그 경비만을 계상한 것입니다. (중략-편자)

6번 : 제3관 사무비의 중 서기, 고원, 기술기수의 정원은 몇 명입니까?

읍장 : 서기 정원은 12명이고 기술고원은 별도로 정원이 있지 않습니다. 서기는 정원규정의 내규에 의해 두고 있습니다.

10번 : 제3관 사무비 제3항 잡급 제7목 비용변상은 구장의 비용변상에 대해서는 지금 다소 증액하는 것이 어떻습니까? 구장은 읍면 행정의 보조기관으로서 중요한 임무로 활동하고 있음에도 불구하고 1원의 비용 변상은 심히 소액이라 생각합니다. 구장 대우에 대해서는 조금 우대하는 것이 어떻습니까?

읍장 : 지금 10번 의원이 말씀하신 것과 같이 구장의 노력에 대해 보상해야 되는 것이 적지 않은 감이 있지만 구장은 읍면제에 의해 명예직이므로 보수는 없고, 구장회의회(區長會議會)에 출석하는 경우의 비용을 변상하는 경비가 있어서 대저 그 당국의 방침에 따라 일

률로 정하여 그 방침이 개정되어지지 않는 한 증액 지급에 어려움이 있습니다. 물론 구장의 노고에 대해서는 충분 감사하고 있습니다. (중략-편자)

의장 : 그럼 다음으로 제4관 토목비, 제5관 위생비까지 심의를 하고자 합니다.

1번 : 토목비 제2항 하수비에 대해서는 본읍의 하수의 상황을 보면 불완전한 것이라 판단되고 특히 동외리 방면 하수는 여름이 되면 극히 불결하여 영향하는 바가 적지 않습니다. 지금 조금 완전한 하수구를 만드는 것은 어떻습니까?

읍장 : 본읍의 하수에 대해서는 물론 불결한 것이라 생각하여 속히 하수를 완전하게 하려고 계획하고 있는데 그 경비는 30만 원을 필요로 하므로 몇 해 전부터 국비, 도비의 보조를 요구하고 있는데 아직 보조를 받기에 이르지 못하였습니다. 조금이라도 근본적으로 하수를 완전하게 하려면 근소한 경비로는 도저히 완전한 하수의 시설은 불가능합니다. 여기에 450원을 계상한 것은 응급적 하수의 준설비로써 100미터 분을 계상하였습니다. (중략-편자)

6번 : 토목비의 제1항 제4목 가등비(街燈費)에 대해 말씀드립니다. 이 가등비에 대해서 다액의 경비를 올려놓았는데 때때로 소등된 것이 많은 것 같습니다. 읍에서 순시하는 것은 없습니까?

읍장 : 읍에서는 도로 감시원 및 수로 공부(工夫)가 1주간 2회 순시하여 파손되어진 것은 바로 전기회사에 통지하고 소등된 것은 전구를 교체하여 고장을 바로잡고 있는데 요즘 상시 관제의 상태에 있어서 소등되어진 것도 있습니다. (중략-편자)

3번 : 토목비 제1항 제3목 가로수비(街路樹費)는 수년 전부터 매년 식수(植樹)를 해오고 있는데 어디에 몇 그루를 하고 있습니까?

의장 : 순천 동천(東川)을 따라서 식수한 것은 상당 컸고, 기타 죽두봉 (竹頭峰) 공원 도로에 심고 있는데 그 보호에 대해서는 인근의 부락 민에게 의뢰하고 있으나 야간에 뽑아가는 자 또는 고식하는 것도 있어 심은 것 전부가 남아있지는 않은데 작년부터는 수령(樹令)으로 1장(丈) 이상의 것을 심어서 상당 성장 발육이 좋아 도난에도 걸리지 않는다고 생각합니다. 이후 충분한 감시를 더해 보호육성에 노력하고자 합니다. (중략-편자)

3번 : 본 읍은 전염병의 격리병사가 없다고 생각하는데 갑자기 전염병이 유행할 경우에는 어떻게 할 계획입니까?

읍장 : 전염병의 격리병사에 대해서는 법령에 기초하여 도지사의 명령에 따라서 공공단체는 당연 그 설치를 할 수 있으므로 우리 읍에서는 도립의원 및 안력산(安力山) 병원 등에 전염병실이 설비되어져 있어서 충분히 격리하여 수용할 수 있습니다. (중략-편자)

3번 : 위생비 제9항 공동정호비(共同井戶費)는 수도가 부설되어진 금일에도 필요한 것입니까?

읍장 : 공동정호는 수도가 없는 시골부락의 기설 정호의 수선비를 계상한 것으로 수도에 혜택을 받지 못하는 부락민의 보건위생상 토목비를 계상하였습니다.

3번 : 급수구역 중에 있는 정호는 폐지하는 것은 어떻습니까?

읍장 : 이상적으로는 정호를 없애고 상수도를 마신다라 하는 것인데 배수관 증설을 하지 않으면 안되는 곳도 있고, 또 한편으로 화재예방 기타의 필요한 정호를 그대로 존치하고 가능한 한 수도를 마실 수 있도록 노력하고자 생각하고 있습니다. (하략-편자)

2) 이리읍회 회의록

항 목	내 용
문 서 제 목	裡里邑會 會議錄
회 의 일	19420618
의 장	古川貞吉(읍장)
출 석 의 원	佐伯昇(2번), 五百藏直樹(3번), 大元郎民(4번), 常山遠(5번), 林田東夏(7번), 大山惠石(8번), 大木房男(9번), 安達保太郎(10번), 金田英一(11번), 江田佳繁(12번), 吉田松太郎(14번)
결 석 의 원	茂元秉錫(1번)
참 여 직 원	宇山義雄(부읍장), 西川正三(서기), 小原延一(서기), 木村與一(서기), 平山靑(서기), 山口契婆太郎(기수)
회 의 서 기	
회 의 서 명 자 (검 수 자)	古川貞吉(읍장), 安達保太郎(10번), 金田英一(11번)
의 안	제28호안 이리읍 특별호세규칙 중 일부 개정 결의 취소의 건, 제29호안 1942년도 이리읍 특별호세 각 납세의무자의 등급 결정의 건, 제30호안 1942년도 이리읍 세입출 추가경정 예산의 건, 제31호안 이리읍 도로수익자 부담금 징수규정 설정의 건, 제32호안 이리읍 특별세 토지평수할규칙 폐지의 건
문서번호(ID)	CJA0015975
철 명	규정인가관계(부읍면수익부담금)(각도)
건 명	도로수익자부담금징수규정설정의건(전북이리읍장)회의록
면 수	5
회의록시작페이지	890
회의록끝페이지	894
설 명 문	국가기록원소장 '규정인가관계(부읍면수익부담금)(각도)'의 '도로수익자부담금징수규정설정의건(전북이리읍장)회의록'에 수록된 1942년 6월 18일 개회 이리읍회 회의록

해 제

본 회의록(총 5면)은 국가기록원소장 '규정인가관계(부읍면수익부담금)(각도)'의 '도로수익자부담금징수규정설정의건(전북이리읍장)회의록'에 수록된 1942년 6월 18일 개회된 이리읍회의 회의록이다. 특별호세의 개정에 관해 주로 논의한 회의록이다. 위와 관련 구장(區長)의 대우 및 특별호세 개정 방향에 대하여 논의하고 있다.

특별호세는 1914년 부제실시 당시 일반 소득세 대신 매호마다 거두는 것으로 예산에 편입되었다가[42] 1920년 지방제도 개정에서 가옥세 부가세를 확장하는 것으로 하여 폐지되었다.[43] 1942년 읍면특별호세 이야기가 다시 나오게 된 것은 1941년 실시된 구회(區會) 실시와 관련된 것이었다. 구(區)를 지방행정의 말단기구로 활용하고, 그 대표인 구장을 전시체제 하 말단 행정을 현장에서 실현할 세력으로 편입하고자 하였다. 이들은 국민정신총동원연맹의 이사장으로도 임명되었다. 그렇다고 이들을 규칙적인 보수를 제공하는 관리로 채용한 것은 아니었으므로, 전시체제 하 지역에서 이들의 역할이 커지면서 일정 대우를 하지 않을 수 없었고 그 대안으로 제정된 것이 '읍면특별호세규칙'이었다. 이를 통해 구장에게 상여금이라는 명목으로 구장에게 보수를 지급하게 된 것이다. 즉 지역에 따라 규정에 다소 차이가 있을 수는 있으나 '읍면특별호세규칙'에 따라 1호(戶)에 대해 생활 정도 등을 참작하여 등급을 정하여 특별호세를 부과하고 구장에게는 담당 호수에 따라 일정 금액을 지급하는 것이었다.[44]

---

42) 「特別戶稅의 징수」, 『매일신보』 1914.9.16.

43) 「府制施規 改正要綱, 府稅範圍 확장, 特別戶稅 全廢, 총독부 내무국 矢島第2課長談」, 『매일신보』 1920.2.21.

이리읍회에서도 이와 관련 '읍면특별호세규칙' 중 일부 개정에 대해 논의를 하였던 것으로, 동 읍회의 경우를 보면 구장이 받는 상여금을 구장 측에서 주어진 상여금을 읍의 공공사업에 제공하기로 하였다고 읍당국에서 전달하였다. 이에 대한 의원 측 의견은 훌륭한 견해라는 동조의견과 함께 동조하지만 구장에 대한 보수가 일부 주어야 할 것이라는 것, 규칙 등급 결정 등에 대한 연구 필요, 도 당국의 의견 수렴 및 지방 실정에 따른 규칙 개정 등이 제안되었다. 의견이 분분한 것은 아니었지만 전시체제하 말단행정기구의 운영을 알 수 있게 해주는 논의로써 의의가 있고, 아직 연구가 많은 부분이 아닌 만큼 다른 지역의 논의사항과 함께 종합적으로 살펴볼 필요가 있을 것으로 생각된다.

내 용

(상략-편자)

읍장 읍회 개회를 선언함(오후 1시)

의장 : 지금부터 오늘의 회의를 열겠습니다. 결석의원 시게모토(茂元) 의원 1인으로 정족수 이상에 도달하였으므로 의사 진행의 전에 서명 의원의 결정을 바랍니다. 전례에 따라 순서에 해당하는 10번, 11번 양 의원에게 부탁드리면 어떻겠습니까?

('찬성'이라 하고, 계속해서 전원 '찬성, 찬성'이라 소리침)

오늘의 의안은 제28호 의안 외 4건인데 먼저 제28호안을 상정합니다.

(번외 서기(西川正三) 의안 낭독)

(읍장 이유 상세 설명함)

---

44) 「區長에 賞與金 邑面特別戶稅規則制定」, 『매일신보』 1942.4.2.

2번 의원(佐伯昇) : 그 용도에 대해 어떠한 방법을 채택할 것입니까? 결국 정내(町內)에 환원 되어지는 것입니까?

읍장 : 앞서 설명드렸던 대로 구장(區長)은 상여금을 받아서 그 상여금을 각자 임의로 처분하는 것 없이, 읍민의 부담을 조금 경감하여 읍민이 당연 부담하지 않으면 안 되는 공공사업의 비용으로 충당하는 것으로 의견 일치하여 그 지출은 그 시세에 따라 협의 결정하는 것으로 하고자 합니다.

7번(林田東夏) : 진실로 훌륭한 일이라 생각합니다.

8번(大山惠石) : 구장의 의견은 진실로 훌륭한 일인데 본 규칙은 요컨대 농촌부락을 기준으로 제정되어진 것으로 우리 읍과 같이 부에 가까운 도시에서 특히 종래 구장에 대한 보수는 전혀 부여되고 있지 않습니다. 구장이 완전 사회봉사의 견지에서 무보수로 헌신해오는 지방에서의 시행에는 상당 고려를 필요로 하고, 또 규칙에 의한 등급은 겨우 20등까지로 그치고 있어서 과율에 공평을 결여하고 있을 뿐만 아니라 극빈자에 대한 면제 방법도 다만 부조(扶助)를 받는 것만으로 한정한 것은 근본부터 연구를 필요로 한다고 인정되는데 이 점에 읍장의 의견은 어떻습니까?

읍장 : 완전 동의합니다. 또 도 당국에서도 유사의 의견은 다른 지방에도 있습니다. 또 혹 지방에서 종래부터 도리어 보수가 감소했다라고 하는 바도 있었으므로 등급 과율, 기타 특별호세로써 징수해야 할 규정의 존치 여부 등도 연구하여 상부에 보고하려고 합니다.

9번(大木房男) : 지금 8번 의원의 의견에 나도 동감합니다. 그러나 도 당국에서도 상당 연구 중이므로 상부의 의견을 존중하여 본 년도에는 그대로 시행하는 것에 동의하고, 그 대신 지방 실정에 적당하지 않은 것은 개정을 요구하는 바에 따라 개정하는 것으로 하여 찬성합니다.

읍장 : 조금 전 말씀드렸던 대로 도 당국에서도 상당 연구 중으로 시정되어질 것이라 생각합니다.

8번(大山惠石) : 의견은 충분히 이해되므로 원안에 찬성합니다.

(계속해서 전원 '찬성'이라 함)

의장 : 그렇다면 찬성을 얻었으므로 제28호안은 원안대로 가결하고 다음으로 제29호안을 제안합니다.

(번외서기(西川正三) 의안 낭독)

읍장 : 의안 사정안(査定案) 설명

10번 의원(安達保太郎) : 찬성

(전원 계속해서 '찬성, 찬성'이라 소리침)

의장 : 그럼 제29호안에 이의가 없으므로 원안대로 가결 확정하겠습니다. 다음은 제30호안을 상정하겠습니다. (중략·편자)

(번외서기(西川正三) 의안 낭독)

읍장 : 무언가 질문은 없습니까?

9번 의원(大木房男) : 하수비의 문제인데 우리 읍의 현관문인 영정(榮町)의 측구(側溝) 수선에 대해 정 측의 분을 우연히 만났는데 수선하고자 한다라 하는 의견이 나와 이미 계획 중으로 가능하다면 이 방면을 빨리 부탁드립니다.

읍장 : 저도 잘 알고 있습니다. 재정이 허락하는 한 시급을 요하는 부분부터 먼저 점차 수선하려고 연구합니다.

10번 의원(安達保太郎) : 올해의 측구수선비는 상당한 액수인데 청부를 시키면 어떻습니까?

읍장 : 알겠습니다. 가능한 유익한 방법으로 할 심산입니다.

9번 의원(大木房男) : 특별히 이의 없습니다.

(계속해서 전원 '이의 없다, 이의 없다'라 함)

의장 : 그럼 제30호안도 원안 가결하겠습니다.

　　다음의 제31호 안입니다.

(번외서기(西川正三) 의안 낭독)

8번(大山惠石) : 찬성

(전원 계속해서 '찬성, 찬성'이라 소리침)

의장 : 그럼 제31호안도 원안 가결하겠습니다.

　　다음의 제32호 안입니다.

(번외서기(西川正三) 의안 낭독)

3번 의원(五百藏直樹) : 이의 없습니다.

(전원 '이의 없다, 이의 없다'라 함)

의장 : 그럼 본안도 원안 가결하겠습니다. 여기서 의안 전부를 원안대
　　로 결정하고 오늘 회의를 마치겠습니다.

　　폐회를 선언함(시간 오후 2시 45분)

　　서명자 의장 읍장　카와 사다키치(古川 貞吉)

　　읍회 의원 10번　　아다치 야스타로우(安達保太郎)

3) 제1회 예산읍회 회의록

항 목	내 용
문 서 제 목	第1回 禮山邑會 會議錄
회 의 일	19401204
의 장	洪祐崇(읍장)
출 석 의 원	金澤柄球(1번), 大山恒弘(3번), 松原樂浩(4번), 藤丸友吉(6번), 宮本完宇(8번), 松岡鶴振(11번), 松本錫柱(12번)
결 석 의 원	桑原久治郎(2번), 西原藏平(5번), 平沼甲洙(7번), 千原載英(9번), 岩部榮(10번)
참 여 직 원	華井常吉(기수)
회 의 서 기	高木盛平(서기), 松岡原弘(서기), 新井敏和(서기), 富永敏慶(서기), 九木忠緒(서기), 清水實(서기)
회 의 서 명 자 (검 수 자)	洪祐崇(읍장), 金澤柄球(1번), 藤丸友吉(6번)
의 안	제1호 의안 예산면 면협희원 및 명예직 이원 비용 변상규칙 중 개정의 건, 제2호 의안 예산면 이원 급료규칙 중 개정의 건, 제3호 의안 예산면 여비규칙 중 개정의 건, 제4호 의안 예산면 제급여규칙 중 개정의 건, 제5호 의안 예산면 기본재산 설치 및 관리규칙 중 개정의 건, 제6호 의안 예산면 급여기금 설치 및 관리규칙 중 개정의 건, 제7호 의안 예산면 화장장 사용규칙 중 개정의 건, 제8호 의안 예산면 시장사용규칙 중 개정의 건, 제9호 의안 예산면 도장사용규칙 중 개정의 건, 제10호 의안 예산면 수피건조장사용규칙 중 개정의 건, 제11호 의안 예산면 수수료규칙 중 개정의 건, 제12호 의안 예산면 부가세규칙 중 개정의 건, 제13호 의안 예산면 특별세규칙 중 개정의 건, 제14호 의안 예산면 지나사변으로 종군한 군인 및 군속에 대한 면세의 감면, 납세 연기 등에 관한 규칙 중 개정의 건, 제15호 의안 예산면 공사의 청부, 물건의 매매, 대차 및 노력의 공급에 관한 규칙 중 개정의 건, 제16호 의안 예산면 농량의 대부 및 관리규칙 중 개정의 건, 제17호 의안 예산면 농종대부사업 특별회계규칙 중 개정의 건, 제18호 의안 예산면 농량의 재해준비적립금 설치 및 관리규칙 중 개정의 건, 제19호 의안 예산면 고원 용인규정 중 개정의 건, 제20호 의안 예산면 이원 신원보증규정 중 개정의 건, 제21호 의안 예산면 도로점용료 규정 중 개정의 건, 제22호 의안 예산면 임시가족수당지급규

	정 중 개정의 건, 제23호 의안 예산면 종축대부규정 중 개정의 건, 제24호 의안 1940년도 예산읍세입출 추가경정 예산의 건
문서번호(ID)	CJA0003819
철 명	읍면규칙개정보고철
건 명	읍의신설에따른읍규칙개정의건(충남)(제1회예산읍회회의록 첨부)
면 수	15
회의록시작페이지	52
회의록끝페이지	66
설 명 문	국가기록원소장 '읍면규칙개정보고철'의 '읍의신설에따른읍규 칙개정의건(충남)(제1회예산읍회회의록첨부)'에 수록된 1940년 12월 4일 개회 제1회 예산읍회 회의록

해 제

본 회의록(총 15면)은 국가기록원소장 '읍면규칙개정보고철'의 '읍의 신설에따른읍규칙개정의건(충남)(제1회예산읍회회의록첨부)'에 수록된 회의록이다.

내 용

개회(開會) 연월일 1940년 12월 4일

폐회(閉會) 연월일 1940년 12월 4일

회의의 장소 예산읍 회의실 (중략-편자)

읍장 : 지금부터 제1회 읍회를 개회합니다.

(읍장 의장석으로 나아옴) (중략-편자)

읍장 : 의사에 들어가기에 앞서 한 말씀 드리겠습니다.

중대 시국에 직면하여 천황의 건강과 황실의 번영을 기도하여 성업 완수를 기원함과 함께 본일 이에 제1회 읍회를 개최하게 된 것은 저의 가증 기쁨으로 하는 것입니다. 지금 세계는 새로운 질서를 건설하고자 하는 유사 이래 전환기를 맞이하여 우리 제국은 이 전환의 일대 추진력으로써 동아공영권(東亞共榮圈)을 확립하고자 이미 3년 유여 사변(事變)의 처리에 매진하고 있고, 독일, 이태리 또한 구주전쟁 전개된 이래 그 질서, 건설에 노력하고 있는 것인데 이 의향을 함께하는 일(日), 독(獨), 이(伊) 3국이 서로 제휴, 원조하여 현재 획책하고 있는 제3국의 여러 압박을 배제하여 나아가서 세계 각국으로써 각각 그 것을 얻고자 함은 이 즉 우리 조국(肇國)의 대 이상이 근대의 국제 조약으로 뚜렷이 나타났었던 것이라 삼가 받들어서 이를 이해하는 나라는 착착 동맹에 참가하고 있는 것입니다. 중국 국민 정부는 왕정위(王精衛) 씨 그 주석이 되어 바로 일화조약(日華條約)을 체결하여 민심을 편안하게 하였던 것은 일지(日支) 화평의 일대 단계에 도입하였던 것으로 일만(日萬)의 견실한 악수를 의미하는 것입니다.

그러나 모두 현재의 지나사변 또는 구주전쟁을 다투는 제3의 동정적 간섭 또는 책동은 혹은 마침내 세계 대분란을 야기하기에 이르러 헤아리기 어렵고 특히 우리 제국의 대동아공영권의 확립에 대해 적대 행위를 하는 나라가 있음은 가장 그 생각을 많게 하는 것입니다. 만일 불행히 현재의 상황이 더욱 일보 나아가는 경우는 남태평양을 기점으로 전 세계는 일대 대 혼란에 빠질 것을 예기하여 강렬한 일본 정신에 기조로 한 고도국방국가(高度國防國家) 건설의 완벽을 기하지 않으면 안 될 것이라 생각하는 것입니다.

이러한 중대 시국에 탄생한 본읍이 병참기지의 하나로써 담당의 역할을 부과받아 순조로운 성장을 가져온 것은 충분한 노력이 아니라면 용이하지 않은 것으로 우리 읍정(邑政)의 진전은 상의하달(上意下達), 하의상달(下意上達)으로써 관민일체가 되어 그 향하는 바를 하나로 함에 있는 것으로써 읍회를 설치하는 제도를 인정했던 것도 그 정신, 여기에 있는 것이라 믿는 것입니다. 바라건대 각위는 명예 있는 초대 읍회 의원으로써 현재의 정세에 비추어 대승적 견지에서 일치 협력하여 이후 한층 읍민의 복리증진과 함께 본읍의 발전 향상에 장차 또 읍의 기초 공작에 진력 원조할 것을 간절히 바라마지 않는 것입니다. 오늘의 의안은 면(面) 시대의 규칙, 규정을 읍의 규칙, 규정으로써 적합하게 하고자 일부 개정하는 것 외 본년 10월부터 저급 월급 생활자에게 임시 가족수당을 지급하게 되어 그 경비, 기타 어쩔 수 없는 경비 등 예산의 추가경정이 주요한 것으로써 내용 상세에 대해서는 심의의 때 별도로 설명하는 것으로 하겠으니 잘 심의의 후 원안에 찬성하여 주시기를 바랍니다. 간단하지만 이상 소회의 일단을 이야기하여 인사에 대신하고자 합니다.

의장 : 지금부터 의사에 들어가겠는데 호외 의안 결정까지는 종래의 면협의회 의석 번호를 인용하여 진행하는 것으로 하겠습니다.

4번 : 긴급동의가 있습니다. 우리 예산읍이 지난 11월 1일부터 읍제(邑制)를 실시하게 되었던 것은 당국의 높은 배려에 의한 것이므로 제1회 읍회 개최를 맞이하여 당국 관계관에게 감사의 전보를 보내고자 합니다.

의장 : 지금 4번 의원으로부터 긴급 동의가 있었는데 다른 의견은 없습니까?

6번 : 찬성입니다.

의장 : 달리 이의는 없는 것 같으므로 바로 확정에 들어가고자 하는데 이의 없습니까?

(전원 '이의 없다'라 소리침)

의장 : 당국 관계관 앞 타전하는 것에 찬성의 쪽은 거수를 바랍니다.

(거수자 전원)

의장 : 만장일치 찬성하였으므로 타전하는 것으로 결정하겠는데, 전문 작성 및 타전선(打電先)의 결정은 어떠한 방법에 의할까요?

4번 : 전문 작성 및 타전선 초안 위원을 의장이 3명 내지 4명 지명하는 것을 바랍니다.

의장 : 4번 의원의 동의의 대로 제가 지명해도 지장이 없을까요?

(전원 '이의 없다'라 소리침)

의장 : 특별히 이의 없는 것 같으므로 채결하는 것으로 하겠습니다. 제가 지명하는 것에 찬성하시는 분은 거수하여 주십시오.

(거수자 전원)

의장 : 만장일치 찬성하였으므로 제가 지명하는 것으로 합니다. 1번 의원 히라누마(平沼) 군, 4번 의원 후지마루(藤丸) 군, 이와베(岩部) 군, 12번 의원 금택병구(金澤柄球) 군 4인께 부탁드립니다.

(4인 모두 승낙)

의장 : 그럼 4인의 위원분이 바로 별석에서 합의 초안의 후 보고를 부탁드립니다.

(4인의 위원 별석에 집합의 후, 초안을 작성함)

후지마루 토모끼찌(藤丸友吉) 위원 : 위원을 대표하여 초안을 보고합니다.

전문(電文) 제1회 읍회의 의결에 의해 삼가 귀관(貴官)에 심심한 감사의 뜻을 표하고, 또 장래 지도를 부탁드림

예산읍회의장

타전선(打電先) 미나미(南) 조선총독, 오노(大野) 정무총감, 오오타케(大竹) 내무국장, 츠츠이(筒井) 지방과장, 카나가와(金川) 지사, 무로타(室田) 내무부장, 김(金) 참여관, 나카무라(中村) 지방과장

의장 : 후지마루 위원의 보고대로 타전해도 지장이 없겠습니까?

(전원 '찬성, 찬성'이라 소리침)

의장 : 그럼 보고 초안의 대로 확정하고자 하므로, 찬성하시는 분은 거수하여 주십시오.

(전원 거수)

의장 : 만장일치로 초안의 대로 결정하겠습니다.

(의장 참여원 다카끼 모리헤이(高木盛平)에게 타전을 명함)

1번 : 심히 번거롭겠으나 또 긴급동의가 있습니다. 회의제도를 인식하여 심의 정신을 신성하게 하기 위해 제1회 읍회인 본석에서 5개조의 경문(警文)을 봉독하고자 하는데 어떻습니까?

의장 : 지금 1번 의원의 동의에 동의 없습니까?

(전원 '이의 없다'라 소리침)

의장 : 전원 이의 없는 것 같으므로 5개조의 경문을 봉독하고자 하므로 전원 기립하여 주십시오.

(전원 기립)

(5개조의 경문 봉독)

의장 : 먼저 의장으로써 제안하였던 호외 의안을 부의하겠습니다.

의장 : 참여원으로써 낭독하겠습니다.

참여원(高木盛平) : 의장의 명에 따라 제가 낭독하겠습니다.

(번외 의안 전부를 낭독함)

의장 : 지금 점심이 왔으므로 1시간 휴식하고 오후 1시 반부터 다시

회의를 하겠습니다.

(시각 오후 0시 30분)

의장 : 오전에 계속하여 회의를 열겠습니다.

(시각 오후 1시 32분)

의장 : 시간의 사정상 설명을 생략하고자 하는데 이의 없습니까?

(전원 '이의 없다'라 소리침)

의장 : 전원 이의 없는 것 같으므로 설명을 생략하는 것으로 하겠으므로 질의 또는 의견이 있으면 해주십시오.

참여원(高木盛平) : 참고로 말씀드리겠는데 도회(道會)와 부회(府會)에서는 회의규칙을 설치하고 부의장을 두는 규정이 있는데 읍회는 이러한 규정은 없습니다. 아울러 의결기관인 이상은 회의의 질서를 지키는 선에서 본 규칙을 설치할 필요가 있다고 생각하여 안을 말들었던 것입니다. 고로 본 규칙은 감독관청의 인가를 필요로 하지 않음은 물론으로 부칙(附則)이므로 의결하면 본일부터 시행해야 하는 것입니다.

6번 : 본 규칙은 어디 읍회의 규칙을 모방한 것입니까?

참여원(高木盛平) : 본 규칙은 공주(公州) 읍회 및 장항(長項) 읍회의 규칙을 채택하여 일부를 취사한 것입니다.

4번 : 본 규칙 제44조에 의하면 방청을 허락하는 것으로 되어있는데 본 조문 이외에 비밀회의에 관한 조문을 설치할 필요가 있다고 생각합니다.

참여원(高木盛平) : 비밀회의의 경우에 대해 명문을 넣고 있지 않지만 제44조 제2항에 회의의 진행상 필요가 있을 때는 방청을 허락하지 않는 다는 것이 있으므로 필요에 따라서 어떠한 경우에나 읍회의 자

유로 가능하며 또 읍면제시행규칙(邑面制施行規則) 제36조 단서(단
서 낭독)에 의해 의장은 언제라도 금지하는 것이 가능한 것으로 이
러한 경우기 즉 비밀을 요하는 경우를 가리키는 것이라 생각됩니다.

4번 : 그러나 의장은 금지할 필요가 없다라 인정한 경우라도 의원의
발언상 금지할 필요가 있는 경우는 곤란이 없습니까?

참여원(高木盛平) : 그러한 경우는 긴급 동의에 의해 방청금지 방편을
신청하는 것이 가능하지 않을까요?

4번 : 그러나 규칙에 명문을 설치하여 둘 필요가 있다라 생각합니다.

의장 : 4번 의원의 동의에 대해 다른 의견은 없습니까?

(의견을 서술하는 자 없음)

의장 : 그럼 4번 의원 어떠한 조문을 어느 곳에 넣는 곳이 좋겠습니까?

4번 : ‘방청석 만원이 되었을 때’를 ‘의사공개를 불가하다라 인정될 때’
로 고치면 어떻습니까?

의장 : 지금 4번 의원의 의견에 이의 없습니까?

12번 : 이의 없습니까?

의장 : 달리 이의 없는 것 같으므로 채결에 들어가겠습니다. 제44조
제2항 중 4번 의원의 의사대로 정정하는 것에 찬성하시는 분은 거
수를 바랍니다.

(거수자 전원)

의장 : 전원 찬성하셨으므로 제44조 제2항 중 ‘방청석 만원이 되었을
때’를 ‘의사공개를 불가하다라 인정될 때’로 정정하겠습니다.

6번 : 다른 읍회규칙을 한번 열람하였는데 의장 또는 의원의 자기 또
는 가족 일신상에 관한 의사의 경우의 규정이 있는 것 같았는데 본
규칙에는 생략하고 있습니까?

참여원(高木盛平) : 의장 또는 의원의 자기 또는 가족 일신상에 관한

의사의 경우의 사항은 읍면제시행규칙 제34조에 규정하고 있으므로 별도로 설치할 필요가 없습니다. 다만 동조(同條) 단서에 의해 출석 발언을 구하는 경우에는 결정 방법에 대해 본 규칙 제9조로 규정하고 있습니다.

의장 : 다른 질문 및 의견이 없다면 채결에 들어가고자 생각하는데 이의 없습니까?

(전원 '이의 없다'라 소리침)

의장 : 달리 이의가 없는 것 같으므로 채결하겠습니다. 회의규칙은 앞서 일부 정정의 대로 원안에 찬성하시는 분은 거수하여 주시길 바랍니다.

(거수자 전원)

의장 : 만장일치 찬성으로 본 규칙은 원안의 대로 확정되었으므로 바로 지금부터 시행하겠습니다.

의장 : 오늘의 의사 일정을 보고드리겠습니다. 의결안 제1호부터 제24호까지 전부를 오늘 중으로 의결을 마치는 것으로 하겠습니다.

참여원(高木盛平) : 추첨 결과에 의해 의석 번호를 발표드립니다. (중략-편자)

의장 : 지금 발표하였던 의석 번호의 대로 자리를 교환하여 이후 의원 만기까지 사용하는 것으로 하겠습니다.

(전원 자리 교환함)

의장 : 회의규칙 제43조에 의해 회의록에 서명할 의원을 지명하겠습니다. 1번 의원 금택병구(金澤柄球) 군, 6번 의원 후지마루 토모끼찌(藤丸友吉) 군에게 부탁드리겠는데 지장 없습니까?

(1번, 6번 모두 승낙함)

의장 : 회의규칙에 의하면 의안의 의결은 3독회를 거쳐서 확정하는 것

으로 되어 있는데 시간의 형편상 오늘의 의사는 독회를 생략하고자
하는데 이의 없습니까?

(전원 '이의 없다'라 소리침)

의장 : 달리 이의 없는 것 같으므로 채결하겠으므로 독회 생략에 찬성
하는 분은 거수를 부탁드립니다.

(거수자 전원)

의장 : 전원 찬성하였으므로 독회를 생략하는 것으로 결정하여 제1호
내지 제3호 의안을 일괄 심의하겠습니다.

읍장 : 참여원이 의안 1호 내지 제3호를 낭독하여 성명하겠습니다.

(참여원 다카끼 모리헤이(高木盛平) 의제1호 내지 제3호를 낭독하고
설명함. 그 요항 다음과 같음)

제1호 본 규칙은 종래 면으로써의 규칙을 읍으로써의 규칙에 적합
하게 개정하는 외 면협의회원에 대한 출무(出務) 일당 1원 50전을
읍회의원의 책문 중대성과 경제 정세의 진전에 수반하여 읍회의원
의 일당은 2원으로 고치고, 또 읍회의원은 위원으로써 출무하는 경
우도 있으므로 이러한 경우에도 동액의 일당을 변상하는 것을 당연
하다라 생각하여 본안의 대로 개정하고자 하는 것입니다.

제2호 본 규칙도 면을 읍으로 고치는 정도의 것으로 부읍장이 새로
들어오게 된 것으로 조문의 일부 또는 별표를 개정하는 것으로 하
고자 합니다. 또 퇴직급여금의 산출에 있어서 종래 면이원이 계속
하여 읍이원이 된 자는 면이원 시대부터 재직 연수를 통산한다는
부칙 제2항을 설치할 예정입니다.

제3호 본 규칙도 면을 읍으로 고치는 정도의 개정으로 부읍장에 대
한 여비액을 다른 읍의 예를 모방하여 새로 설치하였을 뿐입니다.
제1조에 더하는 1항은 전년 3월 면협의회에 자문하였던 것인데 읍

제시행 후 규칙 전반적 개정과 함께 개정하려고 수속 보류 중이었는데 지금 함께 개정할 예정입니다.

참여원(高木盛平) : 이상 말씀하셨던 대로 시간의 형편상 극히 간단하게 설명하였지만 상세한 것은 질의에 따라 설명드리는 것으로 하겠습니다.

의장 : 지금 1호 내지 3호안에 대해서 질의 또는 의견이 있으면 부탁드립니다.

1번 : 제2호안 제3조 중에 최고 180원이라 되어 있는데 별표에는 160원 이하라 되어 있는 것은 어떠한 이유입니까?

참여원(高木盛平) : 별표는 원칙으로써의 범위를 표시한 것인데 제2조는 예외로써 특수한 경우의 최고 제한을 표시한 것입니다.

6번 : 별도로 질의나 의견이 없으므로 채결을 바랍니다.

의원 : 지금 5번 의원의 동의에 이의 없습니까?

(이의를 말하는 자 없음)

의장 : 이의 없는 것 같으므로 채결하겠습니다. 원안에 찬성하시는 분은 거수를 바랍니다.

(거수자 전원)

의장 : 전원 찬성하였으므로 의제1호 내지 3호는 원안의 대로 결정하겠습니다.

의장 : 다음은 설명 및 심의의 편리상 의제8호부터 제11호까지를 일괄 심의하는 것으로 하겠습니다.

(참여원 다카끼 모리헤이(高木盛平) 제8호부터 제11호까지 낭독함)

참여원(高木盛平) : 간단하게 설명을 드리겠습니다.

제8호 의안은 면을 읍으로 고치는 외는 전년 3월 일단 자문하여 두었던 안인데 이것도 읍제시행 후 전반적 개정 시기에 개정하고자 하는 군의 의견이 있었으므로 수속을 보류하였던 것으로 다시 제안하였던 것입니다. 다만 제1조에 더하고자 하는 1항은 이번의 신안(新案)인데 소에 대한 가축시장사용료 징수에서 만 2세 이상 또는 만 2세 미만을 구별하는 것은 상당 곤란으로 시간을 요하고 비상하게 불편을 느끼는 것이므로 이것의 구별의 편리를 도모하기 위해 비환(鼻環)의 유무로써 정하여 두고자 하는 것입니다.

제9호 의안은 면을 읍으로 고치는 외 종래의 규칙은 지금부터 10년 전의 설정 규칙으로 물가의 변동에 의해 그 후 경영비는 수배로 증가하였으므로 특히 최근 용인(庸人)도 임시 가족 수당을 지급하는 것으로 한 것은 도장(屠場) 경영의 재원 충당상 부득이 사용료의 증액을 하고자 하는 것입니다. 또 10년 전의 식육(食肉) 대금과 오늘날의 식육 대금을 비교하면 절대 많은 액수의 사용료라고는 할 수 없는 것이라 생각합니다.

제10호 의안도 제9호 의안 설명의 취지에 의해서 사용료를 약간 증가함과 함께 최근의 정세에 비추어서 돼지, 개의 가죽에 대해 적당한 사용료를 징수하도록 규정을 설치할 예정입니다.

제11호 의안은 다른 각읍의 실례를 모방하여서 수수료액을 종전의 배액으로 올릴 예정입니다.

의장 : 의안 제8호부터 제11호까지에 대해서 질의 또는 의견이 있으면 부탁드립니다.

6번 : 지금 설명에 의해서 상세하게 이해하였는데 호적의 수수료는 증액하지 않는 것입니까?

참여원(高木盛平) : 호적수수료에 대해서는 부령(府令)으로써 별도로 규정되어 있어서 읍면규칙으로써는 증액이 가능하지 않습니다.

7번 : 제8호 의안 중 '매시일(每市日)'을 '1일'로 고치는 것은 어떠한 의미가 있었던 것입니까?

참여원(高木盛平) : 장날마다라 하면 일정의 개시일 즉 예산시장이면 5, 10의 일을 지정하는 것인데 1일이라 하면 어디에나 통용할 수 있어서 요컨대 시일 이외의 날에도 시장을 사용하고자 하는 경우는 사용료를 징수하고자 하는 것입니다.

10번 : 의안 제8호부터 제11호까지는 원안에 찬성합니다.

의장 : 외에 찬성 또는 의견이 없으므로 채결하고자 하는데 이의 없습니까?

(전원 '이의 없다'라 소리침)

의장 : 그럼 원안에 찬성하시는 분은 거수하여 주십시오.

(거수자 전원)

의장 : 전원 찬성하였으므로 의제 8호부터 제11호까지는 원안의 대로 결정하겠습니다.

의장 : 다음은 의제 4, 5, 6, 7, 12, 13, 14, 15, 16, 17, 18호를 일괄 심의하겠습니다. (중략-편자)

참여원(高木盛平) : 의제 4호 내지 7호 및 12호 내지 18호는 모두 면을 읍으로 변경하는 정도의 자구 개정뿐인데 다만 제16호 의안 중 그렇지 않은 개정안이 일부 있습니다. 현재의 농량대부(農糧貸付) 및 관리규칙에는 진흥회(振興會) 농사부원 혹은 공려(共勵) 조합원, 공립보통학교 지도생 또는 면장에서 적당하다라 인정되는 자에게 농량을 대부한다라고 규정 되어져 있는데 현재에 진흥회라든가 공려조합은 해소되어져 있고, 또 공립보통학교가 심상소학교로 변경되어져 있을 뿐만 아니라 어쨌든 결국 읍장이 적당하다라 인정되는 자에게 대부하는 것에는 서로 다름없다는 것이므로 이러한 사실상 필요없는 자구는 생략하고자 하는 것입니다. 또 해당 대부자 결정은

면 농촌진흥연구회(農村振興硏究會)에 자문하는 것으로 되어 있는데 신체제 운동의 실천을 맞이하여 다사다단(多事多端)의 때인 만큼 이러한 효과적이지 않은 수단은 이를 생략하는 것으로 본 규정을 삭제하고자 합니다. 설명을 요하는 것은 다만 이상 이야기했던 것 뿐입니다.

의장 : 질의 또는 의견이 있으시면 부탁드립니다.

(전원 '원안에 찬성한다'는 취지를 이야기함)

의장 : 전원 원안에 찬성하였으므로 별도로 채결의 수속을 반복하지 않고 원안의 대로 채결하겠습니다.

의장 : 이번은 의제 19호부터 제23호까지를 일괄 심의하겠습니다. (중략-편자)

참여원(高木盛平) : 제19호는 면을 읍으로 고치는 정도의 외 본 규정 준용의 고원(雇員)의 종류가 한정되어 불편을 느끼는 경우가 있으므로 융통성을 갖도록 '이에 준하는 자'라 하는 자구를 더하고 또 고원, 용인(庸人)의 증급기(增給期) 및 그 연한을 이원의 급여 내규에 순응하여 연한을 단축함과 함께 증급기를 연 4기로 개정하고자 합니다.

제20호 및 제21호는 설명을 생략하겠습니다.

22호는 면을 읍으로 고치는 외 여러 청에 근무하여 여러 청에서 급료 또는 수당을 받는 자에 대해 국비에서는 지급 관청의 여하를 불문하고 결국 그 부담은 국고로 귀일하므로 협의를 필요로 하지 않으나 읍은 경제에 힘쓰고자 하는 단체와 공동 지급을 요하는 경우가 있으므로 이러한 경우에는 지급 방법을 협의에 의한다고 제2조에 단서를 더하고자 하는 것입니다.

제23조는 면을 읍으로 고치는 외 상당 개정안이 있습니다. 대개 종

전 규정의 불만스러운 점을 보충하는 정도로 특별히 새로운 것은 없는데 제22조에는 대부료 납부 기일 후 대부에 관계한 것의 대부료 납기가 없으므로 대부의 때 납부시킨다는 자구를 더하는 것입니다. 또 종모우(種牡牛)의 대부료는 연령에 의해 일정하고 있지만 소의 이용 가치는 반드시 소의 연령에 의한 것이 아니라 경우에 따라서는 연령에 반비례 하는 것이 있으므로 그 우열을 짐작한다는 1항을 더하고자 합니다.

제23조에는 송아지의 대부 기간을 수컷은 2년, 암컷은 1년 6개월로 하고 있는데 사실에 있어서 성육기간은 암컷이 긴 것이므로 2년 6개월로 고치고자 합니다. 또 기간 만료한 때는 그 가격의 반액을 교부하도록 하고 있는데 경우에 따라서는 원가에 미치지 못하는 경우도 없지 않으므로 원가 공제 제도의 단서를 더하고 기간 만료 전 반납 또는 반환을 명하는 경우의 조치 방법이 없으므로 그 방법으로써 1항을 더하고자 합니다. 제25조에는 대부 돼지의 성장에 의해 종부 두수 또는 대부 기간이 상이함을 타당하다라 하여 대부자의 부득이 한 사정에 의해 전대하는 경우는 그 두수 및 기간은 전후 통산한다고 2항을 더하는 것입니다. 제28조는 전문 개정으로 종돈 반납 또는 반환을 명한 경우의 조치 방법을 명시하고 이는 종계(種鷄)에도 준용한다라고 제33조를 새로 설치했던 것입니다.

1번 : 의사 사항은 아닌데 지금 회의규칙에 정해진 폐회 시각이 있습니까? 또 계속하여 심의를 진행합니까?

(시간 오후 4시)

의장 : 심히 죄송하지만 계속하여 심의를 부탁드립니다. 지금의 의사에 대해 질의 또는 의견을 부탁드립니다.

6번 : 제19호 의안에 대해서인데 급료액과 증급기간과의 관계는 어떠한 것입니까?

참여원(高木盛平) : 원칙적으로 정비례하고 있습니다. 물론 단체 또는 신분 변동이 있는 경우는 별도의 문제입니다.

1번 : 고원 및 용인 급료에 최고 제한은 없습니까?

참여원(高木盛平) : 있습니다. 고원은 월액 60원, 용인은 일액 1원 50전 까지입니다.

6번 : 고원은 월급으로 하고 용인은 일액으로 하여 급여하고 있습니까?

참여원(高木盛平) : 원칙적으로는 그렇습니다. 그러나 고원 중에서도 임시의 경우는 일급으로 하고, 용인 중에서도 간수 등은 월액으로 하고 있어 특수한 경우가 있습니다.

6번 : 임시 가족수당 지급에 있어서 동일 호적 내에 있는 자라도 실제 동거하지 않은 경우는 어떻습니까?

참여원(高木盛平) : 동거하지 않는 경우는 지급하는 것이 가능하지 않습니다. 그러나 숙소를 별도로 하고 있으나 사실 생계상 경제를 같이 하여 부양하고 있는 자는 동거라 간주합니다.

7번 : 의제19호부터 제23호까지 일괄 원안에 찬성합니다.

의장 : 지금 7번 의원의 동의에 대해 이의 없습니까?

(전원 '이의 없다'라 소리침)

의장 : 전원 찬성하는 것 같으므로 원안의 대로 결정합니다.

의장 : 다음은 나머지인 제24호 의안은 상당 시간이 걸리는 것이므로 10분간 휴식을 하겠습니다.

(시간 오후 4시 10분)

의장 : 계속하여 의사를 개회 하겠습니다.

(시간 오후 4시 20분)

의장 : 제24호 의안을 심의하겠는데 시간의 형편상 낭독을 생략하고 간단하게 요점만 설명드리고자 하는데 이의 없습니까?

(전원 '이의 없다'라 소리침)

의장 : 그럼 간단하게 설명을 드리겠습니다.

(참여원 다카끼 모리헤이(高木盛平) 제24호 의안의 설명을 함. 그 요령 별지 설명서와 같음)

의장 : 제24호 의안 세입세출 모두 일괄하여 질의 또는 의견을 바랍니다.

6번 : 임시 가족수당에 대해 세출 제3관 제3항 잡급에는 636원 계상하고, 세입에는 도보조 800원을 계상하고 있는데 지출액 이상을 보조받는 것입니까?

참여원(高木盛平) : 636원은 사무비에 속하는 분 만이므로 위생비, 농촌진흥시설비, 권업비 및 사회사업비에 속하는 분을 포함하는 1년 162원에 달하므로 지출예산에 3,872원 적은 것입니다.

1번 : 접대비로써 계상할 수 있는 최고액은 어느 정도입니까?

참여원(高木盛平) : 6백 원 정도입니다.

1번 : 그럼 접대비 630원을 계상한 것은 제한 초과가 되는 것 아닙니까?

참여원(高木盛平) : 30원은 농촌진흥위원회 접대비이므로 제한액과 별도입니다.

7번 : 세입 제9관 중 토지매각대 1만 897원은 매각 실적액입니까?

참여원(高木盛平) : 현재 매각 착수 중으로 실적은 아닌데 실적으로 보아도 걱정 없을 것입니다.

6번 : 우리 의원에 대해서는 일당 1원 50전 내지 2원의 비용 변상을 지급하고 또 회식 등 접대를 하는 것은 읍의 재정상 지장은 없는가 생각합니다. 의원은 원래 명예직이므로 물질적 대우가 필요 없으므로 이후 이러한 배려는 피하는 것이 어떻습니까?

읍장 : 6번 의원도 말씀하셨지만 식사를 각자 하는 것은 시간상 번거
로워 불리하여서 하는 것이고 출무 당일에 한하지 않고 항상 읍정
에 매진하여 높은 배려로 힘쓰시고 있으므로 당국으로써는 약간의
접대를 하는 것은 당연합니다. 또 사정이 항상 있을 뿐만 아니라 의
원 각위에 대한 일당과 접대비 정도로는 읍정에 영향을 미치지 않
으므로 양해하여 주시길 바랍니다. (중략·편자)

6번 : 세출 예산을 보면 읍이 되었으므로 읍장 1인만은 상당 대우하고
있지만 다른 이원은 어떠한 대우책을 강구하고 있지 않은 것은 같
은데 다른 경비를 일부 융통해서라도 다소라도 증급하는 방책은 없
습니까?

읍장 : 말씀은 알겠는데 현재 있는 읍이원은 신규 채용했던 자부터 면
이원부터 계속하여 읍이원이 된 자도 있으므로 임시 증급을 할 근
거 규정이 없고 또 다른 읍에서도 별도로 설치된 이러한 예가 없습
니다. 또 이 문제에 대해서는 일찍이 감독 당국과 상담도 했는데 전
에 말씀드렸던 것이나 아직 실현이 가능하지 않았던 것입니다. (하
략·편자)

4) 제32회 선천읍회 회의록

항 목	내 용
문 서 제 목	第32回 宣川邑會 會議錄
회 의 일	19390916
의 장	金鶴奎(읍장)
출 석 의 원	李贊弘(1번), 佐佐木光藏(2번), 金治恒(3번), 盧德商(4번), 岸本吉尾(5번), 李泳贊(6번), 吳震泰(7번), 高益守(8번), 吳鉉琦(9번), 日沖政之助(10번), 桂成日(11번)
결 석 의 원	金基輔(12번)
참 여 직 원	佐佐木直己(부읍장), 金聖均(서기), 品川喜一(서기), 藤村教義(서기), 李寅碩(서기), 姜敬湜(서기), 甲斐林(기수)
회 의 서 기	
회 의 서 명 자 (검 수 자)	金鶴奎(읍장), 盧德商(4번), 金治恒(3번)
의 안	제1호 의안 선천읍 특별세규칙 중 개정의 건, 제2호 의안 선천읍 경방단 편성의 건, 제3호 의안 1939년도 선천읍 세입출 추가경정 예산의 건(제4회), 제4호 의안 선천읍 상수도 양수설비 변경의 건, 제5호 의안 선천읍 상수도 양수설비 변경비 기채의 건, 제6호 의안 1938년도 선천읍 세입출 결산 보고의 건, 제7호 의안 선천읍 도로점용료 징수규정 제정의 건, 제8호 의안 선천읍 경방단 급여에 관한 건
문서번호(ID)	CJA0003433
철 명	읍면기채인가서
건 명	선천읍상수도양수설비변경비기채의건-평안북도(회의록첨부)
면 수	12
회의록시작페이지	785
회의록끝페이지	796
설 명 문	국가기록원소장 '읍면기채인가서'의 '선천읍상수도양수설비변경비기채의건-평안북도(회의록첨부)'에 수록된 1939년 9월 16일 개회 제32회 선천읍회 회의록

해 제

본 회의록(총 12면)은 국가기록원소장 '읍면기채인가서'의 '선천읍상
수도양수설비변경비기채의건-평안북도(회의록첨부)'에 수록된 1939년
9월 16일 개회 제32회 선천읍회의 회의록이다. 연료의 통제에 따른 즐
통(喞筒)의 교체에 대해 상세히 논의하고 있다. 전시체제기 경방단 조
직, 편성에 대한 내용도 확인 가능하다.

내 용

1939년 9월 16일 오전 9시 55분 선천읍사무소 회의실 개회 (중략-편자)
의장 : 출석의원이 정족수에 도달하였으므로 오늘의 회의를 하겠습니다.
   의사를 열기에 앞서서 정례의 행사를 하고자 합니다.
   일동 기립 국기에 대한 경례
   궁성요배 일동 차렷, 경례
의장 : 황군의 무운장구(武運長久) 기원 및 전몰 장병의 영령(英靈)에
   일동 묵념
의장 : 황국신민의 서사를 일동 제송(齊誦)합니다.
(일동 제송) (중략-편자)
의장 : 각 의원들께서 바쁘신 와중에 참석하여 주신 것은 본직으로써
   감사드립니다.
   오늘 상정할 의안은 선천읍 특별세규칙 중 개정의 건 외 7건인데
   거의 시구에 관련하여 필요에 압박이 있어서 상정하였던 것인데 충
   분 심의의 후 협찬하여 주실 것을 간절히 바랍니다. 이상 간단하게
   인사드립니다.

의장 : 오늘은 경성에서 대일본청년단 제15회 대회 및 일만지청년교환회(日滿支靑年交驩會)가 개최되어졌는데 이에 대해 축전을 발신하면 어떻습니까?

6번 의원 이영찬(李泳贊) 군 : 찬성합니다.

의장 : 전문안을 다음과 같이 하면 어떻습니까?

(일만지청년교환회의 성회를 축하함. 선천읍회)

(일동 '이의 없다'라 함)

의장 : 읍사무검사위원을 읍회에서 선거하지 않으면 안 되므로 선거를 부탁드립니다.

(번외 서기 시마쟈끼 노리요시(藤村敎義) 선거용지를 배부함) (중략 편자)

의사(議事)

의장 : 지금부터 제32회 선천읍회의 의사로 들어갑니다. 제1호 의안 선천읍 특별세규칙 중 개정의 건을 상정합니다.

(번외 부읍장 사사끼 나오미(佐佐木直已) 군 의안을 낭독하고 설명)

전주세(電柱稅)는 종래 연세(年稅) 1원씩 부과하였는데 근래 인구의 격증과 제 물가의 폭등에 의해 지가(地價)가 등승(騰昇)하여 전주 1본에 대해 연세 2원으로 개정 부과하고자 하는 것입니다. 그리고 전주세 부과에 대해서는 읍은 최고 한도 2원까지 인정하고 있습니다. 엽총세(獵銃稅)는 1932년 5월 규칙 개정에 의해 이후 엽총 1정에 대해 연세 3원씩 부과하고 있는데 당시와 현재와는 사회 정세가 달리 오히려 총기의 소지 사용을 조장하는 시기로써 본세는 이제 폐지하고자 하는 것입니다.

다음으로 조흥세(助興稅)는 종래 부과율이 균형을 잃고 또 세액의 산출이 복잡하였던 것을 개정하고자 하는 것입니다.

3번 의원 김치항(金治恒) 군 : 전주세는 전기회사에 교섭하여 시가등(市街燈)의 요금과 상쇄하는 것이 어떻습니까?

번외 부읍장 사사끼 나오미(佐佐木直己) 군 : 본건은 전에 신의주부에서 실행하고자 하였는데 형편에 의해 변경하기로 한 것으로 듣고 있습니다. 상쇄라 하는 것은 타당하지 않다고 믿습니다.

2번 의원 사사끼 코우죠우(佐佐木光藏) 군 : 흥행세(興行稅)는 신의주부에서는 최고 입장료의 5인부, 정주읍에서는 동 3인분을 징수하고 있는 것 같은데 우리 읍에서는 4인분이 지당하다고 인정되는데 고려를 원합니다.

번외 부읍장 사사끼 나오미(佐佐木直己) 군 : 과거에 실례를 들어서 설명하겠습니다.

선천읍은 점차 발전을 예약하고 있어서 세액의 체감(遞減)은 쉬운 것이지만 증수는 상당히 용이하지 않은 일입니다. 또 정주읍과 같은 것은 참고로 하기에 충분하지 않다고 생각합니다. 따라서 신의주와 동률로 하고자 생각합니다.

6번 의원 이영찬(李泳贊) 군 : 원안에 찬성합니다.

(외에 '찬성'이라 하는 자 있음)

의장 : 원안에 찬성하는 분은 기립하여 주십시오.

(일동 기립)

의장 : 제1호 의안은 원안의 대로 만장일치로 가결합니다.

의장 : 제2호 의안 선천읍 경방단(警防團) 편성의 건을 상정합니다.

(번외 부읍장 사사끼 나오미(佐佐木直己) 군 의안을 낭독하고 설명)

아시는 대로 종래의 소방조(消防組) 및 방호단(防護團)을 해산하여 경방단을 조직하여 10월 1일부터 이를 실시하는 것으로 하였는데 이 설치 방편에 관해 도지사에게 신청할 필요가 있어서 상정했던 것입니다. 경방단의 정원은 인구 100인에 대한 1인의 비율로 편성하도록 그 당국의 지시가 있었으므로 표의 표시한 대로하고자 합니다.

5번 의원 키시모토 요시오(岸本吉尾) 군 : 본건은 상부에서의 시달에 의해서 실시하는 것이므로 이의 없습니다.

(일동 '찬성'이라 함)

의장 : 제2호 의안의 표결로 옮깁니다. 찬성하시는 분은 기립하여 주십시오.

(일동 기립)

의장 : 제2호 의안은 원안의 대로 만장일치로 가결하겠습니다.

의장 : 제3호 의안 1939년도 선천읍 세입출 추가경정 예산의 건을 부의하겠습니다.

(번외 부읍장 사사끼 나오미(佐佐木直己) 군 의안을 낭독하고 설명)

10월 1일부터 시행하는 선천읍 경방단의 조직에 수반하여 종래의 소방조 및 경방단을 해산하기 위해 소요 인원 및 경비에 이동이 발생함에 따른 것으로써 재원의 관계상 등에서 예산의 추가경정을 필요로 하기에 이르렀던 것입니다.

6번 의원 이영찬(李泳贊) 군 : 세입 중 경비비 지정 기부금으로써 일반 유지로부터 기부를 받는 것은 때가 때인 만큼 어려울 것이라 생각합니다. 오히려 이러한 경우에는 예비비를 지출한다면 어떻습니까?

번외 부읍장 사사끼 나오미(佐佐木直己) 군 : 요즘 기부금 모집이 여러 차례 있어서 특히 송구스럽지만 경방단은 이번 새롭게 조직하는 것으로 선천읍 경방을 주안으로 하는 것이므로 이때 유지로부터 기부를 받는 것은 어떠한 지장이 없을 것이라 생각합니다. 특히 와사관(瓦斯管)의 배급이 충분하지 않으므로 전용전의 부설이 가능하지 않고 기타 시국의 영향을 받아 예산 중 일반 세입이 감소가 예상되는 것이 상당하여 아직 연도 중간에 조금 남은 예비비를 지출하는 것이라 하는 것은 불안의 극도입니다.

3번 의원 김치항(金治恒) 군 : 원안의 대로 찬성합니다.

(전원 '찬성'이라 함)

의장 : 그럼 원안에 찬성하는 분은 기립을 부탁드립니다.

(전원 기립)

의장 : 제3호 의안은 원안의 대로 가결하겠습니다.

의장 : 제4호 의안 선천읍 상수도 양수(揚水) 설비 변경의 건을 상정합니다.

(번외 부읍장 사사끼 나오미(佐佐木直己) 군 의안을 낭독하고 설명)
현재 사용 중인 양수 즐통(喞筒) 원동기는 중유(重油) 기관이 있어서 시국 관계상 연료는 통제되어 티켓제도(切符制度)라는 것에 따라서 추가하는데 열등한 중유는 즐통의 회전수에 영향, 양수량 반감하여 불경제하므로 보다 우량한 중유를 입수하고자 노력 중이나 그 거의 외국품으로써 국책에 순응하지 않고 또 장래 날로 입수의 불확실함도 예상되어져서 이때 전동기로 설비를 변경함을 득책이라 인정되는 것입니다.

2번 의원 사사끼 코우죠우(佐佐木光藏) 군 : 원동기를 전동기로 설비 변경한 처음에는 연 어느 정도의 절약이 됩니까?

번외 기수 카이 린(甲斐林) : 중유가 순조롭게 입수가 가능하다면 현재의 가격으로도 중유의 운전하는 쪽이 절약이지만 장래 중유 입수가 어려울 것이 예상되고 국책에 순응하는 것을 생각할 때, 전기 설비로 변경하는 것은 현재 급무로써 이 상태로 두어서는 종업 인건비, 기타에 상당 절약이 되므로 현재의 경비와 비교하면 연 500원 정도 절약이 됩니다.

10번 의원 히오끼 마사노스케(日沖政之助) 군 : 국책상 전동기로 변경 하는 것이 심히 좋다고 생각합니다. 설비 변경 개요 중에 전동기를 히타치(日立)제로 국한하고 있는데 어떠한 이유입니까?

번외 기수 카이 린(甲斐林) : 부근에 연락하여 보았던 바 히타치제가 현재 입수가 용이하다고 들었던 것으로 계획을 히타치제로 하여 수 립했던 것입니다. 현재에 지정품을 입수하는 것이 곤란한 사정이 있 으므로 이와 마찬가지 정도의 것으로 하면 지장이 없는 것입니다.

6번 의원 이영찬(李泳贊) 군 : 송전설비비 1만 원이란 것은 어느 곳에 서 견적을 받은 것입니까?

번외 기수 카이 린(甲斐林) : 견적은 받지 않았지만 송전 설비로써 약 1만 원의 공사비를 제공하지 않는다면 전기회사 측에서 착공이 곤 란하므로 개산(槪算)으로써 1만 원을 계상했던 것입니다.

번외 부읍장 사사끼 나오미(佐佐木直己) 군 : 본건은 기채 기타 사업 에 수속을 할 필요가 있으므로 상정했던 것으로 숫자는 모두 개산 입니다. 따라서 예산에 관한 것은 후일 다시 심의를 다시 부탁드릴 것입니다.

6번 의원 이영찬(李泳贊) 군 : 그럼 원안에 찬성합니다.

(전원 '찬성'이라 함)

의장 : 제4호안을 원안의 대로 찬성하시는 분은 기립하여 주십시오.

(전원 기립)

의장 : 제4호 의안은 원안의 대로 가결하겠습니다.

의장 : 제5호 의안 선천읍 상수도 양수설비변경비 기채의 건을 부의합 니다.

(번외 부읍장 사사끼 나오미(佐佐木直己) 군 의안 낭독하고 설명함)

제4호 의안의 설비 변경에 필요한 재원을 변통하는 것인데 저번 본부 지방과에서 타합하였던 바 근래 기채에 대해서는 시국의 관계상 인가되어지지 않는 것은 많이 알고 계시지만 본건은 국책에 부응하는 시설이므로 연료 입수난의 시기로써 인가를 할 것이라 생각합니다.

(전원 '이의 없다'라 함)

의장 : 본안에 찬성하는 분은 기립하여 주십시오.

(전원 기립)

의장 : 제5호 의안은 만장일치로 가결하였습니다. (중략·편자)

의장 : 제7호 의안 선천읍 도로점용료(道路占用料) 징수규정 제정의 건을 상정합니다.

(번외 부읍장 사사끼 나오미(佐佐木直己) 군 의안을 낭독하고 설명)
　종래 등외 도로에 관해서는 군수가 이를 관리하여 왔던 것인데 작년 12월 1일부터 조선도로령이 시행되어 읍면도를 설치하여 이를 읍장이 관리하는 것으로 하였으므로 도로를 점용하는 것에 대해 점용료 징수규정을 설치할 필요로 상정했던 것입니다.

3번 의원 김치항(金治恒) 군 : 폐도(廢道)했던 도로 만에 대해 징수하는 것입니까?

번외 기수 카이 린(甲斐林) 군 : 폐도 이외의 도로에도 적용하고 있습니다.

('이의 없다'라 하는 자 있음)

의장 : 이의가 없는 것 같으므로 표결로 옮기겠습니다.
　원안에 찬성하는 분은 기립하여 주십시오.

(전원 기립)

의장 : 제7호 의안은 원안의 대로 가결하겠습니다.

의장 : 제8호 의안 선천읍 경방단 급여에 관한 건을 상정합니다.

(번외 부읍장 사사끼 나오미(佐佐木直己) 군 의안을 낭독하고 설명)

　제2호 의안에 의해서 경방단의 편성에 수반하여 그 급여의 규칙인데 대체 종래 소방조원에 지급하였던 급여와 동등 액을 지급하는 의미에서 제정하였던 것입니다.

3번 의원 김치항(金治恒) 군 : 종래의 지급액은 어떠합니까?

번외 부읍장 사사끼 나오미(佐佐木直己) 군 : 소방조원에 대해서 출동 회수를 단위로 시간제로 지급하였던 것이 본 규칙에서는 일당(日當)으로 하여 장시간에 걸치는 경우에 할당 수당을 부쳤던 것입니다. 또 소방조원의 수당은 3시간당 조두(組頭), 부조두 1원 10전, 소두 90전, 소방수 70전, 3시간 이상 7시간 이하 1원 80전, 1원 60전, 1원 30전, 7시간 이상 2원, 1원 80전, 1원 60전으로 하고 있었습니다. 그것을 이번에 일당으로 하여 5, 6시간 출동 예상으로 지급액을 정하고, 위험이 적지 않은 연습, 희생적 정신으로 나아간다라 하는 견지에서 일단 금액을 체감(遞減)하고자 합니다.

(원안 '찬성'이라 하는 자 있음)

의장 : 원안에 찬성하시는 분은 기립하여 주십시오.

(전원 기립)

의장 : 제8호 의안 원안의 대로 가결하겠습니다.

의장 : 이로써 제32회 선천읍회를 폐회하겠습니다. (하략-편자)

5) 제24회 정주읍회 회의록(제1일)

항 목	내 용
문 서 제 목	第24回 定州邑會 會議錄(第1日)
회 의 일	19390330
의 장	羅昌燮(읍장)
출 석 의 원	太田隆二, 許璡, 今村孫市, 金夢駿, 張應三, 李昌健, 安鳳彬, 崔泰駿, 植松義丸, 中野秀逸, 濱田秀喜
결 석 의 원	
참 여 직 원	中川忠松(부읍장), 徐觀三(서기), 洪錫濟(서기), 劉應三(서기), 眞下今朝一(촉탁)
회 의 서 기	
회 의 서 명 자 (검 수 자)	
의 안	제1호 의안 1939년도 정주읍 세입출 예산의 건
문 서 번 호 (I D)	CJA0003433
철 명	읍면기채인가서
건 명	정주읍상수도부설비기채의건-평안북도(회의록첨부)
면 수	10
회의록시작페이지	378
회의록끝페이지	387
설 명 문	국가기록원소장 '읍면기채인가서'의 '정주읍상수도부설비기채의건-평안북도(회의록첨부)에 수록된 1939년 3월 30일 개회 제24회 정주읍회 회의록(제1일)

해 제

본 회의록(총 10면)은 국가기록원소장 '읍면기채인가서'의 '정주읍상수도부설비기채의건-평안북도(회의록첨부)에 수록된 1939년 3월 30일 개회 제24회 정주읍회 제1일차의 회의록이다. 1939년도 정주읍 세입

출 예산 전반을 확인할 수 있는 회의록이다. 각 항목에 대한 의원들의
질의 내용을 통해 해당 읍의 행정 및 사업 내용이 확인된다.

내 용

의장 : 지금부터 제24회 읍회를 개회합니다. (중략-편자)

의장 : 이번의 회의사건 5건과 보고 1건이 있는데 먼저 제1호 의안에
　　　대해 제1독회를 열고 의견을 묻고자 합니다.

(서기 제1호안을 낭독함)

(읍장 1939년도 세입출 예산에 대해 전년도와의 증감의 이유를 설명함)

(우에마쓰 요시마루(植松義丸) 군 원안에 '이의 없다'고 함)

의장 : 원안에 찬성하는 쪽은 기립하여 주시길 바랍니다.

(기립자 전원)

의장 : 제2독회를 개초하는데 세입 제1관 재산에서 발생하는 수입에
　　　대해서 심의를 원합니다.

장응삼(張應三) 군 : 제1관 제1항 제1목(目) 대지료(貸地料) 부기란에
　　　임야의 평당 대부료가 높은 것은 어떠한 이유입니까?

읍장 : 임야는 사실 과수원으로 되어 있는 관계에서 입니다.

장응삼 군 : 그렇다면 지목(地目) 변환의 수속으로써는 어떠합니까?

읍장 : 승낙되어 이후 수속을 합니다.

장응삼 군 : 동(同) 2목(目) 임야 수입 9원이 감소한 것은 어떠한 이유
　　　에서 입니까?

읍장 : 그것은 도령(道令)으로 잡초를 뽑는 것을 금지하였던 관계입니다.

(나카노 슈이츠(中野秀逸) 군 '이의 없음')

의장 : 제1관에 대해 이의 없습니까?

(안봉빈(安鳳彬) 군 '이의 없음') (중략-편자)

의장 : 전원 찬성이므로 원안의 대로 결정합니다. 다음은 세입 제2관 사용료 및 수수료 및 제3관 교부금에 대해 심의를 원합니다.

우에마쓰 요시마루 군 : 세입 제3관 교부금 제3항 학교비 교부금을 감액한 것은 어떠한 이유입니까?

읍장 : 그것은 특별할 징수액이 감액하였으므로 감액한 것입니다.

(이마무라 마고이치(今村孫市) 군 '이의 없음') (중략-편자)

의장 : 전원 찬성이므로 원안대로 결정합니다. 다음은 세입 제4관 이월금 제5관 보조금 제6관 기부금에 대해 심의를 원합니다.

이마무라 마고이치 군 : 세입 제5관 보조금은 대저 내시(內示)가 있습니까?

읍장 : 내시와 군(郡)의 지시가 있습니다. (중략-편자)

의장 : 전원 찬성이므로 원안대로 결정합니다. 다음은 세입 제7관 과년도 수입 제8관 재산매각대, 제9관 잡수입에 대해 심의를 원합니다.

나가노 슈이치 군 : 세입 제8관 재산매각대 제1항 임산물 매각대는 어떠한 수입입니까?

읍장 : 그것은 본읍에 농용 임지에 개소(個所)가 있어서 그 임산물을 농용임지 자원으로 매각한 것입니다.

안봉빈 군 : 세입 제8관 재산매각대 항목에서 토지매각대를 계상하지 않은 것은 어떠한 이유에서 입니까?

읍장 : 읍유지 토지를 본 연도에는 매각 해당 사항이 없기 때문입니다.

(나카노 슈이츠 군을 비롯 전원 '이의 없다'라 함) (중략-편자)

의장 : 전원 찬성이므로 원안의 대로 결정합니다. 다음은 세입 제10관 읍세, 제11관 특별세 및 제12관 읍채에 대해 심의를 원합니다.

우에마쓰 요시마루 군 : 특별세는 몽리(蒙利) 구역45)의 토지에 대해 부과하는 것입니까?

읍장 : 그럴 생각으로 계상하였습니다.

이마무라 마고이치 군 : 전답대(田畓垈)의 등급별로 부과하는 것입니까?

읍장 : 특별세 토지평수할규칙을 설치하여 전답대를 구별하여 부과할 예정입니다.

(이마무라 마고이치 군을 비롯 전원 '이의 없다'라 함) (중략-편자)

의장 : 전원 찬성이므로 원안대로 결정합니다. 다음은 세출 제1관 신사비, 제2관 회의비, 제3관 사무비에 대해 심의를 원합니다.

이마무라 마고이치 군 : 세출 제3관 사무비 제3항 제3목 여비를 증액 계상한 것은 어떠한 이유입니까?

읍장 : 그것은 작년도의 실적에 비추어 또는 내지 우량시정촌 견학여비 및 도 주최 읍면 이원 강습회 여비 아울러 직원 증원의 부분도 포함하고 있는 것입니다.

이마무라 마고이치 군 : 세출 제3관 제4항 제2목 소독품비 증액은 어떠한 이유입니까?

읍장 : 작년도 실적에 비추어 필요액을 증액하고자 한 것입니다.

(이마무라 마고이치 군을 비롯 '이의 없다'라 함) (중략-편자)

의장 : 전원 찬성이므로 원안대로 결정합니다. 다음은 세출 제4관 토목비에 대해 심의를 원합니다.

허진(許璡) 군 : 세출 제4관 토목비 제10항 하수비 300원은 적은 것 같은데 어떻습니까?

읍장 : 본 연도에 100원을 증액하였지만 장래 필요에 응해서 다시 증액하려고 합니다.

---

45) 이익을 보는 구역.

우에마쓰 요시마루 군 : 세출 제4관 토목비 제1항 도로교량비 제4목 가등비 638원은 적은 것 같은데 어떠합니까?

읍장 : 본 연도는 재정상 허락하지 않아서 충분한 계상이 가능하지 않았습니다. 장래는 충분히 고려하겠습니다.

우에마쓰 요시마루 군 : 세출 제4관 토목비 제3항 치수제방비 360원 계상한 것은 어떠한 이유입니까?

읍장 : 달천강(㺚川江) 제방 감시를 겸해 사무원 1인을 사용할 예정입니다.

이마무라 마고이치 군 : 세출 제4관 제1항 제2목 도로수선비 843원의 내역을 보면 단순히 사리대(砂利代)와 인부 임금을 계상하여 수선을 해야 할 도로는 구체적으로 기록하고 있지 않은데 수선 계획은 없습니까?

읍장 : 사리(砂利)를 부설하는 곳은 읍사무소통, 남문통, 극장통, 조일소학교통입니다.

(우에마쓰 요시마루 군 '이의 없다'라 함) (중략-편자)

의장 : 전원 찬성이므로 원안의 대로 결정합니다. 다음의 제5관 위생비, 제6관 공원비에 대해 심의를 원합니다.

우에마쓰 요시마루 군 : 세출 제5관 위생비 제5항 오물소제비는 위생조합과는 별도입니까?

읍장 : 별도입니다. 가축시장, 식료품시장, 신탄시장 소재인부입니다.

우에마쓰 요시마루 군 : 세출 제5관 제7항 화장장비 제3목 화장장 신축비 계상한 것은 신축 장소를 정했습니까?

읍장 : 그것은 적당한 장소를 선정하고자 생각합니다.

허진 군 : 화장장 이전에 대해서는 물론 읍에서도 충분 고려하려고 생각하는데 가능하면 인가(人家)에서 멀리 떨어진 곳으로 공중 위생

상 지장이 없는 장소를 희망합니다.

읍장 : 고려하겠습니다.

우에마쓰 요시마루 군 : 공원 내에 간이한 공동변소를 건설하면 어떻습니까?

읍장 : 장래 고려하겠습니다.

(하마다 히데키(濱田秀喜) 군을 비롯하여 '이의 없다'라 함) (하략-편자)

천지명

한양대학교 비교역사문화연구소 전임연구원

숙명여자대학교 문학박사. 주요 논저로 「일제의 거류민단법 제정과 그 성격」(『한국독립운동사연구』 50, 2015), 「1930년대 초 군산부회(群山府會)의 위원회 활동 연구」(『역사연구』 39, 2020) 등이 있다.